现 代 教 育 管 理 论 丛

丛书主编 张茂聪 李松玉

公平与均衡：

义务教育管理体制改革及制度保障

张茂聪 张 雷 等著

山东教育出版社

丛书编委会

序　言

教育管理学作为研究和阐明科学管理教育事业的一门学科，在我国已经经历了近百年的发展历程。但自其产生以来，并未真正引起社会各界足够的重视。毛礼锐先生就曾说过，“过去，我们对历史上的教育实践取士制度和教育家的研究比较注重，在管理体制方面从文教政策和学校教育制度方面也有许多探讨，而对教育管理体制、学校管理的经验教训、教育家的教育管理实践与思想等的研究，则较薄弱，至于近现代教育管理方面的重大问题，几乎没有作出专题研究”。直至改革开放以来，教育管理学在恢复与重建的基础上得到了一定程度的快速发展，对这门学科的研究也呈现出良好的态势，表现为研究人员逐渐增多，研究领域逐渐扩展，研究主题也越来越丰富。然而，随着社会与教育改革的不断深入，教育管理学在其发展过程中逐渐暴露出了一些弊端，不得不引起我们的重视。

就现代教育管理学的发展来看，其研究主要存在以下三个方面的问题。首先，国际比较视野的研究仍较薄弱，现有的对国外教育管理学的研究多数仅停留在简单的理论介绍层面。国外教育管理学起步较早、理论流派较多，借鉴他们的理论对于我国教育管理学的发展具有重要作用。然而，理论是难以简单移植的，必须结合我国的实际。其次，单调的研究方法限制了我国教育管理学的发展与进步。目前的研究多采用思辨方法，解释性和经验性研究较多，实证研究与实地研究较少。第三，研究主要以个体形式进行，缺乏合作性研究，不利于教育管理的创新与突破。

《国家中长期教育改革和发展规划纲要(2010—2020年)》强调教育管理

体制的改革，提出要完善中国特色现代大学制度、中小学学校管理制度，健全统筹有力、权责明确的教育管理体制的要求。山东师范大学教育管理与政策研究团队主持完成的《现代教育管理论丛》，以现代教育管理为研究对象，选择一些教育管理与政策研究中的前沿问题展开针对性的专题研究，并借鉴一些国家的经验，以解决制约我国高等教育管理、义务教育管理以及学校管理中的问题，是具有很大进步意义的。

该丛书由《现代大学管理制度改革与创新：国际比较的视野》《宽基教育：呈现学校价值力》《公平与均衡：义务教育管理体制改革及制度保障》《学生社团生活：一种学习的新视野》《现代小学教育管理新论》《中小学教师激励与管理》六册著作组成。研究内容涉及现代大学管理制度、义务教育管理体制、学生生活与发展等多个方面。虽侧重点有所不同，但均为我国教育管理领域中的热点问题。在把握当前社会发展趋势的基础上，深刻分析了我国现代教育管理领域所面临的一些新变化和新挑战，并结合了当代大学生和中小学生的需求变化，论证了完善我国现代教育管理方法与措施的必要性。借鉴国外先进的教育管理经验，并与我国的实际情况相结合，探寻适用于我国的改进高等教育与义务教育管理的有效路径。

总的来看，该丛书的特点在于问题意识强，论证观点明确，严谨且清晰，研究内容紧紧围绕国家教育发展中的热点问题，具有一定的科学性、系统性和应用性。该丛书还及时总结现有的研究成果，并吸纳了新颖的管理理念和方法，是教育管理学领域的一次探索和创新。当然，丛书的内容比较分散，尚不够集中、系统，有待进一步研究与完善，但其研究成果值得从事教育管理领域的研究者、决策者和研究生、本科生们阅览，相信对于促进现代教育管理的发展会有所帮助，这也正是丛书作者们力求达成的愿望。

前　言

义务教育管理体制的确立，是一个国家教育发展和社会进步的重要标志。完善义务教育管理体制，是党中央、国务院在认真总结义务教育发展实际，科学分析经济和社会发展形势，特别是针对义务教育存在的困难和问题做出的一项重大决策。实施义务教育体制改革是完善管理体制，进行社会主义建设的重要内容，也是全面推进义务教育改革与发展，办好让人民满意的教育的重大举措。为此，我国义务教育管理体制改革与创新的研究就显得尤为重要。但是我国还有一定数量的县（市、区）义务教育管理体制无法适应近年来国家和省级政府推出的一系列宏观经济、社会和教育改革的要求，与广大人民群众对义务教育的较高要求相比，与实现教育现代化的宏伟目标相比，这一管理体制仍存在着诸多严重的问题。突出地表现在：义务教育管理体制无法适应近年来国家和省级政府推出的一系列宏观经济、社会和教育改革举措的新的要求。尤其是随着2003年秋季推出的农村税费改革政策，在广大经济欠发达的农村地区，县域农村义务教育也随之确立起“以县为主”的管理体制，从而使县级义务教育管理的权限更加集中与统一。同时，这种新的集中统一管理模式，并未有效地解决农村义务教育中存在的一系列严重问题。例如，经济欠发达地区的农村经费严重短缺，致使一些地方存在着学校危房、教育负债和教育设备极为简陋等现象；农村的教师队伍严重不稳定，骨干教师大量流失，新教师补充困难，只有较多地使用代课教师；“以县为主”体制主要是针对解决拖欠教师工资而提出的一种工资保障制度，使得农村义务教育所需的教育维持和发展性经费成为无法解决的问题；

农村义务教育阶段的学校布局分散，规模偏小，又在很大程度上浪费了本来就十分紧张和有限的教育资源；教育管理内部失调，教育部门之间缺少有效的协调和沟通，教育权责失当；学校内部课程管理落后，不能适应当前教育、经济的发展。

这些问题的有效解决，都要依靠进一步调整和理顺地方各级政府的权责关系和对现有义务教育管理体制加以改革与完善，创新现有的义务教育管理体制才可能实现。义务教育管理体制的改革与制度保障，是一个关涉到教育管理学、教育政策学、教育经济学、教育财政学和教育法学等多学科领域的重大理论和现实课题。改革开放以来，我国义务教育及其管理体制从整体上发生了巨大变化，取得了辉煌的成就，但是经济快速发展带来了大量外来务工人员，使经济发达的沿海地区的乡镇地域聚集了甚至超出经济欠发达地区县域范围内的大量义务教育阶段受教育人口。

研究义务教育管理体制的改革与制度保障，有利于深化经济体制和教育管理体制改革。在各项体制改革快速推进的大背景下，稳步推进义务教育管理体制改革，建立与社会主义市场经济相适应的义务教育管理体制，有利于教育事业的繁荣发展。推进义务教育管理体制改革既是与市场经济体制改革相适应的需要，也是教育管理体制改革创新的题中之意，又会在很大程度上推动和深化整个教育管理体制的改革进程。

研究义务教育管理体制的改革与制度保障，有利于实现教育公平和正义，促进社会和谐发展。教育是民族振兴的基石，教育公平是社会公平的基础。深化义务教育管理体制改革，是实现教育公平的前提和基础。虽然义务教育的普及力度以及中央和省财政投入的力度逐渐加大，但要办人民满意的教育，还要倚重教育教学质量的提升、教育观念和教学内容的更新、招生考试制度和评价制度的变革，而这些都需要以义务教育管理体制改革为保障。

研究义务教育管理体制的改革与制度保障，有利于提升学校管理效能，促进学校的可持续发展。不可否认，学校发展都希望拥有高效的管理体制，在办学过程中都追求管理体制的高效能。但是，不是所有的学校都能全面准确地把握效能理念对学校运行的重要性。显而易见，学校管理效能低下的最直接原因是其内部管理体制的各种问题，学校管理效能的提高离不开内部管理体制的改革和创新；内部管理体制的革新正是为了提高学校管理效能，更好地促进学校的良性发展。

义务教育管理体制改革就是要转变政府管理职能，创新义务教育公共服务体系，促进教育观念的改革与创新。教育公共服务是国家教育行政部门转变政府职能，深化教育体制改革，提高服务水平的要义之一。但是当前多数教育行政部门对学校自主发展能力缺乏信任，认为学校发展需要行政部门的领导、控制和管理；教育行政部门也对教育组织的发展缺乏信任，认为多数教育组织力量过于薄弱，难以促进教育发展。为改变这种状况，教育行政部门需要革新教育公共意识，以改革创新作为教育发展的强大动力。教育行政部门在对学校、教育组织科学管理的前提下，逐步提高对学校和教育组织的信任度，主动和学校、教育组织之间加强沟通，建立平等、互信的关系。在避免内部成本外化的前提下，通过政府购买或招标，将无法管好的事情合理让渡给学校或教育组织管理，促进学校和教育组织不断提升自身专业性和独立性，获得良性发展；选择富有发展潜力的教育组织，结合其进一步发展的需要，在项目、经费、环境政策等方面予以支持；教育行政部门要充分发挥自身优势，通过强化学校管理者和教师的培训，推行发展性学校评价和教师评价等行为，从而提高学校和教师自主发展的意识和能力。

义务教育管理体制改革就是要建立新型的义务教育经费投入体制，保障义务教育公平与均衡发展。义务教育投入体制作为体制改革的难点和社会关注的热点，在投入体制的一些深层次性问题上，亟需走入体制的背后进行理性的分析和思考。当前我国农村义务教育财政投入存在诸多问题：一是农村义务教育财政投入总量不足，二是教育财政投入结构失衡，三是义务教育公共财政区域投入失衡。造成该问题的主要原因在于：一是政府财政责任的转移，二是城乡二元结构的影响。通过借鉴国外尤其是美国相对成熟的基础教育经费投入机制，构建和完善我国农村基础教育财政投入机制。首先提高国家财政的整体教育投入比重；第二，促进义务教育投资主体重心上移，明确各级政府的责任，建立由各级政府分担的教育投入机制，保证义务教育均衡发展；第三，实现教育财权与事权的统一；第四，健全法律法规，使义务教育投入体制法制化。

义务教育管理体制改革就是要提高义务教育县域课程政策执行力，构建科学的义务教育课程管理体制，保证课程设置的系统与综合。我国现行的义务教育课程管理体制主要包括两方面内容：一方面是课程管理机构的设置及隶属关系，另一方面是管理权限的划分。为了实现义务教育课程管理体制的改革与创新，需要从以下几个维度进行建构：一是课程管理规划决策系统。结合本校的实际情况，在学校建立民主的、科学的、合理的学校课程管理规章制度。二是课程开发管理系统。地方教育行政部门通过规划具体的课程、教材的开发与实施的研究项目，采取项目招标、严格评审制度、引入竞争机制的办法来进行间接管理。三是课程实施管理系统。重视“课程创生取向”，促进课程实施与师资培养一体化，建立与课程改革相配套的组织和管理制度。四是课程评价管理系统方面。课程评价管理系统应当有一定的专业相对独立性，它虽然与教学行政管理系统的关系非常密切，但其职能和权力运用都应具有充分的课程评价专业自主权。

义务教育管理体制改革就是要合理构建学校内部管理制度，完善学校目标管理和绩效管理制度，保证学校管理的综合与协调发展。义务教育学校内部管理体制存在很多问题，主要表现在：校长负责制实施过程中衍生的问题和矛盾；校内管理机构设置不合理，导致学校运作效率低下；教代会和教育工会流于形式，校内管理制度亟待完善；教师岗位聘任制和岗位负责制尚未完善；分配制度不合理，挫伤教职工的积极性。为了提高学校内部管理效能，义务教育学校需要以校长负责制为核心，积极转变学校内部工作运行机制、拓展内部动力机制、完善内部保障机制，实现内部管理体制的革新。一要完善学校内部人事管理制度；二要进一步完善教师工资发放制度，激发教师工作积极性；三要以组织管理为突破口，创建充满活力的内部管理模式；四要构建和谐的学校组织文化；五要完善学校内部工作保障机制。义务教育学校内部管理体制改革的突破口：完善校长负责制；完善教师竞争机制和激励机制。此外，义务教育学校内部管理体制改革也需要相应的外部保障机制。

义务教育管理体制改革就是要改革现行义务教育教师流动机制，革新中小学教师交流制度，实现教师资源的互补与共享。教师流动是教育资源再配置的有力形式之一。我国的教师流动亦存在不合理性、不规范性，呈现一种逆向的、单向上位的流动趋势，教师流动在地域上主要是从中西部欠发达地区向东部沿海开放地区流动；在区域上主要是从农村向城镇，从城镇向城市流动；从落后地区向发达地区流动；在校际间主要是从普通学校向示范学校，从非重点学校向重点学校流动；在流动主体上，主要是骨干教师、优秀教师、中高级职称教师的流动。为保证教师资源的均衡，在教师流动过程中，需要遵循自主流动与行政干预相结合的原则，通过薄弱地区优先发展，实现教师流动的动态平衡。首先，为促进教师流动的合理性、有序性和规范性，保证义务教育的均衡发展，需要缩小地域、城乡之间经济文化的差距。其次，教师流动作为促进教育资源均衡的有力手段，为规避流动过程中可能出现的缺陷和问题，需要在教育政策上做出规定。最后，在教师流动的合理机制建立之后，为保证流动教师的合法权益，需要建立各项保障机制，以促进教师流动的长效性和持续性。

义务教育管理体制改革就是要创新义务教育学校与社区互动机制，促进优质教育资源的开放与互动。学校作为社区地域范围内的专门教育机构，与社区有着不可分割的联系。开放的社区需要开放的学校教育，随着教育的高速发展，两者之间的交流与合作也越来越多，表现为一种双向互动的关系。学校与社区双向互动的内容既包括社区对学校的理解、支持和帮助，也包括学校对社区的支持、开放和服务。但当前在学校与社区互动的研究中，还存在许多问题，究其根源，主要反映在认识、动力和制度等三个层面。具体体现在：第一，各类参与主体对学校与社区互动的目的和意义没有形成统一认识；第二，学校缺乏以奉献的精神服务社区的内在动力，社区的行政控制束缚了居民自主性的发挥；第三，学校与社区分属于两个系统，各自相对封闭独立等。通过借鉴美英日等国先进经验，结合我国国情，以科学发展观指导学校与社区互动机制的构建；利用更多的现代技术手段，优化合理的互动运行机制，以加强学校与社区双方积极的参与和互动。

本著作是我主持的山东省软科学项目“县域基础教育政策保障体系的构建研究”和山东省哲学社会科学重点项目“山东省义务教育管理体制改革与创新研究”的综合成果，参与研究并撰写部分子项目的人员主要有李明、杜芳芳、李拉、张雷、侯娓娓、卢松波等。本著作的实践意义在于，其回答如何创新我国义务教育管理体制改革与制度保障问题，要靠进一步调整和理顺地方各级政府的权责关系和对现有义务教育管理体制加以改革与完善，创新现有的义务教育管理体制才可能实现，以回应宏观经济、社会及教育变革的严峻挑战这一现实问题。其学术价值在于，由于义务教育管理体制的改革与创新，是一个关涉到教育管理学、教育政策学、教育经济学、教育财政学和教育法学等多学科领域的重大现实课题，因此，对我国义务教育管理体制的问题与改革路向展开分析是多学科的。同时，探索建构在省级经济、社会和教育背景转变的新的时代背景下，能够全面推进义务教育阶段学校标准化建设，并且合乎县域义务教育管理需要的义务教育管理新体制，为义务教育管理体制变革提供具有先进性和前瞻性的范例和指导。

目　录

第一章
我国义务教育管理体制存在的问题

改革开放以来，我国义务教育及其管理体制从整体上发生了巨大变化。但是与广大人民群众对义务教育的较高要求相比，与实现教育现代化的宏伟目标相比，这一管理体制仍然存在着诸多严重的问题，突出地表现在以下两个方面：一是广大山区的义务教育管理体制无法适应近年来国家和省级政府推出的一系列宏观经济、社会和教育改革举措的新要求。具体而言，在广大经济欠发达的农村地区，随着2003年秋季推出的农村税费改革政策，县域农村义务教育也随之确立起“以县为主”的管理体制，从而使县级义务教育管理的权限更加集中与统一。然而，这种新的集中统一管理模式，并未有效地解决农村义务教育中存在的一系列严重问题：① 经济欠发达地区的农村经费严重短缺，致使一些地方存在着学校危房、教育负债和教育装备极为简陋等现象；② 农村的教师队伍严重不稳定，骨干教师大量流失，新教师补充困难，只有较多地使用代课教师；③ “以县为主”体制主要是针对解决拖欠教师工资而提出的一种工资保障制度，所以农村义务教育所需的教育维持和发展性经费成为无法解决的问题；④ 农村义务教育阶段的学校布局分散，规模偏小，又在很大程度上浪费了本来就十分紧张和有限的教育资源。二是经济快速发展带来了大量外来务工人员，使经济发达的沿海地区的乡镇地域聚集了甚至超出经济欠发达地区县域范围内的大量义务教育阶段受教育人口。这些地区的县级教育管理部门，无论是在人员配备还是管理职能上，都无法有效承担管辖区域内的全部义务教育管理事务。上述问题的有效解决，都要靠进一步调整和理顺地方各级政府的权责关系和对现有义务教育管理体制加以改革与完善，创新现有的义务教育管理体制才可能实现。

第一节　各级政府间的义务教育管理权责关系不明确

政府最基本的责任就是保障教育的公益性和社会公平。2006 年 6 月 29 日修订的《中华人民共和国义务教育法》(以下简称新《义务教育法》)明确规定："义务教育实行国务院领导，省、自治区、直辖市人民政府统筹规划实施，县级人民政府为主管理的体制。"这意味着县级政府在提高教育质量、促进效率与公平中担负着重要责任。"以县为主"明确了地方政府在实施义务教育中应承担的责任，它是指义务教育的办学管理以县(市、区)为主，包括教职工的人事和工资管理、学校教学管理、办学经费的使用管理等，而义务教育的投入则由中央、省、地市和县四级政府共同承担。县级政府在推进义务教育发展的进程中正发挥着越来越大的作用，但县级政府对相关责任的执行情况却不容乐观，现有的财政和行政体制从多方面制约着县级政府对各项教育责任的落实，县级政府在履行相应责任时还面临诸多困境。究其原因，主要有各级政府间责任配置的不明确以及教育行政管理部门缺乏适当权力等。因此，需要明确"以县为主"义务教育管理体制中各项责任的执行主体，在分工协作的前提下，扩大教育行政管理部门责权范围。

一、各级政府间责任配置缺乏合理性

新《义务教育法》明确指出在"以县为主"的义务教育管理体制下，中央、

省和县(市)实行财政责任分担。这一规定并没有明确省级政府所应采取的统筹方式和所应达到的统筹目标,致使省级政府在财政投入考虑上也采取“以县为主”作为原则,而不为县级政府发展义务教育制订一般性教育转移支付政策或确定刚性的省级政府教育财政投入比例。这种单纯强调“以县为主”负责义务教育财政责任的方式,实际上会导致两种情况。一是许多欠发达地区的县级政府因财政能力不足,缺乏足够的财力支付发展义务教育所需要的经费,从而制约义务教育的有效推进;二是由于缺乏省级政府的协调,省域内各县间的义务教育呈现出不平衡发展状态。我国义务教育发展的省域内不均衡已超过了省级间的不平衡。这种现象在某种程度上与过度强调县级政府的教育财政责任有关。

二、县域义务教育管理体制中,教育行政管理部门的权力失衡

义务教育是一项系统工程,有赖于政府多个职能部门的协调与合作,其中教育行政部门对相关政策制订的充分参与尤为重要。当前在县域义务教育管理中,教育行政部门往往处于弱势地位。在财政管理上,教育行政部门在财政预算上没有话语权,不利于有效调配资源,无法激励学校和教师更好地提升教育质量。

教育行政部门缺乏可以根据当地状况对上级下达的任务进行调整的权力。这使政策执行过程中不能充分考虑教育的真实需求,忽略地方可能提供的支持条件,从而导致政策目标与地方实际状况不相符的问题。县级政府不能有效落实教育责任还可归因为我国法律和督导制度的不完善。教育法律制度执行不到位,没有相应的处罚规定,且许多教育法条用语模糊,内容不具体,操作性不强;督导部门大多挂靠在教育局,很少有专门的编制和经费,致使督导工作更多地体现为督学功能,而难以发挥督政作用。

三、乡镇人民政府在义务教育管理中的职责缺位

《国务院关于基础教育改革与发展的决定》第七条明文规定:“乡镇人民政府要承担相应的农村义务教育的办学责任,根据国家规定筹措教育经费,改善办学条件,提高教师待遇,继续发挥村民自治组织在实施义务教育中的

作用，乡镇、村都有维护学校的治安和安全、动员适龄儿童入学的责任。”自农村义务教育管理体制“以县为主”后，乡镇人民政府并没有完全履行义务教育的责任，办学热情明显下降。有些乡镇人民政府虽然把农村义务教育列入政府工作之中，但平时对教育工作无所问津；个别乡镇人民政府的工作往往浮于表面，流于形式，对学校的实际困难置若罔闻；还有极个别乡镇人民政府对义务教育彻底甩“包袱”，使得义务教育成为乡镇人民政府的“遗忘角落”。

乡镇人民政府的责任不能到位或不能完全到位，主要有以下原因。首先是乡镇人民政府的财政经济拮据。近年来，乡镇人民政府致力于招商引资、集镇建设上，将财政收入主要投放于招商引资工作中，而投放到义务教育上的资金却很有限。其次是传统教育管理模式的束缚。以往的农村义务教育管理模式是“分级办学、分级管理”，办学主体是乡镇人民政府，乡镇人民政府享有教育的人权、财权及管理权。自农村义务教育管理体制上移后，县教育行政部门接管了以上权利，打击了个别乡镇人民政府的办学积极性和热情。最后是县教育行政部门与乡镇人民政府缺乏有效的沟通机制。自农村义务教育管理体制上移“以县为主”后，县教育行政部门缺乏主动与乡镇人民政府沟通与联系，也挫伤了部分乡镇人民政府办学的积极性。特别在协商解决诸如闲置校舍处理问题时，县教育行政部门与乡镇人民政府的矛盾比较突出。

第二节 义务教育经费投入体制问题

一、农村义务教育财政投入总量不足

目前我国已形成了一种主要由地方负责和多渠道筹措教育经费的高度分散的基础教育财政体制。这种新的财政体制调动了地方和社会办基础教育的积极性，扩充了基础教育的入学机会。根据表1-1，虽然改革开放以来，我国在增加教育经费投入方面取得了巨大成就，但是现行的基础教育财政体制决定的成本分担和资源分配方式决定了我国公共财政中教育投入上还存在弊端。最突出的问题是教育经费短缺和教育机会的不均等，尤其是教育经费总量不足，缺口巨大。政府投入不足是教育经费短缺的主要根源。

表1-1 1995—2004年我国教育财政投入总体情况 单位:亿元

年度	教育经费总量	财政性教育经费	预算内教育经费		财政经常性收入		财政支出	GNP	财政性教育经费占GNP的比例(%)
			金额	增长(%)	金额	增长(%)			
1995	1 877.95	1 411.52	1 028.39	—	6 242.20	—	6 823.72	57 494.9	2.46
1996	2 262.34	1 617.70	1 211.91	17.8	7 407.99	18.7	7 937.55	66 850.5	2.42
1997	2 531.73	1 862.55	1 357.73	12.0	8 651.14	16.8	9 233.56	73 142.7	2.55
1998	2 949.06	2 032.45	1 565.59	15.3	9 875.95	14.2	10 798.18	76 967.2	2.64
1999	3 349.04	2 287.18	1 815.76	16.0	11 444.08	15.9	13 187.67	80 579.4	2.83
2000	3 849.08	2 562.61	2 085.68	14.9	13 395.23	17.0	15 886.50	88 254.0	2.90

（续表）

年度	教育经费总量	财政性教育经费	预算内教育经费		财政经常性收入		财政支出	GNP	财政性教育经费占GNP的比例(%)
			金额	增长(%)	金额	增长(%)			
2001	4 637.66	3 057.01	2 085.68	23.8	16 386.04	22.3	18 902.58	95 727.9	3.19
2002	5 480.03	3 491.40	3 114.24	20.6	18 903.64	15.4	22 053.15	103 935.3	3.36
2003	6 208.27	3 850.62	3 453.86	10.9	21 715.25	14.9	24 649.95	116 741.2	3.30
2004	7 242.60	4 465.86	4 027.82	16.6	26 396.47	21.6	28 486.89	136 584.3	3.27

资料来源:《中国统计年鉴》、《中国财政年鉴》、《中国教育经费统计年鉴》1995—2004年。

（一）财政性教育经费占GDP的比例低

一般来说，财政性教育经费占国民生产总值比例的大小，既可以反映政府对教育的“努力程度”，又能较准确地反映出教育在国家发展中的战略地位。财政性教育经费，包括国家财政预算内教育经费，各级政府征收用于教育的税、费，企业办学经费，校办产业、勤工俭学和社会服务收入用于教育的经费，代表了国家教育的基本条件和水平，其投入规模可以反映出国家对教育的重视程度。

表1-2　2001—2006年财政性教育支出占GDP、财政总支出的比例

年份	财政性教育支出(亿元)	财政性教育支出占GDP的比例(%)	预算内教育支出占财政支出的比例(%)
2001	3 057.01	3.19	11.7
2002	3 491.40	3.28	14.7
2003	3 850.62	3.32	14.8
2004	4 465.86	2.79	14.9
2005	5 161.08	2.81	14.6
2006	6 348.36	3.01	15.18

资料来源：国家统计局编，《中国统计年鉴》，中国统计出版社，2007年。另参见：2006年我国财政性教育经费占GDP 3.01%，http://news.xinhuanet.com/newscenter/2008-01/07/content_7380531.htm.

表1-3 OECD及有关国家的教育财政支出占GDP的比例 单位：%

国家	教育财政支出占GDP的比例		
	1990	1994	2002
OECD国家合计	5.0	5.6	5.4
其中：美国	5.2	4.9	5.6
加拿大	6.2	6.7	—
日本	3.6	3.8	3.6
韩国	3.5	3.7	4.2
法国	5.1	5.9	5.8
德国	4.1	4.7	4.8
英国	4.9	5.2	5.3

资料来源：《教育要览OECD指标》(1993年、1997年、2005年)。

表1-2数据表明，尽管政府教育投入总量持续增加，国家财政性教育经费占GDP的比例自2004年连续三年呈上升趋势，2006年已达到3.01%，但如果参照世界平均水平，自1980年以来公共教育经费支出占GNP的比例，世界平均稳定在4.7%～4.9%，较发达地区如表1-3 OECD及有关国家的教育财政支出占GDP的比例，平均为4.9%～5.3%，欠发达地区为3.8%～3.9%，我国则远低于发达国家，亦低于很多发展中国家。

(二) 财政性教育经费年增长幅度少于财政收入的年增长幅度

表1-4 1996—2006年财政收入与财政性教育经费年增长情况表

年	财政收入(亿元)	增长比例(%)	财政性教育经费(亿元)	增长比例(%)
1996	7 366.61		1 671.7	
1997	8 651.10	16.7	1 862.34	11.4
1998	9 853.00	14.2	2 032.45	9.1
1999	11 444.00	15.9	2 287.18	12.5

（续表）

年	财政收入（亿元）	增长比例（%）	财政性教育经费（亿元）	增长比例（%）
2000	13 052.39	17.0	2 562.61	12.0
2001	16 386.00	22.3	3 057.01	19.3
2002	18 903.60	15.4	3 491.40	14.2
2003	21 715.25	14.9	3 850.62	10.3
2004	26 396.00	21.6	4 465.86	16.0
2005	31 649.29	19.9	5 161.08	15.6
2006	39 373.20	24.4	6 348.36	23.0

资料来源：1.《中国统计年鉴》，2007 年。

2.《中国教育统计年鉴》，2005 年。

3.《2006 年全国教育经费执行情况统计公告》。

由表 1-4 可以看出，无论是财政收入还是财政性教育经费均呈逐年快速增长趋势。按照新《义务教育法》“各级人民政府教育财政拨款的增长应当高于财政经常性收入的增长”的要求，我国政府在教育投资方面尚需做很大努力。

（三）农村义务教育经费增长少于财政性教育经费的增长

表 1-5　1996—2004 年农村义务教育经费与财政性教育经费年增长情况表

年	农村义务教育经费（亿元）	增长比例（%）	财政性教育经费（亿元）	增长比例（%）
1996	738.95		1 671.7	
1997	788.67	6.7	1 862.34	11.4
1998	811.99	3.0	2 032.45	9.1
1999	862.09	9.8	2 287.18	12.5
2000	919.98	6.2	2 562.61	12.0
2001	1 102.23	19.8	3 057.01	19.3
2002	1 265.98	14.9	3 491.40	14.2
2003	1 321.00	4.3	3 850.62	10.3
2004	1 644.77	24.5	4 465.86	16.0

资料来源：何小芳，《新中国农村义务教育经费投入体制研究》，湖南师范大学硕士论文，2006年。

1996—2004年，农村义务教育投资在总量上逐年递增，2004年增长比例达到24.5%，但总体发展不平衡。1996—2004年农村义务教育经费与财政性教育经费年平均增长率分别为11.15%和13.1%。与财政性教育经费投入相比，农村义务教育的投入在总量上是不足的。

二、义务教育财政投入结构失衡

(一) 中央与地方财政责任失衡，投资主体的重心偏低

1. 中央与地方财政责任失衡

不同级次的政府之间各自的财政收入与承担事权所需要的财政支出之间的对称与否，能够反映各级政府之间财政支出职能与财政收入能力之间的结构是否平衡。它的不平衡程度取决于每级政府的财权与事权是否对称。因此，在一个多级政府的财政体制中，每个执行特定职能的政府必须拥有与其相对应的财权和财力，为其履行职责提供物质保障。

税费改革之后，取消了乡统筹、教育集资等专门向农民征收的行政事业性收费和政府性基金、集资，加大了县级政府在教育管理方面的责任。这一体制有利于教育资源的优化配置，解决了乡镇财政薄弱、调控能力差而产生的各种弊端，但也导致义务教育，特别是农村义务教育的财政投入失衡严重，有能力承担的省级及以上政府没有尽到其责任，而无能为力的县级及以下政府心有余而力不足。因此，税费改革之后，农村义务教育再度陷入难以运转的困境。

2. 投资主体的重心偏低

根据义务教育经费在各级财政中分担比例中的大小，人们把承担义务教育经费比例较大的那一级财政，称为义务教育的财政重心。它反映了各级政府在义务教育中投资责任的大小。① 在确定投入主体，即在选择哪一级

① 常万新，吕建国，潘洪建：《提高义务教育财政重心的必要性和可行性分析》，《绵阳师范学报》2003年第12期，第40～43页。

政府分担义务教育投入主要责任的问题上，必须谨慎。应该在全国范围内仔细调查这一级政府的财力现状与地方经济的发展趋势，分析其能否支撑教育投入负担，最后方能确定。

“以县为主”的农村义务教育投入政策旨在从体制、制度上实现农村义务教育经费主要由农民负担转变到由政府负担，投入责任主要以乡镇为主转变到以县为主。事实上，从全国范围讲，由于县级财政的种种困难，县级政府也不是都能够承担辖区义务教育投入的主体责任的。其原因在于：

第一，我国62.34%的人口在农村，农村要用仅占全国14.53%的GDP去承担占全国适龄儿童大多数的教育投资任务，超出了农村应有的经济承受能力。

分税制后，地方政府的财政收入锐减，中央与地方政府之间的财政收入结构发生了重大变化。2005年，我国财政总收入为31 649.3亿元，其中中央财政就拥有16 548.5亿元，占总量的52.2%。全国财政性教育经费为5 161亿元，其中中央仅为409.59亿元，占比例7.9%，而地方为4 751.48亿元，占比例92.1%。从数据上看，地方是财政性教育经费投入的绝对主力。

另据国家教育发展研究中心对全国7省市6个县抽样调查，1998年样本县义务教育经费总支出（含预算外经费）中各级财政的教育补助专款约占12%，县财政约占9.8%，其余78.2%为乡村负担。①

第二，税费改革使县级政府在教育经费投入上出现缺口。

农村税费改革以前，维持农村义务教育运转的经费，除了国家财政拨款之外，由农民提供的农村教育事业费附加和农村教育集资是仅次于国家预算内拨款的第二大经费来源。据《2001年中国教育经费统计年鉴》数据显示：2000年全国农村教育事业费附加为151.97亿元，农村教育集资为26.42亿元，两项合计为178.39亿元，占当年农村小学和初中教育经费919.97亿元的近20%，占国家财政预算内拨款597.66亿元的近30%。

① 北京师范大学教育改革与发展研究中心：《2000年中国教育发展报告——教育体制的变革与创新》，北京师范大学出版社2000年版，第35页。

农村税费改革以后，这两项收费被取消，县乡税费总量普遍减少，加之虽然《关于完善农村义务教育管理体制的通知》规定"对因取消农村教育费附加和经批准的教育集资而形成的教育经费缺口，要从增加的农业税收入和上级转移支付资金中予以安排"，但是如果经费没有一个固定的来源和固定的比例规定，即使增加了农业税收入和上级的转移支付资金，义务教育从财政拨款中所得到的仍然只不过是一个浮动的数字①。在地方四级政府中，县级财政缺乏自给能力最高，有将近一半的县级政府存在财政缺口。目前的县级财政，很大部分属于"吃饭财政"，甚至不少是"欠债财政"，难以保证农村义务教育财政经费的足额投入，相应整体上难以保证农村义务教育的均衡发展。

第三，县级财政收入增长的不确定性与义务教育支出的刚性特征不相适应。县级财政收入构成中，非税收比重过多，财政收入受政策因素的影响大，收入来源不稳定；但成为占县级财政支出重头的义务教育经费支出，却是刚性支出，而且还要保证支出的稳步增长；②致使农村义务教育经费投入短缺问题不但没有缓解，在一些地区反而加剧了经费紧张的矛盾。

（二）中央与地方财权与事权不对称

一方面，财力层层向上集中，事权却逐步下移。分税制后，中央财政收入逐年上升，地方财政却变得薄弱起来。各级政府财力格局变了，然而教育的投入体制并没有作出相应的调整。据国务院发展研究中心的调查，目前全国义务教育投入中，乡镇负担78%左右，县财政负担约9%，省地负担约11%，而中央财政只负担2%左右；尽管近几年中央和省级财政增加了投入，但这种情况还是没有得到根本的改善。于是就出现了这一扭曲现象——中央和省级政府掌握了主要财力，但基本摆脱了负担义务教育经费的责任；县乡政府财力薄弱，却承担了绝大部分义务教育经费。这种政府间财力与义务教育事权责任的不对称，被形象地称为"大马拉小车"和"小马拉大车"，是义务教育特别是农村基础教育经费短缺的重要制度原因。

①② 尹玉玲：《义务教育"以县为主"新体制的难点及对策》，《江西教育科研》，2003年第4期，第27～29页。

另一方面，教育经费的预算的编制权，经费的分配权和管理权不统一。教育事业费属于财政部门，教育基本建设投资属于计划部门。从拨款程序上说，教育部门所需的经费由财政部门拨给教育部门，再由教育部门拨付给所属学校，政府其他部门管理的高等和中等教育，其经费由财政部门拨付给非教育的政府职能部门，再拨付给其所属学校。这种教育经费管理体制，弊端很多，突出的问题是教育部门人权、事权、财权不统一，教育经费预算软化，导致一些地方教育经费不能按时足额到位，截留、挤占和挪用教育经费，教育经费安排与实际需求脱节、教育资源浪费等现象的发生，①造成了“管事的没有钱，有钱的不管事”的局面。

(三) 三级教育投入结构不合理

教育属于准公共产品，从初等教育、中等教育和高等教育的顺序排列中，教育层次越低，越具有公共产品的属性，而层次越高则更表现出私人产品的属性。因此中央政府应该更注重层次越低的教育投资。但是从表 1-6 可以看出情况并非如此。

表 1-6　中央财政预算内教育经费在三级普通教育中的分配比例　　单位:万元

	1996		1998		2001	
普通高等学校	1 394 701	88.5%	1 804 971	91.56%	2 550 338	92.49%
高级中学	129 276	8.21%	108 773	5.52%	44 345	1.61%
义务教育	6 630	0.42%	4 101	0.21%	24 629	0.89%
其他	4 419	2.8%	53 511	2.71%	138 210	5.01%

资料来源：上海财经大学公共经济研究中心，《2004 年中国发展研究报告》，上海财经大学出版社，2005 年。

从上表可见，我国教育经费在三级教育间的配置比例严重失调，高等教育的投入比例相对偏高，对初、中等教育的经费投入却严重不足，特别是义务教育。2001 年，中央财政预算内义务教育经费仅占中央财政预算内教育

① 王勇，卢长娥，杜学元：《试论新形势下农村义务教育经费保障机制的构建》，《内蒙古师范大学学报》2004 年第 10 期，第 45～46 页。

总经费的0.89%，而高等教育则占92.49%。从列举分析，中央财政预算内高等教育经费有持续增长的趋势。义务教育方面时增时减，所占份额都不超过1%。由此可推知，中央财政预算内农村教育经费所占百分比更是微乎其微了。实际上，中央财政预算内城市义务教育经费要占其中的大部分。可见，政府财政对教育经费的支出存在重高等教育轻义务教育的问题，不同教育级次的财政投资结构不尽合理。

三、义务教育公共财政区域投入失衡

世界银行的一项研究指出，"中国的多样性是异常显著的。它是一个地区之间、城乡之间发展不平衡的大国。在中国，第三世界和第一世界共存。"农村义务教育资金分配存在着明显的城乡差异和区域差异，使其朝向公平、均衡发展面临经费的困境。

(一) 义务教育投入的城乡差异

我国的城乡二元结构不仅在经济上将发展城市置于优先地位，导致农村远远落后于城市，而且在义务教育投入上极不平衡，主要表现在生均教育经费支出和基本办学条件的差距上。生均教育经费是指在一个财政年度内，每个学生平均可用于自身教育的教育经费。其计算公式为：生均教育经费＝教育经费总额÷相应的学生人数。生均经费是指一国(或地区)各级各类在校生人数平均的教育投资量，是衡量教育投入水平的一个重要指标。如表1-7所示：

表1-7　分地区地方义务教育阶段生均预算内教育经费支出　　单位：元

预算内生均	2004年				2005年			
	普通小学		初级中学		普通小学		初级中学	
	城镇	农村	城镇	农村	城镇	农村	城镇	农村
经费	952.44	823.22	1 096.98	889.69	1 159.21	1 035.27	1 296.13	1 101.32
事业费	931.42	810.07	1 051.72	871.79	1 128.99	1 013.80	1 245.84	1 073.68
公用经费	83.45	60.91	127.12	85.01	116.44	95.13	164.40	125.52
基建经费	21.02	13.15	45.26	17.90	30.23	21.48	50.29	27.64

资料来源：《中国教育经费统计年鉴》，2004年、2005年。

我国义务教育阶段城乡预算内生均教育经费支出存在较大差距，尤其是预算内公用经费，城镇小学和初中都要比农村高出近50%。城乡之间的义务教育经费来源渠道也存在很大的差异。例如，义务教育基建经费，在城镇由当地人民政府列入基本建设投资计划，由财政承担，或通过其他渠道筹措；而在农村主要由乡、村负责筹措，县级人民政府对有困难的乡、村予以补助。而贫困地区乡、村筹措教育基建经费的主要途径是农民集资，致使农民负担了新校建设和危旧房改造、修缮的大部分支出，政府则负担很少，这就使本来就经济落后的农村地区背上了沉重的教育负担，使义务教育的有效实施面临重重困难。

(二) 义务教育投入的地区差异

目前，我国农村义务教育主要由地方投入，特别是县乡两级政府。随着改革开放进行，我国地区经济发展形成东、中、西梯度式的不平衡状态，地区之间的教育投入水平也随之相差悬殊，尤其是东部和西部的差距更加明显。东、中、西部地区经济发展不平衡决定了地区教育发展的不平衡，而教育发展的不平衡反过来又加剧了地区经济发展的差距。

基尼系数法是衡量教育公平时常用的一种度量方法。基尼系数在经济学上是衡量一个国家居民收入分配平均程度的指标。通常认为若其低于0.2表示收入分配高度平均，0.2～0.3表示相对平均，0.3～0.4表示比较合理，0.4～0.5表示差距过大，0.5以上为差距悬殊，而0.6则被称为动乱线。可以运用教育基尼系数，从宏观上分析各地区农村义务教育经费投入的公平程度。

表1-8　我国农村基础教育财政分配的基尼系数

	东部经济带	中部经济带	西部经济带
参数	0.621 492	0.866 748	0.886 764

资料来源：李斌，《我国各地区农村基础教育财政投入的比较分析》，《中国软科学》，2004年第9期。

由此可见，我国东、中、西部农村义务教育在教育规模、教育结构、生均经费、教学设施等方面，尤其是经费投入上差距悬殊。而地区间教育投入水平的不平衡又必然会引起地区间教育机会的不平等。

2003年，在初中阶段，学生人均教育经费最低的是贵州，仅762.56元/生；最高的是上海，达5 711.02元/生，两者相差近7.5倍。在小学阶段，河南的学生人均教育经费最低，为603.57元/生；最高的依然是上海，达4 840.40元/生，两者相差8倍。从发展趋势上看，两个差距（东部发达地区生均教育经费远远高于全国平均值的差距和西部欠发达地区生均教育经费远远低于全国平均值的差距）均有不断加大的趋势。①

四、原因分析

（一）政府财政责任的转移

我国义务教育投资体制的制度基础是“地方负责，分级管理”和“多渠道筹资”，它为政府责任转嫁提供了制度基础。“地方负责，分级管理”强调调动地方政府投资义务教育的积极性，却导致了政府教育投资责任由中央政府向地方政府的转嫁；“多渠道筹资”强调调动社会各界投资教育的积极性，却导致了教育投资责任由政府向社会的转嫁。

政府是一个利益集体，存在着首先满足自身利益的倾向。农村义务教育阶段的学校是政府的附属机构，政府必然会倾向于首先满足自身利益的最大化，然后才会考虑学校的利益。中央、省级、市级、县级、乡镇级政府作为不同的利益主体，都追求各自的可能的利益最大化。为了维护自身利益，对义务教育这类公共产品，地方政府希望上级政府或中央政府承担更多的责任。然而上级政府又以行政或立法手段，要求下级政府承担更多的农村义务教育责任，这样一级压一级，直到乡镇级政府承担为止。然而，这种政府责任的转移明显地违背了经济学中关于义务教育是公共产品的理论。义务教育属于准公共产品还是纯公共产品，这是基本的定性问题。定性不准，就会造成政策失误，并影响到资金供给方式。义务教育属于具有一定的消费非排他性，同时又具有消费竞争性的准公共产品，因而适宜采用成本由政府和家长分担的政策。

① 曾以禹：《农村义务教育财政投入研究》，中国农业科学院博士论文，2006年。

由于义务教育具有外部收益性，即教育产品除了个人获益（内部收益）外，还有一部分属于社会获益（外部收益）。在三个阶段教育中，初等教育的外部收益率高于其他类型教育。社会收益率随着初等教育——中等教育——高等教育而下降，因而义务教育阶段的社会收益率最高。这说明政府采取强制方式普及初等教育是符合社会利益的。同时也说明，由于初等教育的社会收益率最高，政府应当分担的教育成本比例也最高。因此，对义务教育的承担是公共财政的职责，应该由从中央到市县的各级财政共同负担，尤其是高层政府的财政应该负担更多。但现实是省级以上财政用于义务教育的支出很少，农村义务教育基本上是由乡镇财政和农民来负担的。县镇这个最弱的一级财政承担了发展农村义务教育这一繁重的任务。

（二）城乡二元结构的影响

我国作为发展中国家，从改革开放到今天，我们实行的是效率优先、差异发展的战略。各个地区都在快速发展，然而区域差异、城乡差异、城市内的阶层差异也在拉大。城乡二元结构不仅在经济上将发展城市置于优先地位，导致农村在经济上远远落后于城市，而且在教育上也表现为城市教育偏好，体现在城乡教育发展上，就是城市优先，农村的发展目标总是落后于城市，对农村义务教育的发展造成了很大的影响。

由于城市优先，差异发展的战略，使教育资源的分配表现出了相当大的不均衡。例如，教育投资的城乡差异、高考录取分数线的地区差异以及重点校或示范校政策，都是制造和加剧城乡教育差距的政策原因；国家对沿海地区的发展政策，使这部分地区获得了比西部和农村地区更优越的资源，特别是资金和教师的流动保证了沿海地区最重要的教育资源。

第三节 义务教育课程管理体制问题

一、社会学视角

从社会学视角来看影响义务教育课程管理体制的因素，主要是从文化方面来分析。所谓民族文化传统，就是一个民族经过长期的历史积淀而形成的对现实社会仍产生巨大影响的文化特质或文化模式。① 在人类历史发展的长河中，不同民族在不同的自然条件和社会环境下生存、繁衍和发展，形成了各具特色的民族文化传统。尽管历史绵延几千年、社会形态几经变化，但民族文化传统一旦形成就在一定范围内对人们具有普遍的内在约束力。因此，任何一种教育选择都不同程度地受到本民族文化传统的制约，不同民族文化传统背景的国家，义务教育课程管理体制也会采取不同的方式，当然体制形成的格局也就不同。不过，民族文化传统的影响经常被人忽略，因为其影响方式相当隐蔽，让人不易觉察。在此，仍以法国和美国两个国家的文化传统对基础教育课程管理体制的制约为例，来深入探讨民族文化传统的深厚影响力。

法国国民的民族文化意识非常强，“民族主义”与“集权主义”的文化传统促使法兰西民族比其他民族具有更加强烈的民族观念、国家观念。而且，法国作为一个天主教国家，天主教文化，即它的意识形态(神学、伦理、观念)、等级森严的教阶制度及其规约，都在法国文化传统中留下了深深的印迹。因此，这种影响潜移默化地深深扎根于法国人的文化价值观里，渗透于法国社会的行为准则中。而这样一种文化传统就自然而然地融入到法国现

① 顾明远:《民族文化传统与教育现代化》，北京师范大学出版社 1998 年版，第 6 页。

代教育的总体设计上，并在课程管理体制上也深深烙上了民族文化传统的印迹。这样，法国就形成了极具个性的国家干预教育的方式，实行全国统一的教学计划、教学大纲，设置全国统一的课程，实行统一的考试。

美国是一个多民族融合的国家，国民崇尚自由。17 世纪初欧洲各国人民移居到北美大陆后，就在艰苦的自然环境中相互合作，逐渐形成了平等议事、共同参与解决问题的传统，即所谓美国人崇尚的“自由、平等、民主、参与”共和文化雏形。后来，共和文化发展成为美国社会的主流文化之一，渗透到社会生活的各个领域，在教育上最初则表现为在当地以小村镇为单位设立教育行政机关，主持本地的教育事业，即“学区制”。移民们登上北美新大陆以后，在各地方集群而居，构筑房舍，拓疆开荒，由教会或私人团体设立学校，教育自己的子女，传播自己的宗教信仰，同时在当地设立教育行政机关，来主持本地的教育事业。这种以小村镇为单位的教育行政制度，是后来美国全国采用的“学区制”的由来。这种制度，发源于移民们最早登陆的新英格兰地区，后来随着向西部开发，而传至中部，再推广至西部。不仅准许各学区自行征收教育税，学区不隶属于州或其他政府机关；而且各学区的教育委员会可以颁发教育证书，选用教科书和规定课程标准等，并将此写入 1791 年的《美国宪法》，即“本宪法未授予合众国或禁止州行使之权力皆由州或人民保留之”[①]。正是由于共和文化的影响，决定了联邦不能够集权领导，只能通过立法、拨款来影响教育的发展方向，实现联邦的战略意图。尽管 20 世纪 90 年代以来，美国联邦政府教育管理、课程管理的权力重心在上移，但也只是在地方分权的总体框架范围内的局部调整。

正是由于各国民族文化传统潜移默化地渗透于社会生活的各个领域，深深地扎根于人们的意识形态中，所以，尽管法国与美国社会制度相同，经济发展水平相当，但由于民族文化传统的差异，也就形成了不同的基础教育课程管理体制。

① 顾明远：《民族文化传统与教育现代化》，北京师范大学出版社 1998 年版，第 162 页。

二、经济学视角

经济是人类社会存在和发展的基础，是引起社会生活发展变化的决定性因素。在此，笔者主要从经济发展水平与教育资金投入、经济结构与就业结构两方面关系来考察经济对基础教育课程管理体制确立的影响。

从经济发展水平与教育资金投入之间的关系来看，经济发展水平与教育资金投入一般呈正比。当前，社会发展的多元化要求给予学生自由发展的空间、体现学生的个性特点，所以许多国家都鼓励学校开设符合本地区、本学校实际的课程。但问题在于国家下放权力的同时，也在下放负担与责任，要求地区与学校具备相当的财力。特别是教育技术的进步使得学校要为所开设的课程添置或者更新仪器设备，如电视机、录像机、计算机等，这些设备更新换代周期短（一般为五年），运转和维护费相当可观。同时还要购置大量的教科书、图书资料，以备教师和学生使用。此外，开设新课程，还要进行大量的师资培训，这笔人员培训费用也是相当可观的。所有这些都需要教育资金予以保证，否则课程的开设就是一种奢望，更无法保证课程开设的质量。由此可见，教育资金投入的多少制约着课程管理权限下放的力度。

从经济结构与就业结构之间的关系来看，一个国家经济增长的过程也就是这个国家经济结构发生变化的过程。当国家经济结构发生变化时，国民就业结构也相应地发生改变。第二次世界大战后，新技术革命给经济领域注入了新的活力，使得一些传统的行业消失，应运而生了另一些新的行业和经济活动的新领域。据统计，美国 1949—1965 年间约有 8 000 种职业从劳动力市场消失，同时出现了 3 000 种以上的新职业。[1] 而且，1970—1980 年高度工业化国家开创了 1 700 万个就业机会，其中 90％是用于信息、知识传播和一般性服务。[2] 这些事例说明，科学技术的发展、经济结构中知识和技术含量的增加，使得产业结构类型由劳动密集型向资本密集型、技术密集

---

① 顾明远，薛理银：《比较教育导论——教育与国家发展》，人民教育出版社 1999 年版，第 256 页。

② S. 拉塞克、G. 维迪努著，马胜利、高毅、丛莉、刘玉莉译：《从现在到 2000 年——教育内容发展的全球展望》，教育科学出版社 1997 年版，第 42 页。

型和知识密集型发展，劳动力的耗费也由以体力为主向以智力为主过渡。总之，经济结构的变化导致了新的就业结构的形成，也必然导致劳动者素质结构的变化。劳动者的素质结构是教育的综合产物，是对所学课程的综合表达。个体素质中存在着基础、稳定和类似的倾向，但更多涌动的是独特、差异的素质，正是这种独特、差异的素质构成才能适应多元化社会的经济发展。因此，课程设置应该考虑到人本身的素质结构，单一的课程设置不足以形成人的多方面素质，也就无法满足人对就业的不同需求。例如，20 世纪 60 年代的日本经济进入了高速增长时期，产业界对劳动力素质提出了更高的要求，教育政策成为经济政策的一部分，在课程方面要求学校根据实际情况编制具有弹性的课程。① 这说明国家统一的课程设置无法满足就业结构的多元化需求，结果必然带来课程权力的下放，由一级课程变为多级课程。

通过分析可以看到，经济发展制约着基础教育课程管理体制的确立，但是基础教育课程管理体制的确立也一定要符合本国经济发展的现实水平，适应经济发展中的变化，满足经济发展的需求。

三、政治学视角

"政治"是一种近乎"无处不在"的社会现象。在此，笔者只重点展示"政治体制"(政治制度的实体部分)对课程的影响。作为教育的一种社会背景，政治体制的作用就在于形成教育控制的一定模式。一般来说，政治体制可以划分为中央集权制和地方分权制两种，那么基础教育课程管理体制也相应地可以划分为这样两种形式。下面以美国和法国这两个典型的地方分权制和中央集权制国家为例，阐述政治体制对基础教育课程管理体制确立的影响。

美国是从最初各不相关的殖民地社会发展起来的"联合社会"。② 这一历史传统使美国地方分权的程度甚于其他任何国家。在美国，各州虽然并非主权机构，但却履行着其他国家通常只能由中央权力机构承担的许多职

① 汪霞：《国外中小学课程演进》，山东教育出版社 1998 年版，第 594 页。

② 卢瑟・S. 利德基著，龙治芳等译：《美国特性探索》，中国社会科学出版社 1991 年版，第 116～125 页。

能。在这样的政治体制下实行国家统一控制教育，无异于天方夜谭。所以，美国人选择的教育控制方式只能是分散、多样的。在美国，教育权属于州政府职权范围，课程决策的所有权力都属于地方，而地方又赋予学校在课程事务方面的自主权，由学校和教师决策、编制课程。因此，美国没有全国统一的学校课程，地方和学校课程占据美国的主导地位。

法国是典型的中央集权制国家。中央政府处于至高无上的地位，与地方是一种绝对领导与服从的关系。即使是20世纪80年代以后，执政的法国社会党进行了“权力下放”改革，也没有改变法国中央集权的政治体制。而这一政治体制在教育上表现为全国集中统一与刻板划一的基本特征。法国自拿破仑统治时代开始，就由中央政府颁布指令性教育计划与课程目标。因此，法国国家教育部掌握着整个教育系统的资源与权力的组织、分配，控制着学校所有课程。学校课程由国家教育部组织专家决策和编制，实行全国统一课程，并采用自上而下的推广模式。所以，法国“学校每一分钟活动的内容都由国家教育部具体规定”①，国家课程在法国占据着主导地位。

从以上对美、法两国政治体制的分析及其对课程管理体制的影响来看，有什么样的政治体制存在，就有什么样的课程管理体制与之相适应。虽然课程管理体制决定了国家、地方和学校在课程决策上的权力分配，但根源却在于政治体制。因此，一个国家基础教育课程管理体制的形成和发展必然是政治体制的反映，也必然是为政治发展的需要服务的。

四、教育学视角

(一) 教育目的

教育目的是对受教育者进行培养和教育的总的要求，规定着人才培养的规格，也决定着课程发展的方向。课程权力的分配实际上是对人的学习经验的选择、组织与实施方式的调整，它必然要以教育目的为先导。由于教育目的总是随着历史时期、社会发展水平、国际环境以及教育观念等不同而不断地进行调整，这必然引起人的学习经验的重新组织和课程权力的重新

① 瞿葆奎:《教育学文集·教育与社会发展》，人民教育出版社1989年版，第381页。

分配。而且，教育目的要通过课程权力的重新分配与调整，重新组织并构建人的学习经验，才能满足社会的需求。

（二）教育的阶段性

教育阶段不同，各级（国家、地方、学校）教育部门课程管理权限的比例分配也不同。而且，随着教育阶段的升高，国家课程占整个课程比例呈递减趋势，而地方和学校课程则呈渐增趋势。这说明教育的阶段性与基础教育课程管理体制确立之间存在着一种内在的必然联系。

一方面，基础教育各阶段学生身心发展水平的差异性影响着各级课程比例的分配。基础教育分为小学、初中和高中三个阶段，每一阶段学生身心发展都有独特的特点和特定的发展水平。小学生是六七岁到十一二岁，刚刚开始进入学校从事正规、系统的学习。这一时期学生身心发展虽然相对平稳，心理发展无尖锐的冲突，但意志力薄弱，鉴别事物的能力较弱，学习的独立性和自主性较差，对成人的依赖感较强。正是小学生的这些特点决定了该阶段学校课程偏重于共性和统一性，因此国家课程在此阶段几乎占据全部课时。中学生是十二三岁到十五六岁，开始向成熟过渡。这一时期学生身心发生急剧变化，思维能力、抽象概括和逻辑推理能力明显增强；男女生对事物的认识兴趣与方式的差异变得明显，学习上的个体倾向性开始显现出来；自我意识和独立意识明显增强，心理上的“成人感”日益显露出来，在任何活动中都不再完全是被动的适应者、服从者和模仿者，而是力求成为主动的探索者、选择者和设计者。初中生表现出来的特点要求学校教育给他们一定的选择权，以适应其个性发展。因此，国家统一课程已经不能满足学生个性发展、个体倾向性的需要，于是要下放一部分课程管理权限。但出于对教育质量的考虑，以及这一时期学生自我调节和控制能力相对较差和被动性仍较明显的特点，国家下放的课程管理权限只能是少部分。高中生是十五六岁至十八九岁，正准备走向独立生活。这一时期学生生理与心理都接近成熟，逻辑思维和辩证思维能力增强，并表现出较高的综合分析问题和解决问题的能力；同时思维的独立性和批判性也达到较高水平，而且他们大多对世界、社会、自己和未来都开始有较清晰的认识和较深入的思考，人生观、世界观和价值观也已开始形成。一切发展都表现得很稳定，目的性和方向性都较强，因而国家对高中课程的管理可适当放开，地方和学校的课程管理权限自然要比小学和初中大。但与此相应的是，地方和学校更应加强自己在课程改革实践中的责任心和奉献精神。

另一方面，基础教育各阶段的培养目标不同，决定了各教育阶段承担的教育任务不同，安排的课程内容不同，当然也就影响各级课程比例的分配。小学教育是基础教育的基础，是为人生打基础的教育。其培养目标的重要特征是为学生今后全面和谐充分的发展打下“初步”基础。也就是说，学生在这一阶段无论是获得的知识技能、形成的能力，还是养成的道德品质，都是每一个国家公民所必须具备的最基本的、最基础的素质。因此，小学阶段承担的教育任务就更多地体现教育中共性和一致的方面，课程内容当然也就是最基础的读写算以及常识性知识。所以，国家课程居于主导地位，基本包揽小学教育的全部课程。初中教育不仅是小学教育的继续，同时又是为普通高中、职业高中和成人高中打基础的教育。初中阶段是学生从儿童到少年又由少年走向青年的过渡时期，是人的成长、发展过程中非常重要的转折期，同时也是为学生全面发展、全面提高素质打基础的关键时期。因此，初中教育的培养目标就是在小学阶段使学生“初步”得到全面发展的基础上，为促进他们的身心健康、和谐发展打下坚实的基础。这样，初中阶段所承担的教育任务相对来说就有复杂性，既要继续为学生发展“打基础”，又要为学生的个性发展服务。而且初中课程门类增多，难度加大，此时学生的发展不是齐头并进的，接受能力的差异性表现显著。这一阶段既要有保证共性和一致性的课程，即国家课程；又要有选择性、差异性和灵活性的课程，主要由地方和学校来承担。而高中阶段，学生的生理和心理发展都趋于成熟，他们在已有文化科学知识、生活经验和思想道德水平的基础上，初步形成了一定的世界观、人生观和价值观。而且，这一时期学生面临着择业，为走向生活、走向独立作准备，培养目标就自然体现出这些特点。因此，高中阶段承担的教育任务就更强调、更倾向于为学生个性发展服务，地方课程与学校课程所占比例自然增多，但国家课程仍应居主导。

（三）教育者素质

在地方教育部门中，校长和教师是地方课程和校本课程开发的主导力量，他们的素质制约着课程管理体制实施的水平和质量。

校长是学校的组织者、管理者和宏观协调者，他在学校教育活动的运作和发展过程中起着核心作用。一所学校要想在现代社会的激烈竞争中生存和发展下去，就必须有明确的办学宗旨和管理模式，这些都会直接影响三级课程在学校层面上的实施。校长的素质表现为要有明确的办学方向和办学思想；要对学校教师队伍的组建、培养与使用提出明确的主张；要建立适合课程与学校发展的学校文化。校长不仅要指导校本课程开发，更要参与校本课程开发。

教师应在课程实施过程中发挥重要的作用，以往一直把教师视为课程的“忠实”执行者。但课程实施是一个动态的过程，教师并不是完全“忠实地”传递文件所规定的课程内容，教师应当而且可能对课程内容进行调适，而课程的制定者也会从教师的反馈中对课程的目标和内容进行调整。这一过程也被称为课程实施过程中的“互动调适观”。教师对课程的“调适”则是教师开发课程能力的一种体现。从这一点来看，教师在课程实施过程中，承担着课程开发的责任。而且教师只有参与到课程开发中来，才能达到课程的预期功效。许多国家的课程改革都越来越强调教师参与课程开发，教师对自己角色的理解也发生很大变化。校本课程开发要求教师在课程实施过程中扮演一个积极的角色。正如马什所说：“校本课程开发试图打破教师作为‘消极接受者’的角色而将其定位为‘课程决策者’，除非教师能完成这个转变，否则校本课程开发就不能有效实施。”①要实现这一目标，教师应具有与课程开发的相关专业技能。校本课程开发包含设计、编制、实施与评价等方面的问题，以往课程设计、课程编制问题都与教师无关，但课程管理权限下放到学校后，部分的课程设计与编制工作就要由教师来承担。因此，教师仅具备所教学科的专业知识是不够的，他不仅要明确学校的发展方向、学校

---

① 崔允漷：《校本课程开发：理论与实践》，教育科学出版社2000年版，第43页。

教育资源情况以及学生的个性特点，而且要懂得课程设计的原理、程序、技术等一些与课程开发相关的知识，并在此基础上运用自己的专业知识，设计出符合本校特色的课程。同时，教师还要有较强的责任心和敬业精神。国家课程与地方课程的教学活动已经占去教师的大部分时间，而且开发课程较执行课程要困难、复杂得多，这不仅会给教师带来更多的压力与负担，而且还会耗费教师大量的业余时间与精力。因此，校本课程的开发需要教师具有较强的责任心与敬业精神。

总之，校长与教师的素质越高，承担开发课程工作的可能性越大，相应的学校一级课程所占比例也就会越大。但是，如果校长和教师素质不高，即使承担开发课程的任务，也将带来巨大压力，甚至影响学校正常教育活动的进行，当然也就无法确保学校的教育质量。

综上所述，基础教育课程管理体制的确立是一个相当复杂的问题，它受到来自教育外部与内部多种因素错综复杂的影响。特别是对于我们这样一个人口众多、幅员辽阔的大国来说，更有复杂性。目前，基础教育课程改革提出的三级课程管理体制，是符合课程发展趋势和我国教育改革目标的重要改革措施。在推进基础教育课程改革的过程中，应认真分析影响课程管理体制的各种因素，结合本地区的实际情况，科学地创造性地组织和落实三级课程管理体制，为科学、合理地推动三级课程管理体制的实施创造条件。

第四节 义务教育教师流动机制问题

义务教育均衡发展是全面实施素质教育的关键路径，是体现义务教育特性的客观要求。义务教育阶段教师的合理流动可以实现师资配置均衡，带动薄弱学校发展，有效推进教育均衡，提高学校教学质量，最终实现教育公平，保证国民教育健康发展。

一、教师流动的现状分析

合理的教师流动应该是双向的、多维度的，但是目前我国的教师流动更多呈现的是一种逆向的、单向上位的流动趋势。从近几年教师流动的现状分析，教师流动在地域上主要是从中西部欠发达地区向东部沿海开放地区流动；在区域上主要是从农村向城镇，从城镇向城市流动；从落后地区向发达地区流动；在校际间主要是从普通学校向示范学校，从非重点学校向重点学校流动；在流动主体上，主要是骨干教师、优秀教师、中高级职称教师的流动。如 2001 年度，山东省城市中学共调入专任教师 6 960 人，调出 3 858 人；县镇中学调入专任教师 9 245 人，调出 8 159 人；农村中学调入专任教师 4 276人，调出 6 185 人。城市小学调入专任教师 4 099 人，调出 4 209 人；县镇小学调入专任教师 1 335 人，调出 5 315 人；农村小学调入专任教师 13 721 人，调出 18 259 人。全省农村中小学专任教师在 2001 年度减少 1.3 万人。① 而 2007 年度山东省初中专任教师因自然减员、调出、校内调整等减少 24 598 人，通过招录毕业生、调入、校内调整等方式增加 21 714 人，合计较上年度减少 2 884 人。其中，农村初中专任教师减少 10 848 人，增加 6 906 人，合计较上年减少 3 942 人。全省小学专任教师因自然减员、调出、校内调整等减少 36 908 人，通过招录毕业生、调入、校内调整等方式增加 41 876 人，合计较上年增加 4 968 人。其中，农村小学专任教师减少 25 152 人，增加 25 214 人，合计与上年基本持平。②

二、教师不合理流动的原因探析

随着社会主义市场经济体制的日臻完善，原有的教师分配制度逐渐被打破，教师流动已成为不可逆转的趋势。但山东省目前出现的教师不合理流动现象，其原因是多方面的，除了社会、经济、个人等因素之外，更多的是教育政策的缺失。

---

① 袁文娟：《教师流动原因与对策研究》，《齐齐哈尔师范高等专科学校学报》2009 年第 2 期，第 19～21 页。

② 山东省教育科学研究所：《2008 年山东教育绿皮书》，黄河出版社 2009 年版，第 42～43 页。

(一) 不同职业待遇的差异

在当今世界发展形势之下,知识的力量越来越为人们所重视。个人的自我提高需要学习知识,国家的繁荣昌盛需要科学知识,同样,人类的发展和社会进步也需要文化知识,而知识的传授则主要依靠教师,作为"太阳底下最光辉的职业"、"人类灵魂的工程师",教师的地位与以前相比有了天翻地覆的变化,但是与其他职业相比,教师还是弱势群体。首先,教师的经济地位比较低。尽管近几年国家加大了对教师的工资投入,特别是党的十七大以来,在党和国家领导人的支持和关怀下,教师的工作条件和物质待遇都有了显著的改善和提高,但是与教师所付出的劳动相比则差距甚大。教师作为人类科学文化知识的继承者和传播者,肩负着学生发展、国家富强、社会进步的历史重担,无论在生理上还是心理上,压力都很大,但教师所获得的实际劳动报酬与其他职业相比较少。其他职业表面上和教师的物质待遇差不多,甚至比教师还低,但实际上他们基本都有隐形收入,而教师除工资和规定的补贴外无任何额外的收入,因此,就纯收入来说,其他行业基本上都高于教师。这造成教师表面光彩、背后难受的尴尬局面。其次,教师不仅经济待遇比较低,更重要的是,社会地位也不高。尽管国家一再强调提高教师的社会地位,但某些地区个别党政部门领导人对教育事业缺乏深入的了解,错误地认为教师职业无足轻重,教师对经济增长和社会发展贡献不大,瞧不起教师;其他行业人员认为教师无职无权,社会活动能力较低,没有利用价值,因此不愿与之交往;而有的学生也看不起教师,认为教师一生平平庸庸,毫无建树,与其他人相比,一点本事都没有,因而他们也不尊重教师。在上述各种因素的综合作用下,在经济和社会地位等多重压制下,有的教师就离开了教育工作岗位,造成教师资源的大量流失。

(二) 地域间经济文化基础的差距

改革开放以来,山东省东部沿海地区实施区域发展战略,充分利用自身独特的地理优势和资源优势,实现了经济的快速发展,逐渐拉开了与中西部地区的发展差距。而在现行基础教育"分级办学、分级管理"的体制下,教育的发展主要取决于地方政府的努力,因此,中西部地区与东部地区相比,教育投入差距明显。

首先，中小学生均教育经费支出和预算内教育事业费支出的差距越来越大。如 2007 年山东省普通初中生均教育经费支出极差为 5 178.99 元，普通初中生均预算内教育事业费支出极差为 4 389.9 元。全省小学生均教育经费支出极差为 3 587.16 元，小学生均预算内教育事业费支出极差为 3 125.78 元(见表 1-9)。

表 1-9　2007 年普通中小学生均教育经费、预算内教育事业费支出对比　　单位：元

类别 地市	生均教育经费总支出		生均预算内教育事业费支出	
	初中	小学	初中	小学
济南市	4 867.89	3 061.79	3 644.92	2 357.35
青岛市	6 874.58	5 043.77	5 968.55	4 528.63
淄博市	5 615.56	3 699.44	4 727.7	3 241.91
枣庄市	2 435.5	2 140.86	1 999.75	1 832.71
东营市	6 495.05	5 082.03	4 898.76	3 703
烟台市	4 628.24	3 309.76	3 948.61	2 879.85
潍坊市	4 728.15	2 622.51	3 961.02	2 287.4
济宁市	3 807.9	2 842.73	3 250.59	2 541.58
泰安市	4 062.13	2 384.41	3 436.42	1 949.37
威海市	5 745.98	4 226.8	4 709.89	3 778.9
日照市	4 032.97	2 258.14	3 377.56	2 023.72
莱芜市	5 890.85	4 553.74	5 229.03	3 978.33
临沂市	3 098.99	2 018.06	2 865.97	1 895.03
德州市	2 666.63	2 106.95	2 336.2	1 952.56
聊城市	2 367.75	2 077.72	2 109.22	1 937.77
滨州市	3 889.16	2 595.85	3 093.13	2 261.68
菏泽市	1 695.59	1 494.87	1 578.65	1 402.85

资料来源：山东省教育经费保障年度运行报告，2007 年。

其次，山东省区域间中小学固定资产和专用设备同样存在较大差异。2007 年，普通初中生均固定资产较高的是泰安市 10 448.39 元，较低的是菏泽市 2 662.27 元，极差为 7 786.12 元。生均设备较高的是威海市 1 364.12 元，较低的是菏泽市 266.13 元，极差为 1 097.99 元。小学生均固定资产较高的是威海市 6 520.91 元，较低的是菏泽市 1 614.26 元，极差为 4 906.65 元。生均设备较高的是威海市 1 005.51 元，较低的是菏泽市 106.22 元，极差为 899.30 元(见表 1-10)。

表 1-10 2007 年分市普通中小学生均固定资产、专用设备对比 单位:元

类别 / 地市	生均固定资产		生均专用设备	
	初中	小学	初中	小学
济南市	9 657.76	4 457.51	1 264.42	705.03
青岛市	8 627.67	5 822.12	1 343.46	768.13
淄博市	6 621.23	4 771.87	956.31	663.43
枣庄市	3 870.39	3 569.48	437.82	301.23
东营市	9 394.67	6 126.67	1 288.76	768.19
烟台市	5 978.45	4 360.28	820.56	665.69
潍坊市	7 851.76	3 206.29	1 055.46	460.34
济宁市	4 967.17	3 177.65	538.83	307.49
泰安市	10 448.39	3 795.15	920.45	358.36
威海市	8 115.54	6 520.91	1 364.12	1 005.51
日照市	7 022.06	2 547.55	818.14	326.98
莱芜市	6 958.37	3 877.91	840.44	414.37
临沂市	5 729.24	2 559.12	647.27	273.2
德州市	5 316.8	2 441.11	489.2	208.13
聊城市	3 769.55	2 086.94	413.14	248.01
滨州市	7 856.42	3 848.68	989.17	463.65
菏泽市	2 662.27	1 614.26	266.13	106.22

资料来源：山东省教育经费保障年度运行报告，2007 年。

中西部地区不仅与东部地区在教育上的经济投入差距悬殊，而且东部地区具有优越的公共文化服务体系，居民的公共文化服务意识以及公共文化服务产品的供给与需求具有明显的优越性，政府及相关部门提供的公共文化服务产品性质多样、形式灵活，当地居民的精神文化生活丰富，因此，由于东部地区所具有的经济文化优势，教育发展水平较高，导致了中西部大量教师向东部沿海地区迁移。

(三) 城乡二元社会经济结构的影响

城乡二元经济结构对政策制定及其产物会产生很大影响，处于这种结构中所产生的人口经济状况差异直接导致对教育投入的多寡。据统计，2007 年，山东省农民人均可支配收入为 4 985 元，而城镇居民人均可支配收入达到 14 265 元，几乎是农民人均可支配收入的 3 倍。可以说，农村经济的贫困导致了对教育投入的不足。2007 年农村普通初中生均教育经费总支出比城市低 1 446.34 元，其中农村生均公用经费支出比城市低 784.35 元；农村普通初中生均预算内教育事业费支出比城市低 626.23 元，其中生均预算内公用经费支出农村比城市低 131.59 元。农村普通小学生均教育经费总支出比城市低 1 096.16 元，其中生均公用经费支出农村比城市低 565.02 元；普通小学生均预算内教育事业费支出农村比城市低 406.24 元，其中生均预算内公用经费支出农村比城市低 36.58 元。

城乡之间在教育经费投入上的差距导致城乡办学条件也存在很大差距。2007 年，山东省农村普通初中生均固定资产比城市低 2 913.68 元，其中生均专用设备农村比城市低 506.82 元。农村普通小学生均固定资产比城市低 2 601.01 元，其中生均专用设备农村比城市低 456.91 元(见表 1-11)。农村中小学固定资产偏少，尤其是专用设备水平偏低，制约了农村教师工作环境和条件的提高，直接影响了农村教师的稳定，导致他们向城市流动。

表 1-11　2007 年城乡普通中小学各项教育经费支出差异对比　　单位:元

地区 \ 类别		城市	农村
生均教育经费	初中	5 113.38	3 667.24
	小学	3 613.82	2 517.66
生均公用经费	初中	1 614.61	830.26
	小学	1 068.45	503.43
生均预算内教育事业费	初中	3 871.99	3 245.76
	小学	2 726.13	2 319.89
生均预算内公用经费	初中	670.02	538.43
	小学	400.50	363.92
生均固定资产	初中	8 455.41	5 541.73
	小学	5 502.94	2 901.93
生均专用设备	初中	1 174.27	667.45
	小学	779.93	323.02

资料来源:山东省教育经费保障年度运行报告,2007 年。

受我国长期形成的城乡二元社会结构的影响,城市和农村成为两个不同的社会群体,城市和农村居民具有明显的经济地位和社会身份的差距,这种差距对于农村教师当前以及后代的发展都具有潜在的消极影响。由于历史发展、经济基础、受教育程度等因素的影响,使得城市人相对于农村人有一种天生的优越感,加之城乡二元户籍管理制度以及劳动就业制度,在城乡之间筑起一道偏袒城市居民的壁垒,使农村教师合理流动的机会变小,农村教师的身份地位很难得到改变。可以说,当前教师不合理流动并非教育本身逻辑衍生,主要是外来不平等环境冲击的结果。因此,为改变与生俱来的身份限制,追求更多的发展机会,就形成了农村教师向城市迁移的趋势。

(四) 教育监督机制的缺位

良好政策的实施要依靠强有力的监督机制,但在当前教育发展过程中存在着监督的缺位,而失去监督的权力是危险的权力。在义务教育发展过程中，由于监督监察机制的不健全，导致很多教育政策的实施没有落到实处，形成“口头重视，行动不落实”的现象。《义务教育法》明确规定，为保证义务教育均衡发展，不得将学校分为重点学校和非重点学校，但一些地方政府受畸形“教育政绩观”的影响，为塑造形象工程，热衷于集中人力、财力举办少数重点学校和窗口学校，竭力打造“明星学校”、“示范学校”，抽调大量的优秀教师充实其中，忽视了对薄弱学校的投入和支持，造成教育资源的不合理集中。在教师工资发放过程中，存在城乡双重标准的现象；加之地方政府、学校克扣、拖欠、挪用农村教师工资，向教师摊派、集资等现象时有发生，而根据规定对长期扎根农村工作的教师实行的工资上浮奖励制度和对大学生赴农村任教实行的津贴补助和奖励政策，从根本上缺乏落实，导致城乡教师之间的经济差距越来越大，农村教师的基本权利无法得到有效保障。这种高奉献、低待遇的状况，影响了农村教师队伍的稳定。而农村教师在评优、晋升过程中受到不公正待遇时，由于监督渠道的滞塞，无法有效维护自己的合法权益，不仅导致了农村优秀教师的流失，而且极不利于农村教师队伍的稳定，同时，挫伤了长期扎根农村任教的教师的积极性。

（五）学校管理方式的缺陷

科学、民主的学校管理方式对教师工作稳定会产生积极影响。但有的学校领导不注意关心、体贴教师，尤其不能切实帮助困难教师解决各种急需解决的问题，没有解决他们的后顾之忧，无法真正做到“感情留人”，使教师感受不到学校的温暖。不少学校领导缺乏人本意识，没有树立以教师为本的管理理念，对教师缺少必要的人文关怀和沟通，教师无法产生心理归属感。而且民主意识不强，对教师的管理集权化程度高，管理缺乏民主，管理方式机械、呆板，手段粗暴，使教师失去基本的自由和自尊。对教师的评价缺乏科学的依据和方法，评价方式单一，仅仅注重教师的表面成绩而忽视了他们的内隐性劳动，大大挫伤了教师工作的积极性。

学校内部管理体制缺少有效的对领导行使权力的监督机制。“尽管在学校内部有教育工会或教职工代表会议，但是由于教育工会或教职工代表会议的成员本身就在学校单位组织内部，有的本身就是学校的行政领导，其在学校内部立足的合法性以学校对其聘任为前提，因此，作为教工利益代表的工会组织就成为学校实现其权力的一种工具，面对教师权利的被侵害而冷眼相观。党政合一的学校内部领导体制，则更是使校长少了一个可以对其学校管理行为予以监督的基层党组织。”①在此情形下，一些领导往往根据个人好恶，任人唯亲，在各种评比、晋升活动中，不能做到公开、公正，暗箱操作现象严重。在学校里论资排辈现象严重，很多青年教师没有锻炼的机会，没有发展的空间；工作成绩得不到领导的认同，教师的努力得不到应有的回报，伤害了教师的自尊心和工作的上进心。

（六）教师个人发展的需要

根据马斯洛的需要层次理论，人最基本的需要是生理需要。而工资作为教师生理需要的基本保障，存在明显的差距。山东省中西部地区教师工资与东部地区教师差距悬殊，如 2007 年东营市农村教师平均月工资是 2 944 元，德州市只有 1 300 元。从理论上讲，农村经济发展较城市落后，生活环境较城市艰苦，农村教师的工资待遇应该高于城市。但现实恰恰相反。尽管不少地区根据《教师法》规定，对长期扎根农村工作的教师实行工资上浮政策或对应届大学生赴农村任教实行津贴补助和奖励，但补助和奖励的幅度多低于城区支教教师。而且多数地区农村教师工资低于城市教师，如 2006 年沂南县直教师年平均工资是 14 517 元，乡镇教师年平均工资 11 013 元，二者相差 3 504 元，并且至今各乡镇均未实行住房公积金制度，医疗保险仅从 2006 年开始执行；2007 年宁阳县城市教师人均月工资 1 716 元，而农村教师只有 1 493 元。城乡教师工资、福利待遇的巨大差距严重影响了教师工作的积极性。②

中西部地区与东部地区、各市地城乡之间教育经费投入的差额造成学校教学配置、教学环境及教学条件的差距悬殊，这种差距使得部分教师对目前的工作环境感到不满意，他们会进入工作条件更好、教学设施配置更加优

---

① 段玉敏：《聘任制下教师合法权益的保护问题的思考》，《现代教育科学》2000 年第 6 期，第 15～18 页。

② 山东省教育科学研究所：《2007 年山东教育绿皮书》，黄河出版社 2008 年版，第 89 页。

良的学校，以求在新的工作环境获得自我满足的需要。经济条件、工作环境只是人们的低层次需要，作为个人自我价值实现等较高层次的需要，部分薄弱地区和农村学校的教师也得不到满足。由于经济欠发达地区和农村信息相对闭塞，教师接受信息的渠道狭窄，并且教师参加职后培训、继续学习的机会少，对教师能力的发展与提高形成极大障碍，部分教师感到自己的才能被埋没，没有成就感；而且这些地区的精神文化生活相对缺乏，在工作之余，教师得不到基本精神需要的满足，导致精神状态低迷，工作热情下降，有的教师同事关系不和，与领导闹对立情绪，人际关系解决不好，产生心理挫折感。这部分教师认为在目前工作单位无法实现自己的人生价值和社会价值，自我实现的需要得不到满足，他们会放弃目前的工作单位，以求在新的单位实现个人价值。

第五节　义务教育学校与社区互动机制问题

我国学校与社区互动关系的发展越来越引起政府的关心和重视，在实践和理论上也不同程度地取得了满意的成效，但也存在着很多不同层次的问题，迫切需要改进。

一、我国学校与社区互动关系中存在的问题

（一）学校中心的思想意识根深蒂固，社区处于从属地位

促进学校与社区的合作，建立互相认同、理解、沟通、支持的互动关系是在终身教育理念指导下对学校教育和社区教育提出的共同要求。然而很多地区的学校与社区的互动中，参与的双方对“学社互动”的理念与基本内涵尚未形成正确理解，认识不够全面和深入，也无法充分认识到建立良好的合作关系对学校和社区发展的长远双赢效益。学校中心的思想意识仍然根深

蒂固。学校神话虽然已被打破，但人们因对学校知识的评价颇高，仍对学校寄予厚望。学校自身也以“懂得教育”自居，将社区的参与仅仅看作对学校教育的一种补充。甚至当社区介入学校的管理和教学时，学校会因自己独断的权利受到冲击而产生反感。这样，社区与学校在各个方面加强的合作，充其量只是一个“教育外行”与一个“教育内行”的牵手。不但不能使学校发生根本性的变革，而且社区教育的实现也托付给附设于学校的继续教育、成人教育及业余教育等非正规教育。学校中的科学知识仍然占据统治地位，社区生活中的知识仍然处于非主流位置，科学世界的教育对生活世界的教育的压制和蔑视，导致学校与社区的关系处于一种非平等的状况。① 由于对互动关系的理念认识不够，因此就存在着双方参与意识淡薄，民众参与不踊跃等现象。

（二）学校与社区互动呈现地域失衡状况

从地域上来看，由于各地经济、政治、文化发展水平的不同，对学校与社区教育的重视、意识程度有所不同，山东省沿海社会经济发达地区的学社互动就呈现出起步早，系统性、规范性强等特性，而欠发达地区和农村地区就没有余力大面积开展学校与社区的互动工作，教育发展相对比较滞后，难度较大，而且当地群众对学校与社区互动的作用也没有充分认识，因而学校与社区互动的开展力度不够。因此，这些地区的普遍教育应该得到政府和社会的支持，最大程度地引导和推动教育的发展，以实现全国均衡发展。对于广大农村地区来说，学校与社区的互动还是一个新的概念，值得学习的经验很多，关键是要有明确的认识和足够的重视。

（三）政策法规、经费、督导评价机制等保障体制的缺失

要实现学校与社区互动的良性运行，必须有一定的机制做保证。学校与社区的互动最基本的保障机制有政策法规的保障、经费保障和督导评价机制的保障。通过对城市学校与社区互动的分析我们可以看出，无论是哪

① 李春生，康瑜：《终身学习背景下学校和社区关系的重建》，《比较教育研究》2002 年第 4 期，第 44～47 页。

种互动模式，首先都需要政府的大力支持和政策法规的保障，只有在这样的前提下才能有力地推动学校与社区的互动。目前，我国有相当数量的社区，学校与社区的互动往往随着领导人的决策变化而变化，缺乏与“互动”相关的制度和法规来规范和保障互动的良性运行。其次，就是互动的经费问题。就学校方面来说，目前绝大部分学校的经费来源是国家财政拨款，这些费用仅能满足教师的工资以及学校的正常运作，没有多余的资金来参与社区互动。再次，就是缺乏必要的督导评价机制。我国的学校教育一直属于垂直式的封闭管理，家长、社区被排斥在学校的围墙之外，他们只需配合学校搞好子女的学习就行了，至于学校的管理体制如何、教师整体素质怎样、自己的孩子是否受到平等的教育机会等现实问题，他们是无权过问的，再加上近些年来，农村学校辍学率增高，校园暴力问题日益突出，学生的公民道德意识下降，而学校在这些方面似乎又无能为力，家长、社区对学校教育日益丧失信心，其参与学校管理的热情也逐渐冷却，这样恶性循环的结果必然不利于学校的长远发展。当前，我国教育理论界不少人把教育视为一种产业，因此，对学校而言，家长便是最大的投资人，他们有权过问并促使学校管理的科学化，以保证其所得服务的质量。另外，学校为社会所有，社会所治，社会所享，学校需要社区的参与和评估，社区群众是学校的智囊团，他们对学校的监督、评价和建议可以使学校减少决策的失误，优化学校管理，使学校管理走向民主化的良性发展轨道。

（四）“利”大于“义”，资源开放不全面问题突出

资源开放的理想受到现实的嘲弄，在资源愈来愈匮乏的现实中，“利”的驱动远甚于“义”的引导，教育资源的共享受到经济利益和其他利益的排斥。受学校中心意识的影响，人们通常认为学校教育资源比社区教育资源更具优越性。社区教育资源仅被视为补充，而不看作是对学校教育有重要的改善作用。[①]

---

① 李春生，康瑜：《终身学习背景下学校和社区关系的重建》，《比较教育研究》2002年第4期，第44～47页。

目前我国很多社区内学校也向社区居民开放了各种资源，但是，仍然存在资源开放不全面的问题，大多数学校只向社区开放一些体育设施、教室之类的资源，而对于图书、网络等资源的开放则很少。如北京市西城区有着丰富的学校资源，对于这些资源的整合也取得了一定的成果，但仍然存在不足，学校对社区开放资源的意识应该进一步加强。这种问题的出现主要是学校由于经费的考虑，比如对于器械的维护费用、管理人员的工资等等，学校办学经费的限制影响着学校开放办学资源的积极性。但是，同时也有一些学校开放资源的意识淡薄，仅仅把学校资源开放当成是上级任务来完成，没有把学校资源的开放当成日常工作来做，更没有从制度上保证这项工作的开展，从而影响到社区内学校资源的整合。

(五) 现代信息技术利用率有待提高

网络的出现，促使教育必须革新传统手段和教学方式。当前，人们正在实践上将信息和网络技术引入各类教育，即称远程教育，它使传统的封闭教育向更开放的方向发展，让不同知识层次和年龄层次的人能够快捷、方便、经济地接受各种教育，大大拓宽了教育的覆盖面，减少教育投资，为当今世界各国所倡导和推介。在我国一些城市的学校与社区互动实践中对网络教育方式利用得比较好，也取得了一定的成绩，但是普遍来说，很多地方还没有真正利用网络来实现学校教育与社区教育的结合，大多只在学校、家长之间的信息反馈方面利用信息技术较多。

二、原因分析

上述问题涉及学校与社区互动的内容、人员及合作机制的建设，而究其根源，又主要反映在认识、动力和制度等三个层面。

(一) 各类参与主体对学校与社区互动的目的和意义没有形成统一认识

对于学校与社区互动的目的意义，在各社区教育试验区中都已达成了共识，即要以学校资源的开放满足社区居民文化教育方面的需求，共同促进学习型社区的建设，同时发展开放的现代学校制度等等。但是，这样统一的认识并没有通过政策宣传的方式传递到真正的参与者的思想中。

在教育行政系统内，教育局承担起了向各学校校长宣传政策意义和目的的职责。而教育局本身对学校与社区互动的认识又决定了它在协调工作中所付出的努力和重视的程度。就各学校校长的认识而言，大多都能清楚地认识到终身教育背景下推动学校与社区的互动对社区建设、社区教育发展所具有的支持作用，但是却没有认识到这种合作关系对学校本身发展的意义，这直接决定了学校参与社区互动的动力因素。再具体到学校的教师和学生的层面，更缺少对学校与社区互动目的意义的全面、深刻的认识，学校总是只关注让老师、学生去“做”，而并不解释为什么要这样做。从社区层面来看，这类认识上的偏差仍然存在。社区居民没有参与学校发展的意识，习惯于接受学校资源帮助，以“外人”的心态自居，而缺乏对学校建言献策的主动性。正是这些认识上的不全面、不深刻导致了社区在促进学校与社区互动关系的建立中出现了表面化、片面化、形式化等诸多问题。

（二）学校缺乏以奉献的精神服务社区的内在动力，社区的行政控制束缚了居民自主性的发挥

动力是推动工作、事业等前进和发展的力量。事实上，对学校与社区互动意义认识的深度也决定了双方行为的动力。诚如前文所述，学校在与社区互动的过程中，双方都没有意识到这种互动关系对各自发展所具有的积极作用，虽然也有一些双赢的考虑，如社区可以帮助学校治理周边环境、为学生提供社会实践的机会等，但是都还仅仅停留在眼前实际利益的诉求上，而没有从长远发展的角度来思考社区对学校发展的意义。这又恰恰是建立开放的现代学校制度所要求的内涵，即要社区参与学校的管理和发展，即使目前还不具备这样的条件，但是这样的意识从学校领导到普通教师都仍然是匮乏的。因此，学校在与社区建立互动关系中，外部动力来自于教育行政部门的要求，以及学校支持社区教育的“奉献”精神（这种精神在当前是受到普遍肯定的）。

从社区的角度来说，其外部动力仍然来源于政策和行政的推动，其内部动力则是源于社区本身发展的需求。与学校相比，社区似乎并不存在内部

动力缺失的问题，因为其本身就是要寻求学校教育资源的支持来发展社区教育，提高居民的素质修养。但是社区的内部动力又面临另一个问题，即行政力量的过多控制而导致的自下而上的自主性、自发性的缺失。

在我国，社区建设和社区教育的发展本来就是由行政力量来推动的，但目前面临的问题是，这种行政力量没有将社区发展的自主性激发起来，社区居民并没有成为发展社区教育的主体，而仅仅是一个参与者。在学校与社区的互动中，也都表现出这样的特征，使得居委会和社区居民在学校与社区的互动关系中处于被街镇领导的状态，是被“推着参与”而非“主动参与”。由此带来诸多如前所述的问题。因此，行政力量在推动今后学校与社区互动关系发展中，如何从“控制者”、“包揽者”转变为“引导者”、“支持者”等辅助、指导的角色，发挥出社区的自主性等都是寻求进一步发展需要解决的问题。

（三）学校与社区分属于两个系统，各自相对封闭独立

就学校系统而言，制度化教育的特征仍占据了主要的位置。学校教育的计划性、组织性、目的性等特点就对学校和社区的教育培养功能进行了区分。在原来封闭性的系统内部，这种区分相当于否定了学校参与社区教育和社区参与学校管理及发展的可能性。即使现在这种封闭性已在一定程度上被打破，学校愿意开放出来服务于社区居民，或接受社区居民的建议，但是学校自我中心的意识和制度传统仍影响了这种互动关系的建立。此外，在学校内部，目前一般只有以党团支部组织的志愿者活动以及以德育办公室组织的学生社会实践活动系列，还没有形成适应于促进学校与社区合作的固定的组织制度。许多学校都依赖于上级行政部门来建立与社区的联系，学校与社区之间虽然已形成了一些领导协调机制，但是缺乏制度保障和实施细则使其真正稳固下来。

从社区的角度来看，在街镇层面已形成了一定的组织制度与学校沟通。但是作为居民自治组织的居委会却尚未真正发挥作用，这也是社区组织建设的一个薄弱环节。因此，要沟通两个系统，建立互动关系，必须清楚地认识到双方自身的制度体系，以及将他们联合起来的制度关系，从而通过加强组织建设来促进学校与社区互动机制的完善。

第六节　义务教育学校内部管理体制问题

学校内部管理体制，即学校内部的管理机构和各种管理制度，是领导和管理学校的根本制度，支配着学校的全部管理工作。管理体制的合理与否，直接关系到学校运行的效率。合理的管理体制下，教职员工能充分发挥积极性，投入到高效率的工作中；如若体制不合理，教职员工的工作效率会因积极性受到压抑而降低。学校内部管理体制涵盖学校内部的领导体制、管理机构、管理制度、人事制度和分配制度等①，而又以改革难度最大的人事制度和分配制度为主。

一、义务教育学校内部管理体制存在的问题

作为教育体制改革的重要组成部分，学校内部管理体制的改革主要表现在：学校工作运行机制方面实行校长负责制、教职工岗位责任制，学校工作动力机制方面完善奖惩制度、实行校内结构工资制，在学校工作的保障机制方面完善教育立法。② 以县为主的教育管理体制，撤销了乡镇原有的教育机构，如教育办公室和教育组，成立了乡镇中心学校，将学校的人权、财权和事权上划县统一管理，有效地解决了人浮于事的问题，有利于全县统一运作，同时也有利于学校管理者有效地管理学校。然而，当前的义务教育学校内部管理体制依然存在很多问题，有些是长期以来都存在的现实问题，已经成为学校内部管理体制的“痼疾”，阻碍了改革的进行。主要表现在以下几个方面：

---

① 萧宗六：《学校管理学》，人民教育出版社 2001 年版，第 97 页。

② 陆有铨：《躁动的百年——20 世纪的教育历程》，山东教育出版社 1997 年版，第 912～913 页。

（一）校长负责制的问题和矛盾

义务教育学校普遍实行校长负责制，在这种制度下校长可以较好地履行自己的职责，行使法律规定的权利，然而在实际运行过程中校长负责制仍存在一些突出的问题和矛盾。一是过于强调校长的作用。校长负责制使校长的地位得到提高，但同时也使人们对校长个人的作用过于强调，甚至产生“英雄主义校长观”①，在重视校长的职能时忽视了社会和教师的参与。为避免党政矛盾，很多学校的校长同时兼任党支部书记，这种党政合一的不良党政关系导致学校管理的效率低下、权责混淆。二是校长的选拔、任用、评价、考核和职务晋升一系列监督和管理过程缺乏真正意义上的民主。在现有体制下，校长普遍由市、县教育局人事部门任命，小学校长由各中心学校任命，报教育局备案，而中学校长由教育局直接任命。目前义务教育管理不科学、不透明，操作不民主，集中体现在校长任免制度缺乏透明度，普通教师没有民主参与的权利，校长任免上存在暗箱操作行为。三是校长普遍缺乏专业的管理培训。义务教育管理权限由“分级管理”为“以县为主”所取代后，农村义务教育学校的校长由上级主管部门考查任命。一些校长在任职前是学科的资深教师，没有经过专门管理培训，缺乏管理学习背景，在对学校的管理上往往以经验管理为主，缺乏科学规范的管理理念。

（二）校内管理机构设置不合理，学校运作效率低下

学校内部管理机构设置依然把科层制作为遵循的范式。义务教育学校内部也无一例外地贯彻着科层制的传统范式。从纵向分析，学校内部管理机构的设置分为高层、中层和基层三个层次，每个层次都包含着党、政、工三大系列的工作。② 科层制下的学校内部机构设置有着明显特征：层次清晰，管理方式主要是自上而下地贯彻领导意图；上下级部门沟通交流频繁，党政领导以下的管理层之间的横向关联性不强；学校内部组织系统的分类标准不统一、组织功能定位不明确。其弊端是显而易见的，不利于学校教育的创

① 常凤亮，李厚祜：《我国中小学管理制度的现状和弊端》，《教学研究》2007年第1期，第85页。

② 叶澜：《新基础教育论：关于当代中国学校变革的探究与认识》，教育科学出版社2006年版，第331页。

造活力和师生的创造性的激发。并没有触动学校内部管理机构的科层制设置范式，仍然保留着“上级决策，下级执行；一人指挥，众人行动；统一任务，逐级演绎；套路相似，结构雷同”的运行机制，学校内部缺乏自下而上的主动参与性和自主决策权。

（三）教代会和教育工会流于形式，校内管理制度亟待完善

现阶段，义务教育学校实行教职工代表大会制度保障教师参与学校民主管理与监督的权利，学校内部规章制度必须经由教职工代表大会讨论通过才能具有合法性。因此，学校内部管理制度是否完善以及制定程序是否合法被视为是否实行依法办学和依法治校的重要标志。由于教代会制度没有真正制度化、法律化、缺乏可操作性，教代会在学校的管理实践中虽然能按时召开，但未能发挥其法定的职能，因此教代会也就形同虚设。而作为教职工群体的维权组织的教育工会也存在制度形式化的问题，工会逐渐沦为学校决策层的附庸。在实际运行中，学校的工会在维护教职工合法权益时有很大的阻力。目前的学校内部管理制度多是传统的科学管理思想的产物，学校的管理主要是依靠经验或校长个人的威信等因素来实现。义务教育学校内部管理制度名目繁多、数量庞大，但无法真正发挥作用，同时也对教职员工造成了心理上的巨大压力，影响了学校正常的教育教学秩序。

（四）教师岗位聘任制和岗位负责制尚未完善

教师岗位聘任制还不完善，表现在教职工的优化组合机制尚未完全形成，竞争激励机制的作用受到一定程度的限制，难以实现真正意义上的聘任制；聘任的程序不规范，监督机制不健全；落聘人员无法得到妥善安置。同时，学校教职工余缺不均，内部教职工比例不合理，一些学校管理和后勤人员超编，导致人浮于事，而一些科目却教师短缺。贫困地区的义务教育学校的人力资源配置非常不合理，边远贫困地区义务教育学校内部教师严重短缺，主要表现在乡镇学校急需专业的任课教师，而由县教育局指定进来的教师有的是非急需专业的教师或一些不能胜任工作的教师；乡镇教育组撤销以后，原有的教育组的人员全部分流到各中小学，这部分教师不能胜任教师工作，多数仍承担教育行政工作，导致学校行政人员超编严重。教师岗位负

责制尚未完善，激励和竞争机制不足。不少学校管理缺乏激励机制，仍然存在“干多干少、干好干坏一个样”的现象。目前有些学校在量化考核教师的工作时，仅仅以教师的工作量、学生的考试成绩和升学率的高低来评价教师的劳动质量、工作绩效，这种不全面的评价方式对教师的工作行为产生误导，不利于教师专业化的发展，更有碍于学校的改革。

（五）分配制度不合理，挫伤教职工的积极性

义务教育学校的教师工资有了基本保障，但各地工资标准不均衡。虽然实行了教师聘任制，奖金的发放打破了一刀切的惯例，但是各地的工资标准存在差异，有些地区工资标准并未随其他行业的涨幅而做相应的调整。教师的奖金所占教师收入比例小或几乎没有奖金，导致教师工作积极性不高。这些都对分配制度改革造成了很大的阻力，加上领导层求稳怕乱、教职工固守平均等原因，结构工资制在现实中无法取得实质性的突破，分配差距难以拉开。2003 年国家实施以县为主的义务教育管理体制后，历史遗留的拖欠教师工资问题仍然悬而未决。工资上划到县以前，乡镇拖欠教师的工资，县级部门不愿出资，乡镇和县相互推诿责任，都不采取积极措施去解决问题。工资上划后，教师的工资发放得到了基本保障，县域内教育差距不断缩小，资源不断优化组合，但是由于经费限制，学校无法使用经济杠杆对教师进行奖惩，此外，在以农业生产为主的农业县和部分贫困县里，某些义务教育学校教育资源相对匮乏，不具备实施以县为主的管理体制的条件，乡镇教师工资仍然不能按时足额发放，教师的积极性和主动性得不到充分的调动和发挥。

2009 年中央在全国范围内开始实施义务教育学校教师绩效工资制，期望在提高教师整体收入和奖励部分优秀教师两方面有所作为。而政策执行过程中的经费保障问题，潜在的教师群体收入差距扩大，以及绩效考核体系的公信力，又制约着绩效工资制能在多大程度上解决教师的待遇问题。[①] 毋庸置疑，合理配置的教师队伍、高质量的师资水平、和谐融洽的师生关系均

① 李媛媛：《对义务教育阶段教师绩效工资制的思考》，《文教资料》2009 年第 11 期，第 144 页。

是学校得以良性运转的重要前提。教师的积极性无法得到充分调动势必会影响到整个学校的发展。教师的绩效工资分配是以学校对教师的绩效考核结果为依据的，一套客观公正的考核体系是体现评价公信力和保障合理分配的关键。目前，中央只对绩效考核的内容作了大致要求，具体考核方案和细则则是各地方依据教育实际自行确定，而最终将是落实到学校层面的具体操作。由此可见，建立绩效考核体系有着很大的可为空间，而其中涉及的一系列问题和疑惑也加大了落实的难度。

绩效考核标准的可操作性、考核指标的科学性和考核过程的公正性都成为实施绩效工资制的瓶颈。首先，绩效考核标准是否具有可操作性。教师工作的特殊性对教师的绩效考核体系的客观性和标准化提出了挑战。其次，绩效考核指标是否完整、科学。当前教师绩效考核的内容涉及师德、教育教学和班主任工作等方面的实绩，要全面衡量教师这方面任务目标的达成是有相当难度的，因此不能排除学校在具体操作时为了简化过程和节约成本，只将其中易于评价的部分目标纳入到考核之中。当部分目标成为绩效考核的标准，教师的工作重点必然会转移到能够得到评估和奖励的那部分目标上去。升学率、学生考试分数与排名、学生参与竞赛的获奖率，这些可量化的工作实绩不可避免地成为绩效考核的重要参考指标。长此以往，因评估指标偏颇而造成的机会主义倾向必然会将教育推向狭隘与浮躁。第三，绩效考核过程是否体现公平、公正。教师绩效考核体系包括正式评价和非正式评价，正式评价就是建立客观的绩效评价指标和量表，而非正式评价则通过学校领导，尤其是校长对教师工作实绩的认定来实现。在绩效考核过程中，如若出现校长权力行使不当的情况，伴随而来的便是教师收入分配的不公，使得原本激励优秀、奖励贡献的制度发生倾斜，绩效考核的公正性也就无从谈起。

二、归因分析

(一) 学校管理改革的局限性

学校改革远未深入到最基本的教育活动核心领域。在学校管理改革中，将学校管理改革看作是学校整体改革的唯一变量，并将学校管理改革当作目的本身。由于在处理学校管理改革与学校教育改革的关系上，存在着主次颠倒，甚至简化处理的方式，因此学校管理改革在学校整体改革中的定位存在一定偏差，甚至将手段当作目的。对于身处社会转型中的学校管理改革，只有放在与教育改革的关系中去认识，才可能找到学校管理改革的当代定位，才可能找到各种管理技术和手段，乃至管理理念和思想在学校整体改革中的恰当位置，从而使各种管理理论与技术发挥应有的作用。应该说，当前各种管理改革还没有深入到学校教育活动的核心领域。

教育改革尚缺乏从宏观角度定位学校改革的价值关注，使得学校改革整体上缺少内驱力的同时，微观改革的滞后也制约了整体宏观教育改革推进速度。从教育体制改革的历史来看，20 世纪 80 年代的宏观教育发展的重点在于外部的体制改革，而到了 90 年代以后，教育改革越来越逼近学校层面，越来越强调对学校内涵发展的政策引导。伴随着宏观体制改革，学校教育教学改革逐渐浮出水面，成为教育改革的主流。但究竟作为微观主体的学校应该进行什么样的改革？学校管理改革应该朝向什么方向？一直是摆在我们面前的艰巨问题。从深化体制改革的角度看，由于我们缺乏关于学校变革对宏观变革的价值的深刻认识，因此，宏观变革的“瓶颈”问题越来越突出，越来越从根本上提出了微观办学主体的深层次变革要求。建构宏观体制改革的微观基础，即进行学校整体转型式变革已经成为新世纪改革不可回避的重要问题。

尚未形成学校自主办学的机制与环境。就当前的学校管理改革来说，一个最主要的问题就是学校发展的不平衡，其关键在于学校自主办学的机制和环境尚未形成。学校办学自主权，以及在自我管理基础上的学校发展机制，都还存在着很大的缺陷。学校自主办学的机制尚不成熟、环境也不平衡。政府与学校关系需要理顺，社会参与的机制需要培育，校内民主决策机制需要完善。

（二）学校管理改革的困境

学校缺乏管理改革的整体视野。学校管理改革可以有局部管理改革与整体管理改革之分，而学校教育教学改革也可以有局部教育教学改革与整体教育教学改革之别。这样，就产生了至少三种改革关系即局部与局部的关系、局部与整体的关系和整体与整体的关系。在这几种关系中，如果加上管理的要素结构和教育中的不同领域诸如课程、课堂教学等因素所形成的具体关系则更为复杂。从现有的状态来看，不少学校的管理改革实践，甚至管理改革研究中，都存在着偏于一隅，放大甚至泛化管理技术的作用和功能，致使局部改革代替整体改革，缺少对整体改革的全部复杂性的清晰认识，往往出现以偏概全，表现出点状、割裂的状态。在不少借鉴企业管理的学校管理改革中，我们看到，一些学校往往以教师专业工作的简单性假设为前提，降低甚至简化教师教育工作的复杂性，在将教育活动本身简化之后进行管理技术的运用和推广。

管理体制改革为宏观教育体制所掣肘。义务教育学校是根据国家义务教育的有关法律规定所建立的学校组织。这种学校组织的目标、内部运行方式和管理方式等，基本上是被国家所规定的。因此，这种义务教育学校组织的基本特点具有强制性和规范性。义务教育学校组织中的管理人员和教师等在学校中的工作和教学，实质上是在执行国家公务，在行使国家和政府的权力。

（三）学校内部管理体制改革的理论欠缺

首先是学校内部管理体制改革本身的理论不成熟。纵观学校内部管理体制改革理论的研究成果，至今还没有对校长负责制做出十分科学的界定和表述。还有一系列问题有待明确。如学校实行校长负责制以后，校长的职责是什么？校长的待遇怎么定？校长应该具备哪些任职条件？校长的任职期限怎么定？校长与党支部、教代会、校务委员会之间是什么关系？怎样评价校长的工作才是科学合理的？如实行教师聘任制和结构工资制度以后，怎样才能保证教师的合法权益？这些问题给改革实践带来了很大的困难。其次，校长理论水平参差不齐，很多校长理论学习也不足，无法深刻理解改革理论、政策，管理能力水平有限，无法驾驭改革的方向，有的裹足不前，有的偏离了方向，甚至进入了死胡同，失去了改革应有的效果。有的校长和中层管理干部为了赢得群众的支持，放弃原则，不敢管理，虽然表面上全校很团结，实际学校内部山头林立，广大教职工的工作积极性得不到充分发挥，使改革未能达到预期目标。

（四）改革配套措施缺失

一是社会保障体系不完善，实施教师聘任制后，总有一批不适应教育教学工作的教职工落聘，这批人员如何消化以及在待聘期间如何给予生活保障还没有配套的政策和渠道，对于落聘、转岗人员流动缺乏相应配套政策和渠道。二是教育人才市场不健全。没有建立起县级教育人才市场，没能实现教育人才资源优化配置。三是教育法律法规不够完善，教师聘任制实施缺少足够法律依据，目前对教师解聘的法律依据是《教师法》的第三十七条，即故意不完成教育教学任务给教育教学工作造成损失的；体罚学生经教育不改的；品德不良、侮辱学生，影响恶劣的。但在实践过程中，往往难以把握标准。四是其他行政事业单位的改革相对滞后。

第二章
义务教育经费投入体制及其保障

第一节　公共财政与义务教育理论基础

一、公共财政的含义及基本特征

(一) 公共财政的含义

公共财政指的是国家或政府为市场提供公共服务的分配活动或经济活动,它是国家财政的一种具体存在形态,即与市场经济相适应的财政类型和模式。在市场经济条件下,主要为满足社会公共需要而进行的政府收支活动模式或财政运行机制模式;是国家以社会和经济管理者的身份从市场上取得收入,并将这些收入安排政府支出、提供公共产品、公共服务、矫正市场失灵、调节资源配置以及收入分配等方面以保障国家安全,维护社会秩序,实现经济社会的协调发展。公共财政从本质上来概括,是政府利用公共权力配置资源的经济活动。它包括财政收入、财政支出、财政管理。其涵盖范围主要有:行政管理、国防、外交、治安、立法、司法、监察等国家安全事项和政权建设;教育、科技、农业、文化、体育、公共卫生、社会保障、救灾救济、扶贫等公共事业发展;水利、交通、能源、市政建设、环保、生态等公益性基础设施建设;对经济运行进行必要的宏观调控等。

公共投入,也称为财政支出或政府支出,是指在一定时间内,政府为实现其职能,在社会提供公共服务过程中所发生的,具有非偿还性的人力、物力和财力耗费。从成本和效益的角度来分析,如果政府决定以一定的数量和质量向公民提供产品和服务,那么公共支出实际上就是提供产品和服务所必须付出的成本。

(二) 公共财政的基本特征

公共性。财政的公共性源于国家的公共性。早在1819年,法国的西斯蒙弟在其著作《政治经济学新原理》中就谈到了对财政的看法:“人类形成社会团体以后,就必须管理由自己财富所产生的公共利益。社会形成的初期,就有一部分公共财产必须用以满足公共的需要。于是,如何征收和管理这种不属于个人而属于公共所有的国民收入,就成为政治家的一门重要的科学知识。”西斯蒙弟的认识在19世纪至20世纪上半叶的西方政治学中一直占主导地位。到了资本主义自由竞争阶段,亚当·斯密学说占据统治地位,他主张“廉价政府”,把国家的职能限于抵御外来侵略,维护国内秩序和举办必须由政府负责的文化、教育、交通等公共事业。直至垄断阶段,凯恩斯主义把财政看作是“公共部门的经济”,财政的内涵已扩展到政府运用财政手段调节经济,包括政府的一切经济活动。通过上面的变化,我们发现不管财政的职能和作用有什么变化,财政是由社会存在和发展的公共需要决定的这一本质不变,公共财政的职能范围是以满足社会公共需要为标准确定的,不属于或不能纳入社会公共需要领域的事项,财政就不去干涉;凡属于或可以纳入社会公共需要领域的事项,财政就必须介入。因此,公共性是财政客观的、固有的属性。

非营利性。在市场经济下,每个经济主体均以追求盈利最大化为目的,对那些经营风险大,经营周期长的产品,政府作为社会管理者,其行为的动机不是、也不能是取得报偿或盈利,而只能是追求公共利益。其职责只能是通过满足社会公共需要的活动,为市场的有序运转提供必要的制度保证和物质基础。如竞争规则的制定，而且这种公共事务是非营利性的。财政收入的取得，要建立在为满足社会公共需要而筹集资金的基础上；财政支出的安排，要始终以满足社会公共需要为宗旨。即使有时提供的公共物品或服务的活动会附带产生数额不等的收益，但其基本出发点和归宿依然是满足社会公共需要，而不是营利。

法制性。公共财政的收支行为必须规范化。公共财政是以满足社会公共需要为基本目的的，与全体社会成员的切身利益直接相关。不仅财政收入要来自于社会成员的缴纳，财政支出要用于向社会成员提供公共物品和服务的事项，而且财政收支出现差额带来的成本和效益，最终仍要落到社会成员的身上。既然与社会成员息息相关，社会成员对于公共财政的运作便有强烈的监督意识，从而要求和决定着政府财政收支行为的规范化、法制化、全部政府收支进行预算、财税部门总揽政府收支①。

二、公共产品的内涵与特征

对基础教育产品的属性进行辨析，有助于我们对基础教育投资政策含义的理解。对教育产品属性的界定，理论界有两种不同的方法，一是按照公共产品理论，将教育产品分为纯公共产品性质的教育服务、准公共产品性质的教育服务和纯私人产品性质的教育服务。纯公共产品由政府提供，准公共产品由政府和私人共同提供，私人产品由私人提供。二是从人力资本投资的角度，按照教育收益率来界定教育产品的属性。该方法将教育收益率分为教育的个人收益率和教育的社会收益率，认为基础教育的社会收益率高而私人收益率低，故基础教育具有公共产品属性，应由政府提供；高等教育私人收益率高而社会收益率低，具有私人产品的属性，所以大多数情况下应由私人提供。我们更多的是从公共产品的角度来定义教育产品的属性②。根据需要主体和供给渠道不同，将全社会产品分成三类：私人产品、公共产品、准公共产品。

---

① 常忠利：《我国基础教育公共财政投入均等化问题研究》，东北师范大学博士论文，2008。

② 刘泽：《基础教育的公共品属性及政府行为选择》，山东大学博士论文，2006。

（一）公共产品

公共产品理论是公共财政框架中最基本的，同时也是最核心的理论。公共产品指用来满足公共需要、由政府供给的商品或服务。如国防、公共基础设施、环境保护等，由于人们能够较容易地获得消费公共产品的权利，因此在绝大多数的公共产品消费中经常出现“搭便车”的现象。

真正将私人产品与公共产品这两个概念分开使用并对后者予以明确定义的人是美国著名经济学家、诺贝尔经济学奖获得者萨缪尔森。公共产品是为整体意义上的社会成员而提供的，所有社会成员均能够从消费这一产品中受益。如果把某一个人排除在享用公共产品的行列之外，其排除的成本和代价是相当高昂的。正是从这种意义上说，萨缪尔森认为，公共产品的重要特征是每一个人对这种商品的消费并不减少任何他人对该产品的消费。其公式表达如下：

$$A_j = A_i (i=1,2,3,\cdots,n)$$

其中，每个人消费 j 种公共产品的量都为 A_j，它表明，公共产品是不能在消费者个人之间进行分割的，这一点与私人产品恰恰相反。

因此，公共产品的总体特征可以归结为两点：

1. 消费的非竞争性。主要体现在消费者人数变动对边际成本的影响上。即在一定条件下，增加一个消费者，对应公共产品的成本并未相应增加，没有减少任何一个人对该物品的消费量，新增的消费人群所带来的边际成本为零。这是由产品的不可分割性决定的。

2. 收益的非排他性。即某人或某个团体在享用公共产品的同时，无法将另一个人或一些人排除在公共产品的受益范围之外。这或者是因为实现排他性在技术上是不可行的，或者即使排他在技术上是可行的，但由于实现排他的成本过高，使得排他在技术上失去了意义。

由于此类公共产品的边际成本为零，又具有非价格性，即难以通过定价方式来迅速收回投资，所以按照市场经济法则，这种公共产品是难以由追求利润最大化的企业来生产和提供的。因而其责任主体只能是政府。政府之所以适合于提供公共产品，关键在于他能够凭借其政治权利，通过强制性的征税来解决非排他性和非竞争性问题。为此，税收可以看作是提供公共产品的“价格”，这样，就从理论上把提供公共产品的成本与收费直接结合起来。

根据公共产品受益范围的大小，可将其分为全国性公共产品和地方性公共产品。全国性公共产品与国家整体有关，各社会成员均可享用，如国防。它表明，对于全国性公共产品来说，外溢性问题几乎可以忽略不计。既然效率原则要求所有的经济活动都应该使其边际社会收益等同于边际社会成本，那么，这一原则也就应该毫无例外地适合全国性公共产品，即全国性公共产品的边际成本应该从总体上等于整个社会成员消费的该公共产品的边际社会受益之和。因而全国性公共产品理论上应由中央政府提供。

地方性公共产品，如消防、路灯，只是某一区域内的居民才能享用，受益范围具有地方局限性，可由地方政府提供。这些地方公共产品本身还具有下列特性：① 利益递减性，即消费地方公共产品的效益有一定的区域范围，距离中心位置愈远效益就愈少，而且当人口密度增加时也会因拥挤而使获益减少。② 规模经济空间性，并非每一种地方公共产品受益区域都固定不变，地方政府可通过伸缩受益区域来获取规模经济效益。③ 层次性，这是与一个国家多级政府的政体组织形式相适应的。④ 利益外溢性，地方公共产品提供受益外溢至辖区之外，使地方政府单独决定其最适数量时，无法达到帕累托最优。这是由于一个国家内的各个地区之间有着密不可分的经济、政治和社会文化联系，区域间的人口迁移与流动经常发生。行政区域之间的界限并非依照公共产品受益范围来划分和规定，而是历史形成的。尽管根据公共产品本身的特征和受益广度的差异以及各级政府职责的内在要求，可以判断出区域性公共产品需由地方政府负责提供，全国性公共产品则由中央政府出面提供。然而，这并不意味着逆命题成立，实际上由地方政府提供的许多公共产品，同时也具有某种外溢性。同理，由中央政府提供的许多公共产品，也可能仅仅在某一特定区域内发挥其效应，并非全国性公共产品，因而较之全国性公共产品来说，其外溢性问题在所难免①。

(二) 私人产品

私人产品就是用来满足个别人需要、由市场供给的商品和服务。例如衣服、食物等大部分社会产品。私人产品一般是居民或企业通过市场而提供的，无论在生产上还是消费上都不具备外溢性。其表达公式如下：

$$A_j = \sum A_i (i=1,2,3,\cdots,n)$$

其中，A_j 是被 n 位消费者所消费(或拥有)的 j 种产品的总量之和，A_i 表示第 i 个人消费 j 种产品的量。可见私人产品是能够在消费者个人之间进行分割的。

它必须同时具备两个基本特征：一是排他性。购买者支付了价格就取得了该产品的所有权并可轻易地排斥他人消费这种产品。同时，一个人消费了这一产品，别人就无法再消费了。二是竞争性。随着消费私人产品人数的增加，该私人产品的边际成本也相应增加。可见，私人产品的价格是由边际成本决定的，并且产权关系决定着产品的所有权。

(三) 准公共产品

一般来说，在现实生活中，许多产品既非公共产品又非私人产品，而是两种性质兼而有之。一些产品虽然具有消费的非竞争性，但在技术上却具有受益的排他性；而另一些产品虽然不具有消费的非竞争性，却因为排他的成本过高而很难在技术上实现收益的排他。如果把公共产品(政府提供的服务)与私人产品(居民或企业提供的服务)视为两个极端，那么介于二者之间的则是准公共产品，或称混合产品。

该产品所提供的产品收益的一部分由其所有者享有，是可分的，从而具有私人产品的特征，但其收益的另一部分可由所有者以外的社会公众享有，是不可分的，所以又具有公共产品的部分特征。这种现象被称为收益的正外溢性现象。它们要么在消费上具有竞争性，但受益上具有非排他性；要么

① 余桔云：《公共财政下中国农村义务教育投入问题研究》，江西财经大学博士论文，2003。

在消费上具有非竞争性，但技术上能够实现受益的排他性①。

表 2-1　公共产品与准公共产品的比较

<table>
<tr><td rowspan="2">分类</td><td colspan="2">纯公共产品</td><td colspan="2">准公共产品</td></tr>
<tr><td>特殊意义上的纯公共产品</td><td>现实意义上的纯公共产品</td><td>自然垄断型准公共产品</td><td>优效型准公共产品</td></tr>
<tr><td>典型例证</td><td>收入分配、宏观经济调控</td><td>国防、司法、外交、法律、太空探索等</td><td>下水道系统、供水系统、铁路运输系统、公路交通系统、天然气煤气系统、电力输送系统</td><td>中小学与高等教育、邮政服务系统、社会安全保障系统、文化设施、传染病免疫措施、统计信息</td></tr>
<tr><td rowspan="4">主要特点</td><td colspan="2">通过纳税间接购买与被动消费的公共产品且无拥挤性和选择性</td><td colspan="2">具有拥挤性质，由公共部门或私人提供的具有私人产品性质</td></tr>
<tr><td colspan="2">用金钱买不到</td><td colspan="2">用金钱可以买到</td></tr>
<tr><td colspan="2">只能由政府提供</td><td colspan="2">政府与市场皆可提供</td></tr>
<tr><td colspan="4">具有广泛的外部经济性</td></tr>
</table>

鉴于准公共产品特性，通常可以通过对某产品的消费收取一定的费用来提供，即按“成本＝政府补贴＋个人支付”的形式，由政府和消费者共同分担成本。其资源配置由政府和市场共同完成，但此类产品的协调供应，根据公共财政理论，从效率和公平角度出发，一般应由政府负责。

三、义务教育及其公共产品属性

(一) 义务教育

根据我国教育部对基础教育的解释，我国基础教育包括幼儿教育、小学教育、普通中等教育。当代实施基础教育的主要机构是小学、初中和高中。其中，幼儿教育的形式在城市以幼儿园为主，在农村则以学前幼儿班为主要形式，另外还有季节性幼儿园。中小学教育分小学、初级中学、高级中学三

① 吕嘉：《中国农村基础教育公共投入改革研究》，东北财经大学博士论文，2005。

个阶段，共12年。小学有5年制和6年制两种，初中多数为3年制，极少数为4年制。小学和初中一共9年，属义务教育阶段。普通高中学制3年。初中毕业生升入高中阶段学习，要经过地方教育行政部门组织的统一考试，成绩合格，方可升入高中阶段学习。另外，我国的基础教育还包括针对残疾少年的特殊教育和扫盲教育①。

义务教育属于国民教育，是国家为实现自己的政治社会经济目标所作的一种制度安排。各国基础教育的目标首先从普及义务教育开始。义务教育年限的长短，主要取决于其经济发展水平。一般而言，随着生产力水平的提高，国家经济实力的增强，一国义务教育的年限会越来越长，当两国经济发展水平相似时，义务教育的年限就取决于政府对教育的努力程度。发达国家或人口小国（岛国）义务教育年限比较长，一般在10～13年，如以色列13年，美国、英国、文莱、比利时等12年，加拿大、新加坡、澳大利亚等11年，法国、俄罗斯等10年，日本、韩国、德国等9年。发展中国家义务教育年限一般在5～9年，埃及、古巴等9年，印度、巴西等8年，越南、孟加拉国等5年。尽管发达国家普及义务教育的年限长，但是达到一定年限后，并未匆忙提高义务教育年限，除了考虑经济支撑条件外，还要考虑长期的强制性入学是否适合个人需求这一因素。与世界其他国家相比，我国实施义务教育的时间比较短。1986年颁布了《义务教育法》，该法规定我国实行9年制的小学和初中义务教育。相对于我国的经济实力，我国义务教育的年限是比较长的。

（二）义务教育的公共产品属性

从公共产品的角度来分析，教育同时具有公共产品和私人产品的特征，属于准公共产品的范畴。这并非意味着教育是同质均匀分布的，实际上各种不同形式的教育，其混合产品的强弱程度不尽相同，如基础教育比高等教育更接近纯公共产品。从初级到中级、高级，教育受益的外在性逐渐减少，而消费的排他性逐渐增强。越是初等教育，公共性越明显。现代各国都规定了义务教育阶段，要求家庭和国家必须提供条件满足义务教育的要求，而

① 吕嘉：《中国农村基础教育公共投入改革研究》，东北财经大学博士论文，2005。

对高等教育更多地采用市场的原则，这与教育在不同级别上其公共产品性不同有关。如图 2-1 所示：

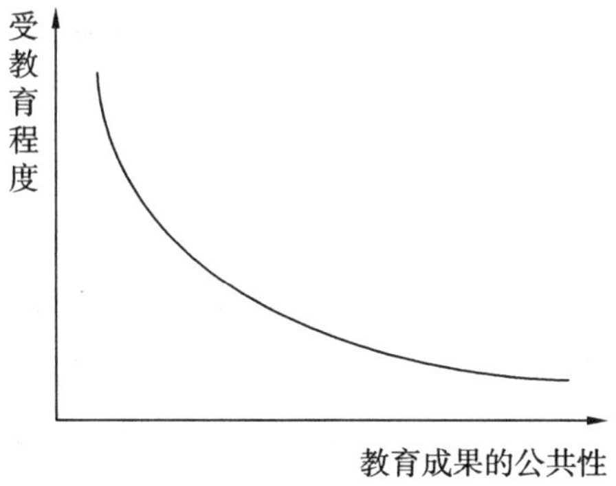

图 2-1　受教育程度与教育成果的公共性的相关性

随着教育程度的提高，它的私人产品性表现得越强，而基本初等教育则具有较强的公共产品属性。其公共性随着人们受教育程度的提高呈现出递减趋势。因此一般认为，非义务教育阶段的教育具有准公共产品的特征。

（三）农村义务教育及其属性分析

研究表明，教育公共投资的扶贫效果最显著，同时对农业、非农业以及对整个农村经济增长的回报率也很高。政府农村教育投资对农牧业产值增长的贡献高于农村公共基础设施投资。同时，由于中国农村人口众多，农村和农业问题是今后相当长一段时间内涉及国家稳定和全局发展的重要问题。从公共产品理论来看，农村义务教育属于准公共产品中的优效产品范畴，既具有公共产品性质，又具有私人产品性质，决定了私人（厂商）是不愿生产这类产品的，所谓的民办学校还只存在于少数沿海经济发达地区的农村。在广大中部、西部的农村地区义务教育的主要投入者仍然是国家。所以农村义务教育的主要经费提供者是国家的公共部门。以政府公共投入提供义务教育的重要意义在于，能够通过政府公共资源的再分配，排除各种因素对基础教育的制约与干扰，切实保证一国范围内义务教育实际需要和均衡发展，并为每个适龄儿童接受义务教育创造较为平等的机会。

第二节 美国义务教育的经费投入

美国教育可以称之为当今世界最发达的教育之一,“在短短三百余年,美国由教育荒野而跨越各洲诸国历尽数千年所走的里程,竟然后者夺魁,这是教育史家一致承认的惊人奇迹”①。这个奇迹的出现绝非偶然,纵观美国教育史,其每一步发展和飞跃都离不开有力的经费支持和保障,教育财政作为筹措和使用教育经费、合理配置教育资源、促进教育公平和效率的社会职能,一直在教育发展中发挥着重要的支柱和保障作用。其基础教育财政更是有其特色,第二次世界大战后,联邦政府开始大规模介入,使其基础教育财政开始了一个完善、调整、改革的历史进程。2001—2002 学年,美国义务教育的总投入为 4 120 亿美元,占国内生产总值(GDP)的 4%,当年公立中小学在校生4 740万人(私立中小学在校生 520 万人),生均教育经费达 8 685 美元②。美国义务教育的投入额,不仅一般发展中国家望尘莫及,就连“经济合作与发展组织”(OECD)成员国都无法相比。同期,OECD 成员国公立中小学的生均经费为 4 850 美元,平均占其 GDP 的 3.6%③。

一、美国二战后义务教育财政发展的历史

(一) 美国义务教育的学制与教育经费的来源

1. 美国的义务教育学制

美国的义务教育学制经历了漫长的发展过程,如表 2-2 所示。早在一战以前,美国许多经济发达的州就实施了《强迫教育法》,将强迫教育延长至 17

① 滕大春:《外国教育史和外国教育》,河北大学出版社 1998 年版,第 521 页。

② Kevin Carey. Overview of K—12 Edueation Finance. www. cbpp. org.

③ US Dept of Ed. The Condition of Education. 2003.

或18周岁。二战以后，义务教育得到长足发展，实行12年义务教育制，涵盖了小学、初中、高中以及相应的职业教育。其中1～6年级为初等教育阶段，7～12年级为中等教育阶段。义务教育与基础教育或中小学教育成了同义语，只不过从义务教育的角度看，更强调政府的责任，明确政府拨款是公立中小学最主要的经费来源。

表2-2　美国现行学制图(义务教育阶段)

<table>
<tr><td rowspan="16">义务教育阶段</td><td>18岁</td><td rowspan="4">四年制中学</td><td rowspan="3">高中</td><td rowspan="6">六年
一贯制
中学</td><td>12年级</td><td rowspan="6">中等教育</td></tr>
<tr><td>17岁</td><td>11年级</td></tr>
<tr><td>16岁</td><td>10年级</td></tr>
<tr><td>15岁</td><td rowspan="3">初中</td><td>9年级</td></tr>
<tr><td>14岁</td><td rowspan="8">(8—4)</td><td>8年级</td></tr>
<tr><td>13岁</td><td>7年级</td></tr>
<tr><td>12岁</td><td>(6—6)</td><td>(6—3—3)</td><td>6年级</td><td rowspan="6">初等教育</td></tr>
<tr><td>11岁</td><td rowspan="5" colspan="2">小学</td><td>5年级</td></tr>
<tr><td>10岁</td><td>4年级</td></tr>
<tr><td>9岁</td><td>3年级</td></tr>
<tr><td>8岁</td><td>2年级</td></tr>
<tr><td>7岁</td><td>1年级</td></tr>
<tr><td>6岁</td><td colspan="4">幼儿园</td><td rowspan="3">学前教育</td></tr>
<tr><td>5岁</td><td></td><td colspan="3"></td></tr>
<tr><td>4岁</td><td colspan="4">保育学校</td></tr>
</table>

资料来源：Standard Education Almanac，1983—1984，Marquis Who's Who，Inc.，P. 9.

2. 美国教育经费的来源

现代美国学校教育的资金来源主要有两种：一是政府拨款，它是美国学校教育所需资金的主要的和基本的来源；二是学校根据国家有关规定自行筹集部分资金。政府拨款是指联邦、州和市地三级政府共同承担和分担教育经费，这是美国地方分权政体决定的教育基本模式。据统计，近些年来

93%左右的政府拨款都是从州和地方自治机构的预算中解决的，联邦政府只是对教育资金相对来说缺口较大的少数地区和城市，按照公正的原则，提供少量的财政补贴。联邦、州、地方政府对教育的拨款大多来自政府预算，即政府日常收入所依赖的各项税收，主要包括个人所得税、消费税和财产税。前两种税收是州政府一级支持教育的主要经费来源，财产税是地方政府支持教育的主要经费来源①。

个人所得税：个人所得税比其他税种的数额都大，它是联邦收入的主要基础，以联邦资助的形式，提供给各州和地方，当然也包括对州和地方学区的联邦资助，但其数量极少。例如一个年薪 7 万美元的人差不多要缴 2 万美元的个人所得税。1981 年个人所得税收入总共 3 329 亿美元，联邦政府就收了 2 910 亿美元，其余的归州政府支配。

公共消费税：这是州政府收取的最主要的税种，在美国有 40 个州以公共消费税为主要收入，这也是州支持教育的主要经费来源。这项税收的约 1/4 被用于义务教育。

财产税：财产税是地方对义务教育投入的主要经费来源。是指向不动产和动产所有者征收的税种。不动产主要指房产和土地，动产指机器、家畜等有形资产，以及金钱、股票、债券等无形资产。

义务教育经费除主要来自以上三个税种外，还有教育税、彩票收入、教育基金、校企联合等多种辅助性经费来源。

教育税：这是各州为解决教育经费而征收的专门税种。20 世纪 90 年代，为解决教育经费短缺的问题，有 28 个州经本州议会批准设立了教育专门税。该税对扩充义务教育经费来源起了一定的辅助作用。

彩票收入：将发行彩票纳入州政府资金体系始于 1964 年。2002 年，有 20 个州通过彩票筹集教育经费，另有 13 个州通过彩票筹集州公用基金，用于州内包括义务教育在内的公共事业。

私人捐赠：私人捐赠并非政府义务教育的经费来源，但它是社区捐资助

① 顾然：《美国二战后至 1971 年义务教育普及与保障过程》，《经济研究参考》2005 年第 46 期，第 33～34 页。

学的一种有益方式，是发展义务教育的补充。加利福尼亚州大约有260个学区建立了较稳定的基金会，其中2/3的基金会的基金有增有减。

校企联合：学校在资金预算与发展项目上与商业或工业界合作，赢得其支持。

发行债券：如果需要新建校舍或上其他大的项目，一个学区不能一次性拿到大笔资金，地方政府和学区经当地居民投票同意后，通过债券形式筹集资金。

3. 二战至20世纪70年代末的义务教育财政改革

二战前，美国基础教育财政主要是由地方学区负担，州予以适当资助，联邦政府基本上不干预基础教育。二战后，随着《国防教育法》颁布，联邦开始关注基础教育的发展，对基础教育财政逐步实施了大规模的资助，州也加大了对基础教育的财政支持力度，形成了联邦、州、地方三级支持的基础教育财政体制，奠定了二战后美国义务教育财政体制的基本格局，后来，三级财政支持结构虽有所变化，但这种分级负担的基础教育财政体制一直延续下来，成为美国基础教育迅速发展的有力保障。

1957年10月4日，前苏联成功发射了第一颗人造地球卫星，标志着前苏联在空间技术方面已经处于世界领先地位，美国举国上下十分震惊，指责学校教育是美国整个防御战略中最薄弱的环节。在各界呼吁加强教育与科学研究的呼声中颁布了1958年《国防教育法》。规定从1959年到1962年拨款8亿多美元资助美国教育事业，特别是理科教育，由此开创了美国理科教育的“黄金时代”。为了防止专款他用，政府对拨款的使用分门别类地作了详细规定。1964年国会决定将《国防教育法》延长3年，并增加拨款。从1959年至1968年10年间，联邦拨款近40亿美元用于教育①。它第一次以法律的形式规定了联邦对基础教育的责任，使联邦成为基础教育财政的一个重要来源。《国防教育法》的颁布和实施，对美国基础教育的发展和改革产生了重大影响，从此，美国联邦政府开始关注基础教育财政、干预基础教

① 闫福甜：《战后美国义务教育财政改革及启示》，陕西师范大学博士论文，2006。

育财政、拨巨款资助基础教育，也成为20世纪60年代美国教育改革的法律依据。是美国二战后教育立法的一个里程碑，也是美国历史上第一次以法律形式赋予教育至关国家安全的重要战略地位。

继而美国又相继颁布了1962年的《教育电视播放设施法》，建立和改善教育电视设施，使义务教育通过电视媒介技术得到了空前的普及。1964年的《民权法》，旨在消除种族隔离的现象，一定程度上保障了黑人在选举和教育方面的权利。1964年《经济机会法》保证向少数民族和贫困、处于不利条件下的人群提供就业和受教育机会，1965年《中小学教育法》和《初等和中等教育法》标志着联邦干预达到顶峰，促进教育机会均等。美国以地方管理教育为主，税收支持办学，由于各州经济发展水平的差异，要实现真正的教育机会均等是不可能的。为提高全民素质，促进教育机会均等，联邦需发挥应有的作用。基于此，1965年，《中小学教育法》通过，该法标志着联邦开始大规模支持义务教育的发展，干预教育的投资迅猛增加，联邦的拨款占教育经费的比例，由1919—1920学年的0.03%、1947—1948学年的2.8%，增至1965—1966学年的7.99%。①

这一阶段义务教育财政的追求目标是教育机会均等。美国在建国纲领《独立宣言》中表明了美国人引以为自豪的社会理想——“上帝面前人人平等”，“在法律面前人人平等”。美国人的平等观念不是人人应该平等享受社会物质财富，而是指人人享用社会财富的机会均等。教育机会均等的思想便是从这种观点引申而来的。在美国，教育机会从属于经济机会而变得特别重要，平等一直是教育机会不可分割的一部分。历来教育机会均等包含以下几个方面：① 规定达到一定程度的免费教育，并把这作为就业的主要条件。② 规定为所有儿童开设共同课程，不管这些儿童来自什么背景。③ 规定来自不同背景的儿童都在同样的学校就读。④ 规定一地区要平等一致，因为教育税收和入学是按地区划分的。②

① 杨慧敏：《美国基础教育》，广东教育出版社2004年版，第4页。

② [美]理查德·D.范斯科德等著，北京师范大学外国教育研究所译：《美国教育基础：社会展望》，教育科学出版社1984版，第115页。

通过教育立法特别是联邦政府几部重大教育法案的颁布，从法律环境上保障了对处境不利儿童的财政资助，为他们赢得了更多的入学机会。20世纪70年代美国各州实行一系列的教育财政改革计划，不断改进拨款方式，为学生平均财富水平较低的学区提供比学生平均水平较高的富裕学区更多的资助。最初，实施的是按统一标准拨付经费的简单化的水平拨款模式，但由于学区财产税基的不同，贫富不均明显，针对水平拨款的缺陷提出了基准模式，州政府设定最低限度生均经费标准，然后弥补学区所能筹集到的教育经费与这一标准之间的差额，较为有效地促进了财政公平。后来，又通过学区能力均等化模式，将富裕学区的多余资金回收到州，然后在全州范围内重新分配，以调节富裕学区与贫困学区之间的教育经费差异。由于很多改革措施是在20世纪70年代提出的，因此，70年代被称为是“学校财政改革的十年”①。

（三）20世纪80年代的义务教育财政改革

进入20世纪80年代，美国经济衰退，贸易赤字持续增长，加上总统里根奉行的“新保守主义”政策，实行财政紧缩政策，削减政府开支。教育经费一度出现了大幅度的下降。提高教育质量成为这一时期教育改革的一个重要目标，与教改配套的教育财政改革也将目标直指教育质量和教育效率，不再固守教育机会均等这一目标。统计显示，1975年，美国全国的政府支出占国民生产总值(GNP)的35%，1979年降至32.6%，中小学教育经费占GNP的比率同时由7%降至5%。② 诸多因素导致20世纪80年代初期，美国基础教育财政出现紧缩，并一度数年呈现负增长。

1983年4月，国家教育质量委员会发表了《国家处在危险中：教育改革势在必行》报告，在全国引发一场教育改革的争论热潮，揭示了美国教育的严重问题和面对的严峻挑战。报告指出，美国教育是平庸的，美国人民迫切感受到了这种危险，危险也是现实的，教育的危险也表现在生产力的危险上。社会的信息化急需技术熟练的劳动力，而美国教育提供不了这样的人

① 高建民：《美国基础教育财政发展史研究》，河北大学博士论文，2004。
② 陈丽珠：《美国教育财政改革》，台湾五南图书出版公司2001年版，第42页。

才。报告从13个方面列举了美国教育质量低劣从而使国家处在危险境地的标志。“公平而又高质量的学校教育这个双重目标，对我们的经济和社会有着深刻和实际的意义。”①《国家处在危险中：教育改革势在必行》把教育和工业竞争力、民族精神、国家前途联系起来了，具有振聋发聩的效果，对美国20世纪80年代的教育改革和发展发挥了巨大的推动作用。

报告发表后，教育质量与教育效率问题成为公民关注的最大问题，对基础教育财政的领导体制和财政拨款影响也是巨大的。报告发表不久，各州教育委员会组成了不少于275个州级和地区级特别工作组来研究教育问题。在经费投入上，大多数州都慷慨解囊，从1984年开始，随着美国经济进入复苏阶段，基础教育经费走出负增长的低谷，开始了持续增长。从1981年到1986年，全国各州的中小学人均教育经费增长40%以上，除两个州之外，教育经费是各州预算中最大的项目。② 20世纪80年代以后，州政府承担了越来越多的财政责任，逐渐形成了联邦、州、地方三级支持的义务教育财政体制，义务教育财政体制趋于合理，为美国义务教育蓬勃发展提供了有力的经济保障。

(四) 20世纪90年代后的义务教育财政的调整

克林顿执政后，将振兴美国经济作为首要任务，努力建造一个“少花钱多办事”的政府，制定了“恢复美国经济活力”的一揽子计划。由于建国后美国没有国家统一的教育制度和国家课程，而国家有关部门或机构所提出的教育目标和标准没有起到实际的指导作用，到了20世纪90年代，教育质量的参差不齐已经成为美国教育急需解决的问题。

1991年，布什政府颁布了指导美国教育改革的纲领性文件《美国2000年：教育战略》(America 2000：An Education Strategy)。1994年，克林顿政府颁布了《2000年目标：美国教育法》(Goals 2000：Education America Act)，它对基础教育财政的影响是巨大的，是继《国防教育法》、1965年《初等和中等教育法》之后的又一个重要的影响美国基础教育发展的重要法律，对美国

① 瞿葆奎：《教育学文集——美国教育改革》，人民教育出版社1990年版，第595页。
② 高建民：《美国基础教育财政发展史研究》，河北大学博士论文，2004。

基础教育财政体制又进一步明确并作了适当调整。

随着国家教育目标的统一，民众对教育质量的持续关注，教育充足成了20世纪90年代教育财政努力的目标，教育成果与教育目标之间的关系显得尤为重要，一切教育财政的改革措施也围绕这一目标进行。

首先，大大增加了对基础教育改革的财政投入。1994年以后，为实现国家教育目标，推动全方位的教育改革，1998年，联邦教育部预算经费投入到基础教育财政13.15亿美元，其中实施《2000年目标》为4.91亿美元。1999年，联邦政府正式启动庞大的“缩小班级规模计划”。计划将中小学各年级班级学生人数从平均每班23人减至18人。1999年联邦政府拨款12亿美元推动计划的实施。2000年，联邦政府教育部预算内投入基础教育财政达19.47亿美元。加上各州和地方学区为教育改革花费的支出，带来的财政投入是巨大的。从1994年至2000年，全美公共基础教育经费由3 024亿美元增至4 227亿美元，增加1 200多亿美元，平均每年增加200多亿美元。而在此之前，每年仅增加100亿美元左右。

其次，强化了联邦政府对基础教育的责任，突出了联邦政府对教育的财政资助与国家教育目标之间的紧密联系，强化了联邦在实现国家教育目标上的主导性，明确了联邦教育资助是面向基层教育部门的。教育是州和地方政府的权责，州教育财政制度要为每个学生获得高水平的教育提供保障，州教育行政部门应根据本法要求把联邦资助拨付地方教育机构，联邦对学校的财务平等拨款提供技术和其他资助。

另外，在20世纪90年代后半期，美国为了达到高标准的教学目标，提高教师工作积极性，进行了教师劳动报酬制度改革，使得美国教师的工资水平明显增加。教师作为为青少年服务和受人尊重的职业重新得到肯定。可见，《2000年目标：美国教育法》对基础教育财政的影响是巨大的。

2002年布什政府正式签署颁布了“不让一个孩子掉队”法案(No Child Left Behind Act，NCLB)，以期通过强制性的联邦法律在全国范围内推行教育改革，提高美国公立中小学的教学质量。法案明确规定，联邦政府的钱将投放在能有效促进义务教育质量的项目和实践上，经费将以改善学校办学条件和提高教师质量为目标，将联邦经费和义务教育的业绩目标相挂钩，以促进实质性的教育质量提升，强化教育资助与教育质量之间的联系。法案责成联邦政府将义务教育经费预算从 2001 年的 185 亿美元，提高到 2002 年的 265 亿美元。在操作过程中，竟超过了预算。2002 年，对低收入家庭学生的拨款是 104 亿美元，特殊教育 75 亿美元，学校的改进 78 亿美元，中小学校承担的职业和成人教育项目 19 亿美元，儿童营养项目 101 亿美元，另外与义务教育有关的学前一年教育项目 65 亿美元。[①] 并赋予消费者(学生及家长)建立在知情权之上的选择权将有利于教育服务市场的透明化，从而促进教育服务提供者之间竞争的有序化，从制度上促进义务教育质量的提升。

二、美国义务教育财政改革的历史经验

(一) 教育财政投入力度增大

综观美国义务教育投入的发展变化，可以看出，二战后美国义务教育投入呈长期快速的增长：1945—1946 学年的总额是 30 亿美元，两年后，1947—1948 学年的总额就增长到 43 亿美元；20 年后，1965—1966 学年义务教育投入猛增至 253 亿美元以上；1985—1986 学年义务教育投入达1 491亿美元，几乎是二战结束时的 50 倍。把人口增长与通货膨胀因素计算在内，美国对义务教育的投入也是成倍增长的。教育经费占国内生产总值的比例在世界各国中是比较高的，约在 5%以上。1992 年各级政府对教育的财政支出达到 3 536 亿美元，占国内生产总值的 5.5%，占政府总支出的 6%。政府对中小学的拨款基本上占到中小学教育经费的 90%以上，它包括联邦政府、州政府和地方政府三级的拨款。20 世纪 90 年代初期，义务教育经费的增长速度有所放慢。90 年代后期，增长速度回升。到了 21 世纪初，美国上下每年对义务教育的总投入超过 4 000 亿美元。

各级政府的财政拨款是义务教育阶段学校经费来源的主要渠道。为调节各学区之间因居民贫富差距悬殊造成的教育资源的过大差异，各州政府加大了义务教育经费分担的比重和统筹调节的力度。而且所占比例在 20 世

① Kevin Carey. Overview of K — 12Edueation Finance. www.cbpp.org.

纪80年代后期明显上升，到90年代政府几乎完全承担了义务教育经费。如表2-3所示：

表2-3 美国中小学教育经费来源构成 单位：%

	1965年	1970年	1975年	1980年	1985年	1990年
联邦	7.0	8.1	8.7	8.5	6.6	6.1
州	32.0	35.8	39.8	40.1	48.7	47.1
地方	49.0	46.5	41.3	40.2	44.3	46.5
其他	12.0	9.8	10.3	11.2	0.3	0.3

资料来源：http：//nces. ed. gov/programs/digest/d01/dt157. asp, Digest of Education Statistics, 2001, National Center of Education Statistic.

可以看出联邦一级政府拨款在10%以下，并有逐年递减趋势，20世纪90年代以后基本固定在6%～9%之间，但对于那些需要特别补助的州和学区，联邦资助十分重要。美国的教育分权制把教育管理的权力下放到了州，也包括教育投入的主要责任，20世纪80年代以后州政府承担了对义务教育投资的主要责任。从教育经费的其他来源看，从1965年的12%下降到1990年的0.3%。可见，联邦、州和地方政府几乎承担了义务教育的所有投资责任，并且三级政府各自承担的投资比例基本确定，投资体制趋于完善，州政府在义务教育投资中起重要作用。

（二）教育经费的分配结构合理

多年来，美国在教育经费分配上形成了一个较为稳定的格局，即中小学教育经费主要由国家承担，而高等教育经费国家只负担一部分。以1991—1992年度为例，当时估计国家用于各级教育的总投资是4 250亿美元。在这笔经费的具体分配上，中小学是2 610亿美元，占61%；高等教育是1 640亿美元，占39%。1997年，美国中小学经费支出合计为3 513亿美元，在总的教育经费支出中占60.2%；高等院校的经费支出为2 325亿美元，在总的教育经费支出中占39.9%。① 可见，美国政府对义务教育的财政投入明显高

① 闫福甜：《战后美国义务教育财政改革及启示》，陕西师范大学博士论文，2006。

于对高等教育的财政投入，教育经费的分配结构合理。

(三) 调整拨款方式以促进义务教育均衡发展

美国州与州之间财力悬殊。各州对义务教育的生均拨款是4 000美元，但加利福尼亚州给每一位学生的拨款达6 000美元，而新泽西州更高达8 000美元。在新泽西，州的拨款加上地方自筹经费，义务教育阶段生均教育经费已逾万美元。夏威夷全州只有一个学区，地方政府没有负担任何教育经费。该州政府的教育经费约占总额的90%，剩下的部分主要是来自联邦政府。在内华达州，有2/3的教育经费来自地方政府的财政预算，州政府的教育投入不到30%。美国作为一个联邦制的国家，各州之间的具体情况的确相去甚远。

各学区之间贫富差距非常明显。财产税是地方税收的主要来源。由于不同地区居民财产状况差别很大，因而造成美国义务教育经费在地区间不均衡。尽管联邦与州采取了一些资助措施，低收入学区生均经费可以保持在一定水平，但同富裕学区相比，仍显寒酸。

为了促进各州义务教育的发展及公平性的实现，在对义务教育进行投入时，联邦政府主要是通过联邦资助形式，资助经济上确有需要的州和地方。同时，通过一些教育改革项目，支持那些有积极性、符合项目要求的地方和学校。为了减小学区间教育资源的悬殊，各州政府逐步增加对义务教育阶段学校的投入，提高在义务教育三级财政分担中的比重，并在经费分配时根据学区实际进行适当的均衡。在所有因素中，州政府或其教育行政部门侧重地方的经济状况，对低收入学区予以倾斜。拨款数额与教育需求成正比，学区的教育需求愈大，按学生人数接受的资助也就愈多；拨款数额与地区财政支付能力成反比，学区的教育财政能力愈高，得到的政府拨款就愈少。这样就有效地促进了教育财政公平与均衡发展。

(四) 加强教育财政立法，依法理财

美国是一个法制国家，具有良好的教育法规环境。20世纪后半期起，美国的教育财政诉讼浪潮迭起，从最初的教育机会均等到后来的教育质量和教育充足，通过法律途径推动了教育财政制度的改革。

其所有的教育财政行为都通过立法及其他法律的手段执行，无论是联邦政府，州与地方政府，还是学区，都是在法律的范围内进行调控和管理。联邦政府通过立法实现对教育的宏观调控，控制教育发展的目标和方向，而立法中的财政拨款项目是将联邦的意图通过立法的形式贯彻下去的重要方式。联邦政府通过法律和财政两种手段的有效结合，不断调整其在基础教育财政上的支持，促进基础教育发展的成效。

对于美国义务教育财政改革，我们需要进行理性分析，用辩证的、历史的、客观的眼光去审视和借鉴，探寻适合我国国情的义务教育财政体制。

第三节　完善我国农村义务教育财政投入的建议

一、提高国家财政的整体教育投入比重

义务教育是公共产品。根据公共产品理论，农村义务教育必须由政府承担。按照公共财政的要求，公共产品受益的是全体国民，则支出责任应该属于中央财政；受益范围是区域公民，则支出责任应属于地方财政。义务教育受益的既有全体国民，也包括区域公民，还包括受教育者本人，但它更多的是全体国民受益，正如经济学家弗里德曼所说“基础教育对社会来说具有正邻近影响”。因此，维持和接受义务教育的全部费用应由政府的财政部门承担。

基础教育投入是整个教育投入的重要组成部分。为了改变农村基础教育的弱势地位，首要的是需提高国家财政对教育的整体投入力度。但就我国情况看，当前整体教育投入总量不足，财政性教育投入占 GDP 的比重大约为 2.5%，这未实现中央确定的目标，与国外差距更大。目前在我国教育投入总量中，财政性教育投入约占 80%左右，这说明增加国家财政性教育投

入是增加教育投入总量的关键。[①] 因此我国要强调政府在农村义务教育投资中的“绝对财源”的地位和作用，提高政府投资在义务教育经费总额中的比例，防止政府责任的转嫁，树立起“人民教育政府办”的投资理念，真正构建农村义务教育投入保障机制。

为此，在预算安排上，首先要确保《教育法》中规定的教育经费“三个增长”的落实，“三个增长”即中央和地方政府教育拨款的增长要高于财政经常性收入的增长，年均教育经费要逐步增长，教师工资和公用经费要逐步增长。在此基础上，根据经济发展状况，将财政收入超收部分更多地用于教育投入，确保教育支出的稳定增长。

2012 年实现国家财政性教育经费支出占 GDP 比例达到 4％的目标。

二、提高投资主体重心，明确各级政府的责任

（一）义务教育投资主体重心上移，促进义务教育均衡发展

根据社会公平理论，农村义务教育必须由中央和省级政府承担。对于农村义务教育，公平问题是国家提供该公共产品的重要原因。均等的教育机会能缩小收入分配的差距和实现社会公平，因为在现代社会经济条件下，“要缩短各人贫富之间的差距，设法增加贫困者的所得，一个最有效的捷径就是投入更多的资本在低所得者的身上，使他们因为接受较多的教育与训练之后，加速增加他们的投入。”[②]这样，社会就有责任和义务来保障每个人都享有平等的接受教育的权利，即实现教育机会的均等。

其次，从国际经验看，义务教育公共投资主体的重心都在高层政府，而不是低层政府。无论是实行中央集权还是地方分权的国家，政府都是义务教育投资的主体，对义务教育发展承担主要责任。教育经费都由各级政府共同承担，而且中央和省级财政的责任较大。如美国，以 1990 年为例，联邦政府、州政府、地方政府对中小学的拨款比例分别为 6.1％、47.1％、46.5％；而中国自实施义务教育以来，在农村义务教育资金的投资比例中，中央政

① 余桔云：《公共财政下中国农村义务教育投入问题研究》，江西财经大学博士论文，2003。

② 盖浙生：《教育经济学》，三民书局 1985 年版，第 14 页。

府、省和地区（包括地级市）、县和县级、乡镇所负担的比例分别为2%、11%、9%和78%。中国义务教育投资主体过低是农村义务教育发展缺乏保障的主要原因。①

第三，从当前政府的财力状况看，中央财政收入提高，使中央和省级政府成为农村义务教育的投资主体，在实践上具有了可行性。近几年，我国经济发展迅速，财政收入以每年20%的速度增长。1993年分税制改革前每年增收为200～300亿元；1994年至1999年每年增收为1 000多亿元；2000年至2003年每年增收为2 000～3 000亿元；2004与2005年平均增幅为20.8%；2006年财政收入为39 373.20万亿元，增幅为24.4%。按这一增长势头，我国政府完全有实力解决农村义务教育的经费短缺问题。根据国际通行标准，人均国民生产总值在600～2 000美元的国家，中央和省级政府应承担义务教育经费的约70%，而我国现行的义务教育财政体制没有硬性约束中央、省级政府在义务教育投资中的分担责任，导致财政能力与承担责任的矛盾与冲突，造成高层政府宏观调控能力的弱化。目前我国综合国力增强、财政能力提高，特别是中央财力加强，中央财政有能力在农村义务教育公共产品的提供中发挥更大的宏观调控、协调和统筹作用，有能力为农村义务教育的发展提供更多的公共财政支持。因此，我国也应努力朝这一目标前进。

（二）明确各级政府的责任，建立由各级政府分担的教育投入机制

从国外政府在义务教育经费预算管理方面看，每一级政府承担哪一方面的经费责任及具体数额，不仅有严格的预算基础，还有具体的计算细则。如法国、德国、日本、俄罗斯等国按照不同经费项目分担责任：教师工资通常由中央或高层级政府负担，学校基本建设和经常性运转经费由基层政府负担。美国等国家则以州政府确定的生均经费基础水平为依据，采取上级政府向下级政府直至学校按照特定计算公式进行定额补助的方式进行。无论分项分担还是以生均经费基础水平为依据的定额补助，不同层级政府分担

① 周世杰：《城乡二元结构下我国义务教育投资的差别研究》，苏州大学博士论文，2007。

的经费责任都非常具体。①

根据各级政府的财政和经济状况，对农村义务教育所需的各项经费的初始来源和责任做出明确的分工，以法律的形式界定各级政府在农村义务教育方面的财政范围，实现农村义务教育公共产品的分层供给，确保地区农村义务教育发展的大体均衡。

对于省份而言，经济发达的省份，中央政府基本可以不管；经济欠发达的省份，中央政府要加大转移支付；经济贫困的省份，建立以中央为主的相对集中的新分担机制。对于县而言，经济发达县实行“县负全责”体制，由县财政承担农村义务教育的大部分经费；中等发达县实行“以县为主”体制，省财政可对教师工资、危房改造等作适当补贴；经济落后县实行“以省为主”体制，省财政应承担除公用经费外的大部分教育经费。② 从而共同实现“三保”——保工资、保运转、保发展。对于教师工资——农村义务教育中最重要的一项经费支出，历年均占财政预算内农村义务教育事业经费的80%以上，并且由于在各级财政中中央集中50%以上的政府财力，因此建议中央财政对西部地区农村义务教育教师工资经费承担主要责任，对中部承担部分责任。东部地区和中部地区的省级政府对本地区教师工资的部分经费承担责任。

三、实现教育财权与事权的统一

职能管理理论创始人法约尔的“统一领导原则”指出，同一类事物应由同一部门管理。管理学家孔茨也认为，“由于职权是执行任务的决定权，职责是完成任务的义务，所以其逻辑结果就是职权应该与职责相符合”。因此政府部门有多大的事权，就应该拥有与之相应的财权。

一是赋予教育部门教育经费预算的编制权。教育经费预算在平衡教育经费需求与供给的基础上编制，先由教育部门提出教育经费需求预算，然后会同财政和计划部门，根据财力可能，平衡需求与供给，提出教育经费预算

① 李竹宇：《我国农村义务教育财政体制现状与改革对策》，南京师范大学博士论文，2007。

② 李玲：《税费改革后完善我国农村义务教育投入体制的对策思路》，《理论导刊》2005年第9期，第43～45页。

建议并纳入国家预算，报同级政府和人民代表大会审核批准。

二是教育经费的分配权和管理权划归教育部门。包括教育经费预算在内的国家预算经人民代表大会通过后，由财政部门划拨给教育部门，教育经费在各级各类教育和学校之间的分配（包括非教育部门举办的教育和学校）、管理、监控，由教育部门行使。

四、健全法律法规，使义务教育投入体制法制化

义务教育是国家规定的国民教育，这一属性决定了义务教育应当是一种公平的教育，需要通过教育法来确保其公平性。从美国基础教育发展来看，义务教育的实现要有健全的法律约束机制，并要以政府的教育财政为保障，二者结合就会有效地促进教育的发展。

我国教育经费投入的总体水平还较低。但是，这种状况已经开始改变，在新《义务教育法》中专门有9条法规明确义务教育经费保障机制问题，规定了国务院和地方各级人民政府应当将义务教育经费纳入财政预算，以法律的形式确定了各级政府对义务教育的投入责任。

因此，要尽快出台《义务教育投入法》，确保对农村义务教育的财政投入。制定《教育预算法》，统筹安排、调度，保障义务教育支出。我国现有的法律法规中，关于教育投入的规定，有些方面几乎没有触及，有的尚不明确，缺乏可操作性，在执行过程中，缺乏明确的责任追究制度，难以受到制度性的约束和监督，容易变成“软法”。例如，关于各级政府对义务教育经费的分担责任，国家财政性教育经费支出占GDP比例2012年达到4%的目标以及问责制的引入与落实等问题。

教育投入作为国家教育事业不可分割的重要组成部分，只有积极推进教育财政决策的民主化、法制化，不断健全国家教育财政法规体系，以法治教，教育经费的筹措、负担、分配、使用等才有法可依、有章可循、责任明确、趋向完善。

（一）借助于政策和法律来规范和保证教育投入

义务教育法体系的日臻完善，为出台并实施提高义务教育财政重心的措施提供了有力的法律保障。一是进一步落实“以县为主”的管理体制。各

级人民政府应切实承担起相应义务教育的主要财政责任，严格按《义务教育法》规定的“三个增长”、“两个提高”的要求，依法做好预算内教育经费投入保障工作。二是建立政府基金和非税收入等财政性资金对基础教育投入的保障机制。强化政府对基础教育投入的主渠道作用。三是要建立完备的教育投资法律规范，引导和促进个人教育投资、民间资本进入教育市场，如通过教育捐赠法的出台，建立完善教育捐赠事业的发展机制。

（二）切实做好义务教育经费保障工作

1. 严格执行预算管理制度。各级财政部门应积极推行中小学部门预算管理，严把预算编制、审核关口，重点加强专项预算编制的真实性、合理性的审核，加大对教育部门和学校预算资金使用情况的监管力度。

2. 认真落实教师工资县级财政统发制度。全面落实教师工资县级财政统发制度，确保当地统一出台的福利补助政策在农村中小学的落实。

3. 减少经费拨付的中间环节。

4. 合理制定中小学公用经费保障标准。根据当前公用经费保障中存在的问题，修订为生均标准加单位定额补助的保障办法，确保农村中小学特别是困难学校教育教学工作正常运转。

为保障农村义务教育经费及时足额到位，山东省制定出台了《关于农村义务教育经费保障机制改革违法违纪行为处分规定（试行）》，以强化义务教育经费保障机制。

关于农村义务教育经费保障机制改革违法违纪行为处分规定（试行）

（鲁政办发[2007]8号）

第一条　为保障农村义务教育经费保障机制改革顺利进行，维护受义务教育者及其监护人和农村义务教育学校合法权益，依据《中华人民共和国行政监察法》、《中华人民共和国义务教育法》和国务院、省关于深化农村义务教育经费保障机制改革的有关规定，结合实际，制定本规定。

第二条　本规定所称农村义务教育经费保障机制改革，是指“按照明确各级责任、中央地方共担、加大财政投入、提高保障水平、分步实施”的基本原则，逐步将农村义务教育全面纳入公共财政保障范围，建立中央和地方分项目、按比例分担的农村义务教育经费保障机制。

第三条　各级人民政府和政府有关部门（包括农村义务教育经费保障机制改革管理机构、经办机构，下同）、农村义务教育学校及其工作人员，违反农村义务教育经费保障机制法律法规制度的，应当予以纠正；需要给予行政纪律处分的，依照有关法律法规和本规定处理。涉嫌犯罪的，移送司法机关处理。

第四条　各级人民政府和政府有关部门及农村义务教育学校，由于制度不健全、管理不完善、责任不落实、监督不到位等，致使农村义务教育经费的拨付、管理、使用出现严重问题，影响学校教学工作正常运转或在社会上造成不良影响的，对其主要负责人和直接负责的主管人员，分别给予警告、记过或记大过处分；情节严重的，给予降级或撤职处分。

第五条　各级人民政府和政府有关部门有下列行为之一的，对直接负责的主管人员和其他直接责任人员，分别给予警告、记过、记大过处分；情节严重的，给予降级或撤职处分：

（一）不按规定安排预算的；

（二）不按标准足额拨付农村义务教育阶段学生免杂费资金的；

（三）不按规定标准足额拨付农村中小学财政预算内生均公用经费的；

（四）将免杂费资金冲减、抵顶财政预算内生均公用经费拨款的；

（五）无正当理由，拖延向下拨付应当拨付的教育经费的。

第六条　各级人民政府和政府有关部门及农村义务教育学校，虚报、瞒报及其他手段编造预算、决算虚假数据及相关信息，骗取义务教育经费和其他相关利益的，对单位主要负责人和直接负责的主管人员，分别给予警告、记过或记大过处分；情节严重的，给予降级以上处分。

第七条　各级人民政府和政府有关部门及农村义务教育学校，转移、挪用、挤占农村义务教育专项资金的，对直接负责的主管人员和其他直接责任人员，分别给予记过或记大过处分；情节严重的，给予降级以上处分。

属于个人挪用、贪污义务教育经费的，依照有关法律法规处理。

第八条　农村义务教育学校有下列行为之一的，对直接负责的主管人员和直接责任人员，分别给予警告、记过或记大过处分；情节严重的，给予降级或撤职处分：

（一）除收取课本费、作业本费两项代收费和寄宿生按规定交纳的住宿费外，违反“一费制”收费规定，向学生收取其他费用的；

（二）不执行学生课本、作业本费“据实结算、多退少补”和代收费规定的；

（三）组织统一征订或变相组织统一征订教辅材料和学习用品的；

（四）在正常教学外，为学生开办辅导班、补习班、特长班及其他学习形式另收取费用的；

（五）不执行或不严格执行“两免一补”规定的；

（六）不按规定向师生和家长公示学校公用经费预算、决算、财务报表和代收费使用情况，情节较重的。

农村义务教育学校工作人员个人有上述第（一）、（二）、（三）、（四）项行为的，依照本条规定处理；情节特别严重的，给予开除处分。

第九条　有关部门、农村义务教育学校违反义务教育专项资金使用规定的，对直接负责的主管人员和其他直接责任人员，分别给予警告、记过或记大过处分；情节严重的，给予降级或撤职处分。

第十条　违反农村义务教育经费保障机制法规制度，有下列情节之一的，应当从重或加重处分：

（一）屡犯不改或者拒不纠正违法违纪行为的；

（二）强迫下属人员违法违纪的；

（三）抗拒检查，伪造、隐匿、毁灭证据的；

（四）有其他从重或加重处分情节的。

第十一条　违反农村义务教育经费保障机制法规制度，有下列情节之一的，应当从轻或减轻处分：

（一）主动纠正违法违纪行为的；

（二）主动交待违法违纪事实的；

（三）检举、揭发他人的违法违纪行为情况属实的；

（四）有其他从轻或减轻处分情节的。

情节显著轻微的，可以免予处分。

第十二条　各级人民政府和政府有关部门及农村义务教育学校，违反农村义务教育经费保障机制法规制度的，由上一级人民政府或上一级主管部门责令改正，并可予以通报批评。

第十三条　本规定所列违法违纪行为需要给予行政处分的，由职务任免机关、监察机关或所在单位依照法定权限和程序办理。

第十四条　本规定由山东省监察厅会同山东省人事厅、山东省财政厅、山东省教育厅负责解释。

第十五条　本规定自发布之日起执行。

（三）加强教育督导与监督，依法保障教育投入到位

1. 主管部门要增强政策法纪观念，严格执行收费政策。建议教育主管部门尽快研究制定《社会捐资办学经费管理使用办法》，坚决纠正政府部门直接组织并参与向义务教育学段学生收取与入学挂钩的赞助费、择校费的行为。

2. 义务教育学校要坚持依法办学的方针，规范国有民办学校运作。规范国有民办学校管理，坚决纠正通过“校中校”变相提高收费标准的违规行为。尽快制定《国有民办学校办学管理办法》，对没有办学条件的民办学校，应立即清理；对有与公办学校相分离的校园和基本教育教学设施的国有民办学校，应进行整顿，教育教学工作应与公办学校分离；对实施义务教育的公办学校转为民办学校的，应立即纠正；加强招生和学籍管理，国有民办学校与参与举办民办的学校，应严格按教育部门下达的招生计划独立组织招生，不得将其混合编班、混合教学。

3. 教育主管部门要强化系统内部管理，纠正教育行业不正之风。加强教育督导监督检查，促进各地教育、价格、财政、审计、税务部门各自的职责的落实；同时，引入社会监督机制，全面推行教育收费、经费收支公告制度，充分发挥社会和舆论的监督作用。

为保障县域内义务教育经费落实，确保教育经费及时足额拨付到学校，山东省在加强教育督导监督的过程中，不断促进“以县为主”管理体制的完善。在省教育工作综合督导评估中，县（市、区）实行财务统管是一项重要内

容。教育工作示范县(市、区)督导评估中,对财务统管实行“一票否决”。青岛、威海、东营、莱芜、滨州等市地,由教育局、财政局、审计局、监察局、物价局等相关单位,共同制定出台了《关于进一步加强财务管理的若干规定》、《教育系统实行集中统一会计核算实施方案》等县级财务统管文件,成立了县(区)教育中小学会计结算中心,确保了基础教育经费的及时足额拨付到位。结算中心为教育局内设机构,隶属区教育局计财科管理,计财科长兼任结算中心主任,其内部设副主任、主管会计、会计、复核、出纳、稽核、固定资产管理等岗位。集中统一会计核算的财务管理原则:坚持财政预算管理机制不变,学校财务管理机制不变,学校会计责任不变的“三不变”原则。资金的所有权不变,集中管理,分校(镇处)核算,专款专用,内部结算,超支不补,结余留用,不搞平调,强化监督,定期审计,按月通报。财务管理体制实行“统一领导,集中管理”的管理体制,取消学校会计机构、会计岗位,构建公共财政体制框架,各单位的收支及资金活动情况,由区教育局统一管理,各学校作为区教育局的报销单位,只设报账员,在校长领导下管理学校财务活动。各镇处教育办公室设总报账员,所属学校设报账员,报账员按指定的时间向总报账员报账,总报账员审核、整理、编制会计分录后统一向区教育财务集中管理结算中心报账。

××区(县)财务统管管理办法(节选)

1. 取消各核算单位银行账户,取消各核算单位会计岗位,只设一名报账员。

2. 集中会计核算,并及时反馈会计信息,集中管理会计档案,集中事中监控监督,实行账务公开。

3. 统一账户。结算中心设立一个银行收入账户和一个银行支出账户。各学校、单位自纳入结算中心之日起,其原银行支出账户一律撤销,金额按照集中统一会计核算的原则,分学校、单位存入结算中心账户中,资金仍归学校、单位所有。各镇处教育办公室、初中、小学按规定收取的一切预算外收入和往来款项应及时足额上缴教育结算中心资金账户。各镇处教育办公室和学校通过驻地银行将收入上交区教育结算中心账户;统一使用财政票据;统一办理各单位的资金支付,实行一个漏斗支出,内部结算。

(1) 预算内经费(主要是生均公用经费)由区财政局依照预算按月拨付结算中心；学校预算外资金及往来款项由区财政局按照教育结算中心的用款计划拨付结算中心。

(2) 各镇处教育办公室和学校的资金支付实行备用金制度。备用金数额按学校(镇处)规模核定。由报账员凭原始凭证按规定时间到结算中心集中办理资金支付手续，特殊情况可随时报销。

(3) 教育系统的内部资金往来实行内部转账结算制度。教育系统所购物品、设施装备，新华书店课本，图书代办站资料等凡能进行内部转账结算的项目均实行内部转账结算。

(4) 凡属现金支付范围以外的支出，均通过结算中心办理转账、汇兑。

(5) 结算中心根据集中统一会计核算的原则按学校、单位分设账簿，单独核算，各学校、单位的凭证审核、资金结算、账簿登记、报表编制等会计核算事宜由结算中心办理；结算中心按月向有关领导、部门和各学校、单位报送会计报表及其他会计资料。

发生收支业务时，必须填制符合国家规定的原始凭证，经费支出必须先由经办人说明事由并签名，经单位领导签署意见后，凭合法、真实、准确、完整的原始凭证及其他相关资料到结算中心核报。不合格、不合法的支出，结算中心有权不予报销。

第三章
义务教育课程管理体制及其保障

第一节 义务教育课程管理体制

完善义务教育管理体制，是党中央、国务院在认真总结义务教育发展实际，科学分析经济和社会发展形势，特别是针对义务教育存在的困难和问题做出的一项重大决策。实施义务教育体制改革是完善管理体制，是社会主义建设的重要内容，也是全面推进基础教育改革与发展，办好让人民满意教育的重大举措，意义重大，势在必行。山东省采取一系列切实有效的措施，确保了改革工作取得实效。但在具体工作中，仍有一些实际问题值得研究和思考。

义务教育课程管理体制的确立，是一个国家教育发展和社会进步的重要标志，在教育史上具有里程碑式的意义。义务教育作为一项社会的公共事业，理应由政府来设立、维持和加以发展。

一、义务教育课程管理体制的内涵和形式

课程管理体制是指课程管理机构的设置、隶属关系及管理权限的划分

等方面的领导管理制度，即“国家对课程进行管理的体系和制度”①。所谓“课程管理制度”，就是由国家司法部门或教育行政部门，以法规或文件的形式对课程管理的主要内容所做出的规定。课程体制就是某个国家或地区所设置的管理课程教材的教育机构及其规章制度以及有关方针政策。有怎样的课程管理制度就有相应特点的课程。课程管理制度直接制约着课程的变革和课程的编订，是各种课程管理的规章制度，即课程管理体制。

综上所述，义务教育课程管理体制，指义务教育阶段课程管理的机构设置、权力归属及其应遵守的规章制度。它包括两方面的内容：一是国家、政府干预义务教育课程管理的行政体制；二是中小学校内的课程管理体制。

理论上对课程管理体制形式的划分有多种，一种是把课程管理体制划分为中央集权制和地方分权制两种，其中集权式课程管理体制（简称集权制）的代表国家有法国、前苏联、日本、中国等，分权式课程管理体制（简称分权制）的代表国家有美国、英国、德国等；另一种是划分为三种体制类型：其一为集权制，代表国家为法国、前苏联、中国，其二为均权制，其代表国为日本和英国，其三为分权制，代表国为美国、德国，也有的只把日本作为均权制的典型国家，或只把英国作为均权制的典型国家。然而就一个国家而言，其课程管理体制“一般不是倾向于集权制，就是倾向于分权制，这是因为教育上的许多重大事项，不是最终由中央说了算，就是由地方说了算，不存在绝对的均权制”②。

二、三级课程管理体制的提出

三级课程管理体制是在基础教育中改变长期以来单纯由中央统一规定课程的格局，课程决策权在中央、地方和学校三级之间分配的课程管理体制，即在课程实施中包括国家课程、地方课程和学校课程三级，相应的课程管理主体为中央、地方和学校。三级课程管理体制可以说是一种新的历史条件下产生的一种新的课程管理体制类型。它是由以国家为中心的集权式

① 许象国：《基础教育课程管理概论》，上海教育出版社 2002 年版，第 23 页。
② 吴志宏：《教育行政学》，人民教育出版社 2000 年版，第 53 页。

课程管理体制、以地方为中心的分权式课程管理体制与20世纪五六十年代兴起的“校本课程开发”三个概念嫁接而成的，其目的在于融合三者的优势。因此，我国的三级课程管理体制有很强的本土化色彩。

（一）国际推动：三级课程管理体制形成的背景

三级课程管理体制的产生受到了国际课程管理体制改革趋势的推动。20世纪80年代以来，世界义务教育课程管理呈现出权力集中和权力下放两种趋势，即强调课程开发的民主参与，从而打破原有课程权力分配极端化的做法。各个国家和地区都在探索符合时代特点和本国、本地区实际的课程管理体制。法国和日本等集权制国家倾向于课程决策权力的下移，开始逐步把一定的课程决策权下放给地方和学校，使地方和学校能够参与课程决策与管理；而英国和美国等分权制国家则倾向于课程的集中管理，开始反思课程权力过于分散带来的弊端，即通过统一的“国家课程”来加强对义务教育的控制。俄罗斯1998年起开始实施新的《基础教育教学计划》，实行三级课程管理制度。世界各国和各地区都强调课程开发的民主参与，试图根据本国和本地区的实际情况找到适合自己的课程管理体制。由此，促使我国形成了国家、地方、学校的三级课程管理体制。

（二）概念引入：三级课程管理体制的渊源

吕达在我国最早提出了三级课程管理体制这一概念。1989年吕达参加国家教委组织的中小学课程改革赴英考察团，回国后写的一系列研究报告中就提出了三级课程、三级管理的建议，后在其著作《独木桥？阳关道？——未来中小学课程面面观》中提出了“对我国普通中小学实行三级课程、三级管理”的构想和预测，主张中央、地方和学校各司其职，把课程分为国家课程、地方课程和学校课程三级，并预测对我国普通中小学实行三级课程、三级管理的做法将是可行的。[①] 陈桂生认为“在中国既要改变基础教育课程‘统得过死’的格局，又不能贸然实行‘校本课程’，把‘实行国家课程、地方课程和学校课程’提上日程，是果断而稳妥的决策”。“所谓‘三级课程’指

① 吕达：《独木桥？阳关道？——未来中小学课程面面观》，中信出版社1992年版，第247～250页。

的是，在基础教育中改变长期以来单纯由政府规定统一课程的格局，在同一课程中包含国家、地方和学校三级标准”①。白月桥对国家课程、地方课程和学校课程的概念进行了界定，他认为“国家、地方和学校三级课程体制的特点是，把中央集权与地方分权、社会需要与学生发展、国家统一的教育目的和学校特有的办学宗旨、教师坚持执行国家课程与教师亲自设计校本课程，辨证地结合起来。”“实施这种制度的目的是促使课程多样化，更加符合实际需要。”②

（三）现实选择：三级课程管理体制形成的前提

中央集权式的课程管理体制不仅不适应我国地区差异、学校差异以及学生差异的现实，而且压抑了地方与学校的主动性与积极性，使他们无法进行有效的课程管理，同时也严重限制了我国课程改革的力度与深度。我国课程管理体制的历史表明：建立适合我国的课程管理体制，要保留原有课程管理体制优势，同时纳入其他形式的课程体制，使之相互平衡，协调发展。

我国的课程管理体制单一的发展态势，造成了学生发展的畸形，学生的创新意识与创新能力很差。20世纪后半叶以来，随着信息化的发展和知识经济的崛起，对人才的培养提出了新的要求，不仅要求人具有合理的知识结构和充分发展的智能，而且要求人具有创造力等优良的品质。“面向21世纪的时代，在艺术、科学、技术等各个领域都需要‘丰富的创造力’。”③然而，创造力同个性的发展有着密切的关系。具有丰富的个性才能孕育丰富的创造力。忽视学生个性的全面发展，实质上就等于窒息了智力和创造力发展的源泉。④ 素质教育倡导每个学生在全面发展的基础上富有个性地发展。发展学生的个性就意味着要尊重每个学生的个性差异，为具有不同的认知特征、不同的兴趣爱好、不同的创造潜能的学生提供丰富多样化的教育和发展机会。这样的教育必定是多样的教育。为了实现学校和学生丰富多彩的发

① 陈桂生：《关于“三级课程”问题》，《教育参考》1999年第4期，第21～23页。

② 白月桥：《素质教育构建研究》，教育科学出版社2001年版，第242～243页。

③ 耿涵译：《日本临教审关于教育改革的第四次咨询报告》，《外国教育资料》1988年第1期，第4页。

④ 薛焕玉：《谁执牛耳？——未来世界的教育》，中信出版社1991年版，第159页。

展，必须建立三级课程管理体制。时代和教育的发展推动了我国义务教育课程管理体制的改革，为建立以扩大地方和学校课程选择权力的三级课程管理体制提供了前提。从我国国情出发提出的三级课程管理体制是对建立合理有效的课程管理体制进行的一种探索。由此，我们可以得出，只有从我国的具体现实出发，才能建立适应我国的课程管理体制。

（四）政策颁布：三级课程管理体制形成的标志和依据

改革开放后课程权力逐步下放。20世纪80年代中期以来，我国基础教育管理体制改革中心是强调地方的责任。1985年，《中共中央关于教育体制改革的决定》中明确提出“简政放权”，并做出基础教育管理权属于地方，中央只负责大政方针和宏观规划的决定；1986年颁布的《中华人民共和国义务教育法》第8条规定：“义务教育事业，在国务院领导下，实行地方负责，分级管理。”虽然这些法规主要针对的是教育行政管理体制而言，但实际上也使我国长期以来高度集中统一的课程管理模式开始向地方下放权责。1986年，全国中小学教材审定委员会成立，决定改革统一的教材体制，在统一要求、统一审定的前提下实行教材的多样化。这些，都为我国基础教育课程管理体制的改革做了思想上的准备，奠定了必要的基础。

进入20世纪90年代，中共中央、国务院颁发的《中国教育改革和发展纲要》再次重申基础教育以地方办学为主的思想。1992年国家教委颁布了《九年义务教育全日制小学、初级中学课程计划（试行）》，第一次规定了设置地方课程，这就打破了国家课程一统天下的局面；1996年，在国家教委基础教育司制定的《全日制普通高级中学课程计划（试验）》中指出“普通高中课程由中央、地方、学校三级管理”，规定由学校安排15%～20%的课程，由此“学校课程”的概念第一次纳入国家正式制定的课程文件当中，它标志着我国三级课程管理体制被教育行政部门所采用。”[①]1999年6月，第三次全国教育工作会议上通过的《中共中央、国务院关于深化教育改革全面推进素质教育的决定》中提出：“为保障和促进课程对不同地区、学校、学生的要求，实行国

① 白月桥：《素质教育课程构建研究》，教育科学出版社2001年版，第240页。

家、地方和学校三级管理。"这一决定将学校对课程的管理正式列入我国新的课程管理体制之内，使学校真正具有了课程管理的自主权。把学校纳入课程管理体制，是要形成基础教育"自上而下"与"自下而上"相结合的双向管理机制，以此确保课程的适应性。① 但在新的三级课程管理体制中，如何把握好分权的尺度，是一个仍需要深入研究的问题。

进入21世纪，国务院在2001年6月召开了全国基础教育工作会议，随后发表了《国务院关于基础教育改革与发展的决定》，指出："实行国家、地方、学校三级课程管理。"教育部在2001年6月8日颁布了《基础教育课程改革纲要(试行)》，明确提出"改变课程管理过于集中的状况，实行国家、地方、学校三级课程管理，增强课程对地方、学校及学生的适应性"。同时指出："教育部总体规划基础教育课程，制定基础教育与课程管理政策，确定国家课程门类和课时。制定国家课程标准，积极试行新的课程评价制度。""省级教育行政部门依据国家课程管理政策和本地实际情况，制定本省(自治区、直辖市)实施国家课程的计划，规划地方课程，报教育部备案并组织实施。经教育部批准，省级教育行政部门可单独制定本省(自治区、直辖市)范围内使用的课程计划和课程标准。""学校在执行国家课程和地方课程的同时，应视当地社会、经济发展的具体情况，结合本校的传统和优势、学生的兴趣和需要，开发和选用适合本校的课程。各级教育行政部门要对课程的实施和开发进行指导和监督，学校有权力和责任反映在实施国家课程中所遇到的问题。"

这一系列政策法规的出台标志着我国基础教育课程管理体制正从原来单一的国家统一课程管理体制走向国家、地方、学校三级课程管理体制。我国基础教育新近一轮的课程改革，业已初步确立起国家、地方和学校三级课程管理体制；反之，其他方面的课程改革从新的课程管理体制的实施也获益良多。② 从以上可以看出，我国三级课程管理体制是顺应世界潮流、适应我国国情的最佳选择。

---

① 钟启泉，崔允漷，张华：《为了中华民族的复兴、为了每位学生的发展——基础教育课程改革纲要(试行)解读》，华东师范大学出版社2001年版，第25页。

② 钟启泉等主编，朱慕菊主审：《〈基础教育课程改革纲要(试行)〉解读》，华东师范大学出版社2001年版，第43页。

第二节　义务教育课程管理体制的内容

一、课程管理机构的设置及隶属关系

国家一级课程管理的职能部门是国家教育行政部门的最高机构——教育部。它的主要职能是制定国家基础教育培养目标、课程计划框架和课程标准等宏观的政策，并指导和监控地方、学校贯彻执行国家课程政策。国家对于课程的控制，从国家课程到地方课程，再到校本课程逐步减少，课程管理权力的重心一步步下移。

地方一级课程管理的职能部门是地方教育行政部门。它们在课程方面的主要权力和责任是贯彻执行国家课程计划和课程标准。按照地方的实际情况与发展需要，为落实国家课程标准制定具体方案，开发地方课程，指导学校合理地实施地方制定的课程计划。

学校是真正发生教育的地方，所有课程计划只有到学校才能得到真正的落实。所以学校一级的课程管理对于确保基础课程目标的实现范围和实现水平具有重要意义。学校课程管理包括两层基本含义：一是国家课程和地方课程的有效实施；二是校本课程的合理开发。

廖哲勋教授认为："等级结构是构建我国中小学课程管理系统的最佳结构。在中小学课程管理系统中，等级结构的首要特征是，从中央到地方、再到学校，把课程管理系统划分为一级一级的子系统；在上下两个子系统之间建立从属关系。"[①]此外，课程管理必须走上法治的轨道，这是中小学课程改革和发展沿着正确方向进行的根本保证。教育部颁布的《基础教育课程改革纲要（试行）》中指出：

---

① 廖哲勋：《课程学》，华中师范大学出版社1991年版，第338页。

教育部总体规划基础教育课程，制订基础教育课程管理政策，确定国家课程门类和课时。制订国家课程标准，积极试行新的课程评价制度。

省级教育行政部门依据国家课程管理政策和本地实际情况，制订本省（自治区、直辖市）实施国家课程的计划，规划地方课程，报教育部备案并组织实施。经教育部批准，省级教育行政部门可单独制订本省（自治区、直辖市）范围内使用的课程计划和课程标准。

学校在执行国家课程和地方课程的同时，应视当地社会、经济发展的具体情况，结合本校的传统和优势、学生的兴趣和需要，开发或选用适合本校的课程。各级教育行政部门要对课程的实施和开发进行指导和监督，学校有权力和责任反映在实施国家课程和地方课程中所遇到的问题。

二、管理权限的划分

（一）各级管理职责概括

1. 国家课程管理

“国家课程”——国家教育部主管。负责制定国家课程政策，决策重大课程改革；制定指导性课程计划；制定必修科目国家课程标准（包括教学标准、评价标准）；审查并向全国推荐学科教材；指导、检查地方课程管理工作；审批地方重大课程改革试验；制定升学考试制度，指导升学考试的实施；确定某些课程管理权限的下放。

2. 地方课程管理

“地方课程”——省（自治区、直辖市）教委主管。根据国家有关规定和本省（自治区、直辖市）实际，确定本省执行的课程计划和必修科目课程标准；制定本省（自治区、直辖市）课程改革方案，报国家教育部审批；审批县以上教育行政部门组织编写的选修课教材、乡土教材；审查省（自治区、直辖市）编教材（包括经批准编写的、在相应行政辖区内使用的教材）；指导市（地）、县（市、区）教委选用教材；指导、检查各地课程管理工作；确定中考实施办法，指导考试工作；确定某些课程管理权限的下放。地方在课程管理中主体作用的发挥，既不能机械理解与被动执行国家课程决策，又不能变成基层学校课程改革的专制、主宰，需要讲究一定的管理策略。

3. 学校课程管理

"学校课程"——学校主管。根据上级教育行政部门有关规定，学校课程管理的职责是指学校的教学管理人员，包括校长和全体教师在实施课程过程中必须承担的责任。为了保证课程管理的有效性，学校课程管理职责必须符合国家和地方制定的有关学校课程管理的任务和要求，校长和有关人员应当切实履行课程管理的职责。

学校课程管理的职责决定于学校课程管理的基本任务。根据国家规定，学校课程管理的基本任务是要在学校层面协调、优化和整合国家、地方、学校三类课程的关系，保证国家课程、地方课程的有效实施和校本课程的合理开发。由此，学校课程管理的具体职责应当有以下几个方面[①]：

(1) 根据教育部和本省(自治区、直辖市)课程计划的有关规定，从当地社区和学校自身的实际出发，制定学校学年课程实施方案，并报县一级教育行政部门备案。

(2) 依据教育部颁布的学校课程管理文件，结合本校实际，开发校本课程，提供给学生选择。在规定时间内向县一级教育行政部门报送学校校本课程开发方案，并接受审议。

(3) 选用经国家一级审定或省一级审查获得通过的教材。在选用教材方面，应贯彻民主原则，组织教师、学生代表参加，并通过多种途径听取学生家长的意见。

(4) 向上级教育行政部门反映国家和地方课程计划在实施中所遇到的问题，建立校本课程的内部评价机制。

(5) 根据上级教育行政部门的规定，结合本校的实际情况，对学校的所有课程实施管理。特别是对于教学、评价与考试、校本课程资源开发与利用等方面要进行自我监控。

(二) 教材选用

我国长期以来实行"一纲一本"的国家制定课程教材政策，在国家统一

① 朱慕菊:《走进新课程——与课程实施者对话》，北京师范大学出版社 2002 年版，第 87 页。

要求、统一审定的前提下，供各地区、各学校使用，教材选用权由国家教育行政部门控制。教育部《义务教育课程改革纲要（试行）》指出：逐步建立规范有序、公正透明、民主科学的教材选用机制，促进义务教育教材的高质量和多样化，确保义务教育新课程实验推广工作的顺利开展。各省教育行政部门颁发了《义务教育课程改革教材选用及发行管理实施意见》，要求各县市建立科学的课程审查机制和教材选用体制，完善教材管理，制定教材选用程序。同时强调各县（市、区）要成立由教育行政部门、专家、校长代表、优秀教师代表和占一定比例家长代表组成的教材选用委员会。因此，教材的选用成为县域课程政策的重要内容。

1. 原国家教委对九年义务教育小学、初级中学教材的选定工作提出了如下要求：

（1）九年义务教育小学、初级中学教材中经全国中小学教材审定委员会审定通过的，由国家教委列入中小学教学用书目录，供全国各地选择试用；经省、自治区、直辖市教委、教育厅（局）组织专门机构审定通过的，列入本省、自治区、直辖市中小学教学用书目录，只供本地学生选用。地方各级教育行政部门和学校应根据国家教委和省、自治区、直辖市教育行政部门印发的中小学教学用书目录，本着适应本地区实际、有利于面向全体学生和全面提高学生素质的原则，选定适合本地区使用的教材。选用的教材，可以是一个单位编写的全套教材，也可以是一套教材中的某科或某几科教材，还可以是某种单科教材。

（2）教材的选用工作，应在省、自治区、直辖市教育行政部门的指导下进行。由于在同一省范围内，各地、各学校的情况也有很大不同，所以教材的选用权应该逐步下放。从当前看，小学各科教材一般可由县级教育行政部门负责选用。初中各科教材可由省级或地市一级教育行政部门负责选用。对有条件的小学或初级中学，可赋予选用教材的权利，并逐步扩大这类权利。

（3）省、自治区、直辖市教育行政部门应将国家教委印发的有关教学用书目录和本省、自治区、直辖市编制的有关教学用书目录完整地下发到教材选用单位。同时应把教材审定委员会对教材的审定意见通知教材选用单位，教材的编写、出版单位应负责向教材选用单位客观地介绍教材的特点和适用范围，并在教材征订前将样书送到选用单位，供选用单位研究。

(4) 教材选用单位在选用教材过程中，应组织力量对各种教材进行分析、比较，并注意听取有经验的校长、教师的意见和充分发挥教研部门的作用。有条件的地方可试行建立教材选用的审议组织，其成员主要由当地学科造诣较深、教学经验丰富的人员组成。

(5) 各种单科试验教材仍允许继续使用，不要因开始使用义务教育小学、初级中学新教材而终止正在进行的试验。

(6) 教材选定后，各级教育行政部门和教研机构要加强对教材使用的指导和管理。教材选定后应相对稳定，以保证教学内容的连贯性和教学质量的稳步提高。

教育部颁布的《基础教育课程改革纲要(试行)》中关于“教材选用”的内容指出：

教材改革应有利于引导学生利用已有的知识与经验，主动探索知识的发生与发展，同时也应有利于教师创造性地进行教学。教材内容的选择应符合课程标准的要求，体现学生身心发展特点，反映社会、政治、经济、科技的发展需求；教材内容的组织应多样、生动，有利于学生探究，并提出观察、实验、操作、调查、讨论的建议。

完善基础教育教材管理制度，实现教材的高质量与多样化。实行国家基本要求指导下的教材多样化政策，鼓励有关机构、出版部门等依据国家课程标准组织编写中小学教材。建立教材编写的核准制度，教材编写者应根据教育部《关于中小学教材编写审定管理暂行办法》，向教育部申报，经资格核准通过后，方可编写。完善教材审查制度，除经教育部授权省级教材审查委员会外，按照国家课程标准编写的教材及跨省使用的地方课程的教材须经全国中小学教材审查委员会审查；地方教材须经省级教材审查委员会审查。教材审查实行编审分离。

改革中小学教材指定出版的方式和单一渠道发行的体制，严格遵循中小学教材版式的国家标准。教材的出版和发行实行公开竞标，国家免费提供的经济适用型教材实行政府采购，保证教材质量，降低价格。

加强对教材使用的管理。教育行政部门定期向学校和社会公布经审查通过的中小学教材目录，并逐步建立教材评价制度和在教育行政部门及专家指导下的教材选用制度。改革用行政手段指定使用教材的做法，严禁以不正当竞争手段推销教材。

2. 各省市为了建立科学的中小学教材选用体制，完善教材管理，制定教材选用程序，颁发了《中小学教材和教辅材料管理规定》。

如：山东省中小学教材和教辅材料管理规定（节选）

第一章　总则

第一条　为加强中小学教材和教辅材料管理，向学生提供更好的学习材料，根据国家关于教材、教辅材料管理的有关规定，结合我省实际，特制定本规定。

第二条　本规定中的中小学教材是指教科书、图册、教学参考书（含学前教育）、教学挂图等图书；教辅材料是指教学辅导资料、学具、音像制品和电子软件等辅助教师教学、学生学习的材料。

第三条　教育行政部门支持单位、团体、个人按国家和省的有关规定，研究、开发教材和教辅材料。

第四条　各级教育行政部门对教材和教辅材料的管理，要坚持公开、公平、公正的原则，依法维护学生利益。

第二章　教材

第五条　编写国家课程教材须按规定报国家立项和审定。编写地方课程教材须向省教育行政部门提出立项申请并经核准，核准通过的方可编写。

第六条　通过核准编写的地方课程教材须经省中小学教材审定委员会审定。审定通过的，报省教育行政部门批准后列入省用书目录，供学校和学生选用。

第七条　省教育行政部门根据国家《中小学教学用书目录》编制《山东省中小学教学用书目录》，根据我省地方课程建设规划和地方课程审定结果，编制《山东省中小学地方课程目录》，并将国家《义务教育课程标准实验教材目录》转发各市（以下统称《教学用书目录》），供各地选用。

第八条　各市、县（市、区）教育行政部门要成立中小学教材选用委员会，经过科学民主的程序，从《教学用书目录》公布的教学用书中选出适合本地使用的教材。

各地的教材选用委员会要具有广泛的代表性和权威性。对参与教材编写、发行的人员，在教材选用中实行回避制度。

市级教育行政部门可以对县（市、区）的教材选用工作予以指导和监督，但任何单位和个人不得用考试、评优、晋级、教研等方式，影响教材选用的多样性和公正性。

第九条　未经立项核准的教材不得编写；未通过初审的教材不得组织试验；教材试验不得擅自扩大试验范围；不得选用未经审定通过和未列入《教学用书目录》的教材。

第三章　教学辅导资料

第十条　省教育行政部门根据教育教学工作的需要，定期向社会公开受理教学辅导资料编写的立项申请。

第十一条　省内单位或个人编写教学辅导资料须向省教育行政部门提出立项申请，核准通过后方可编写。

教辅资料编写完毕后，须报省中小学教材审定委员会审定，审定通过后，由省教育行政部门公布，供学校和学生选用。

第十二条　对外省出版、要求进入我省的中小学教辅资料，实行审议制度。未经省中小学教材审定委员会审议通过的不得在我省发行。

第十三条　省教育行政部门定期组织专家对在我省流通的教辅资料进行评估，并根据评估结果，向社会和学校择优推荐一批教辅资料。

第十四条　根据学生需要，学校可以从通过专家审议的资料中选择 1 套向学生推荐，但不得强行要求学生购买，每个科目不得超过 1 种，不得推荐和征订目录以外的任何教辅资料。

第十五条　各级教育行政部门和教育服务机构不得以任何形式强迫学

生购买或向学校摊派教学辅导资料。更不得向学校摊派推销省公布的教学辅导资料以外的任何教辅资料。

附　则

我省中小学教材和教辅材料的管理实行省中小学教材审定委员会审定、省教育行政部门批准的体制，任何处室和非常设机构不得以处室和非常设机构的名义公布或推荐教材和教辅材料。各级教育行政部门要加强对教材和教辅材料的管理，对违反本规定的单位和个人给予严肃处理。

营口市中小学教材选用审定办法

一、审定原则

1. 符合国家的有关法律、法规和政策，贯彻党的教育方针，体现教育要面向现代化、面向世界、面向未来的要求。

2. 体现义务教育的性质、任务和培养目标，符合国家颁布的中小学课程方案和学科课程标准的各项要求。

3. 符合学生身心发展的规律，联系我市学生的学习实际和生活经验，反映社会、科技发展的趋势。

4. 切实减轻中小学生过重课业负担，严格按照国家和省教育厅课程规定的要求审定教材。

二、完善教材审定机构

营口市教育局负责对中小学教材的审定管理工作。根据教育部、省教育厅有关文件精神，在广泛征求各市（县）区教育局、市直各中小学意见基础上，经基层单位推荐，由各市（县）区教育局把关，同时在兼顾各学科、各阶层、各部门，成立营口市中小学教材选用审定委员会，具体领导和协调营口市中小学教材审定选用工作。审定委员会每三年更换一次，如遇特殊情况可随时调整。

三、完善相应制度，加强中小学教材审定工作管理

1. 建立中小学教材使用信息反馈制度。教材审定委员会委员要充分做好深入调查研究中小学现行教材使用情况工作，要深入到教学一线中去，向

一线教师、学生收集教材使用信息。对遇到的问题要及时反馈给教材审定委员会并提出整改方案。

2. 教材审定委员会每学年至少要召开1～2次委员会议，对我市中小学现行教材使用情况展开讨论，确保教材选用工作更好地为我市中小学教育教学服务。

3. 教材审定委员会定期向各委员提供具有代表性的相关教材资料。各委员要认真阅读并了解中小学教材的有关知识，研究、掌握中小学教材新的动向及发展趋势，及时调整、补充最科学、最合理、最适合我市中小学生使用的教材。

4. 中小学教材在使用上必须保持其连续性，现行教材如需变更，须由教材审定委员会3名以上委员提议并经教材审定委员会三分之二以上的委员同意通过。

5. 教材审定委员会要坚持民主投票制度。各教材审定委员会委员要充分行使自己的职权，对教材的使用投票表决。

(三) 课程开发

课程资源的开发主要包括：通过实地调查、考察以及文献资料的查阅、信息的收集，去发现资源；通过加工、改造和组合，使资源具有教育意义，成为课程资源；给课程资源分类，并与有关课程的实施和开发相联系，为教育教学服务等等。

国家课程是指由国家教育权力机构组织专家决策、编制的课程体系，是全国统一的，并采用自上而下的“研制—开发—推广”的执行模式。在我国，国家课程是由教育部根据不同阶段教育的性质和基本任务而制定的，它同时也规定了基础教育阶段课程的设备、各类课程的基本标准以及合理的课程比例等。

1. 教育部颁布的《基础教育课程改革纲要(试行)》中关于“课程开发”的内容指出：

积极开发并合理利用校内外各种课程资源。学校应充分发挥图书馆、实验室、专用教室及各类教学设施和实践基地的作用；广泛利用校外的图书馆、博物馆、展览馆、科技馆、工厂、农村、部队和科研院所等各种社会资源以及丰富的自然资源；积极利用并开发信息化课程资源。

2. 地方开发课程资源是为了学校服务，主要体现在对课程资源的统筹上。统筹开发力量，整合所开发的资源，指导学校使用，组织对课程资源开发和使用效果的评价。各省为了促进课程资源的顺利开发，出台了一系列的指导意见。

如：山东省义务教育地方课程安全教育课程实施指导意见（试行）（节选）

安全教育课程是一门集综合性、实践性和开放性于一体的课程，能够开发和利用的课程资源不限于传统意义上的教材和教学参考资料，还应包括许多方面。教师要充分开发和利用校内、校外的多样化课程资源，使其为教学服务，以有效进行开放式教学，实施课程目标。

（一）开发和利用多样的课程资源

1. 文本资源：图书（包括教材及相关参考书）、报刊、地图、图片、图表。

2. 音像资源：电影和电视节目、录像、音乐磁带或光盘、教学光盘、各种教学软件。

3. 实物资源：图书馆、阅览室、橱窗、板报、视听教室、多媒体设备（广播、电视、网络等）、博物馆、自然和人文景观及机关、企事业单位等。

4. 人力资源：学生、教师、父母、邻居和社会各界人士（专家学者、社区工作人员、医生、政府公务员等）。

（二）开发利用课程资源的注意事项

1. 开发和利用的课程资源应切实为教学服务，应强调从课程目标和教学目标的视角出发，因地制宜、因时制宜，根据需要选择课程资源，不求花样繁多，但求发挥实效。

2. 应根据各种课程资源的特点，对其正确利用，以达到激发学生兴趣，将安全教育开放化，增加学生的实践经验和情感体验等目的。例如，可以组织学生编辑介绍相关安全常识的板报、墙报，布置安全教育橱窗，利用校园广播、电视、网络传播公共安全教育的相关节目内容；可以联系公安、消防、交通、治安及卫生、地震等部门，合作开展知识讲座、模拟演习等丰富多彩的课外活动。

3. 在利用校外资源时，如与机关、企事业单位和个人进行联系和沟通时，应注意方式、方法，应在不影响其正常工作的前提下积极争取他们的理解和支持。

（四）课程实施

我国的三级课程管理体制的实施，“其目的在于：一是反映不同地区间经济文化发展的差异，使课程能变通，为地方经济文化的发展服务；二是要适应不同学校的特点，倡导校本课程的开发，以满足学生个性发展和创建特色学校的需要；三是开设选修课，以适应学生的个性差异，满足不同学生的不同发展需要”①。

1. 教育部颁布的《基础教育课程改革纲要（试行）》中关于“课程实施”的内容指出：

基础教育课程改革是一项系统工程。应始终贯彻“先立后破，先实验后推广”的工作方针。各省（自治区、直辖市）都应建立课程改革实验区，实验区应分层推进，发挥示范、培训和指导的作用，加快实验区的滚动发展，为过渡到新课程做好准备。

基础教育课程改革必须坚持民主参与、科学决策的原则，积极鼓励高等学校、科研院所的专家、学者和中小学教师投身中小学课程教材改革；支持部分师范大学成立“基础教育课程研究中心”，开展中小学课程改革的研究工作，并积极参与基础教育课程改革实践；在教育行政部门的领导下，各中小学教研机构要把基础教育课程改革作为中心工作，充分发挥教学研究、指导和服务等作用，并与基础教育课程研究中心建立联系，发挥各自的优势，共同推进基础教育课程改革；建立教育部门、家长以及社会各界有效参与课程建设和学校管理的制度；积极发挥新闻媒体的作用，引导社会各界深入讨论、关心并支持课程改革。

① 靳玉乐：《走向新课程：内地基础教育课程改革的特点》，《基础教育学报》2001 年第 2 期，第 139 页。

建立课程教材持续发展的保障机制。各级教育行政部门应设立基础教育课程改革的专项经费。

为使新课程体系在实验区顺利推进，教育部在高考、中考、课程设置等方面对实验区给予政策支持。对参加基础教育课程改革的单位、集体、个人所取得的优秀成果，予以奖励。

2. 在执行教育部相关文件的前提下，各省市为了促进课程的顺利实施，出台了一系列的指导意见。

如：山东省义务教育地方课程安全教育课程实施指导意见（试行）（节选）

第四部分　实施建议

一、教学建议

（一）坚持正确的价值导向

必须坚持以邓小平理论和“三个代表”重要思想为指导，树立和落实科学发展观，坚持以人为本，着眼于全体学生的身心健康、安全发展，着眼于引导学生牢固树立“珍爱生命，安全第一，遵纪守法，和谐共处”的意识，养成良好的安全行为习惯。

（二）全面实施课程目标

情感态度价值观、能力和知识三维目标是有机统一的。在教学过程中，要通过开展丰富多彩的教学活动，帮助学生掌握必要的安全常识，注重培养学生预防和应对安全事件和事故的能力，形成尊重生命、爱惜生命、健康向上的生活态度，全面落实课程目标。

（三）坚持“贴近学生、贴近生活、贴近实际”的原则

本课程教学要面向学生丰富多彩的生活，深入挖掘学生已有的生活经验和情感体验，积极从生活实际和社会实际中寻找相关的教学素材，注重选取学生普遍关注和乐于交流的安全问题作为教学内容。通过对这些问题的探讨，帮助学生掌握相关的安全知识和方法技能，并运用到生活实际中去。

（四）引导学生自主学习

在教学中，应注重引导学生主动探究与健康、安全成长等有关的问题，

通过开展思考、讨论、收集、调查、辩论、访谈、模拟演习、角色扮演等多种活动，在合作学习和互动学习中发现问题、分析问题，在问题解决中掌握安全知识、提高安全技能、丰富情感体验。

在教学中，不能将书本内容作为教条让学生死记硬背，而应鼓励引导学生积极参与到教学活动中去，让课堂成为学生自主、合作、探究的舞台。

（五）努力实施开放式教学

在教学中，可以充分利用班会、团会、校会、升旗仪式、专题讲座、墙报、板报、参观和演练等方式，采取多种途径和方法全方位、多角度地开展安全教育；可以运用广播、电视、计算机、网络等现代教育手段进行教学，探索寓教于乐、寓教于丰富多彩活动的教学组织形式，增强安全教育的效果；可以与公安、消防、交通、治安以及卫生、地震等部门建立密切联系，聘请有关人员担任校外辅导员，根据学生特点系统协调承担安全教育的内容，并且协助学校制订突发事件应急预案和组织演习活动。

二、评价建议

（一）评价目的与原则

1. 评价目的

本课程评价的目的是为了考查学生学习目标的达到程度和教师的教学水平，帮助教师改进教学，保证课程目标的实现，使评价成为促进教师教学和学生安全素养与能力提高的有效手段。

2. 评价原则

(1) 坚持鼓励性、发展性的评价原则。评价要能够调动学生学习的积极性，增强学生的自信心和进取意识。

(2) 课程评价既要考查学生对基本安全知识的理解和运用，更要注重考查学生自救自护的素养和能力，关注学生的情感态度与价值观的形成。

(3) 要重视学生、教师和家长在评价过程中的作用，使评价成为学生、教师、家长等共同参与的交互活动，成为促进学生、教师、家长共同发展的过程。

（二）学生的学习评价

评价应客观地记录和描述学生学习状况和安全意识、行为习惯的形成过程。本课程倡导如下评价方法：

观察　在自然状态下，有目的、有计划地观察学生在日常学习、生活中所表现出来的情感、态度、能力和行为，并记录下来，作为对学生进行评价和引导的依据。

描述性评语　在与学生进行充分交流的基础上，用描述性的语言将学生在公共安全某一方面的表现写成评语。评语应采用激励性的语言。

项目评价　按照不同项目将学生分成若干小组，由学生自主设计活动计划，可以围绕真实的社会生活中的安全问题进行活动，收集、组织、解释或表达信息，如提交调查报告或小论文等。师生可以就小组成就进行分析，并将小组评价与个人评价相结合。

考查　考查方式应灵活多样，如知识竞赛、辩论、情景测验等，以对学生安全教育课程的学习及安全素养状况做出评价。

（三）教师的教学评价

对教师的教学评价，应采用多元、开放的评价方式，强调教师对自己教学工作的分析与反思。要关注教师是否采取灵活多样的教学方式，是否注意保护学生的学习积极性和激发学生安全健康成长的愿望，是否完成教学任务、实现课程目标。

如：北仑区中小学校本课程开发与管理指导意见（试行稿）

校本课程是学校在保证国家课程和地方课程的基本质量的前提下，根据国家的教育方针、课程管理政策和课程计划，以学校为基地，以满足学生需要和体现学校办学理念与特色为目的，通过对本校学生的需求进行科学评估，充分利用当地社区和学校的课程资源，由学校采取民主原则和开放手段，由教师按一定课程编制程序而开发的多样性的、可供学生选择的课程。它是学校课程的重要组成部分，在新一轮义务教育课程中占有比较突出的地位。重视校本课程开发，是义务教育课程改革的具体目标之一，有利于培养学生个性，发挥教师特长，办出学校特色。为了全面落实《基础教育课程改革纲要(试行)》的精神，促进我区校本课程的研究、开发和管理，特制定北仑区中小学校本课程开发与管理指导意见。

一、指导思想

以“三个代表”重要思想为指导，全面贯彻党的教育方针，认真落实《基础教育课程改革纲要(试行)》精神，坚持以学生的发展为本，推进我区义务教育改革，深入实施素质教育，优化课程结构，充分利用学校和社区的课程资源，进一步调动学校自主开发课程和自主管理课程的积极性，逐步形成适应地方、学校和学生特殊需要的，体现学校办学特色的学校课程体系。

二、校本课程管理的目标和原则

1. 目标：

(1) 确保执行国家课程，在维护课程计划与课程标准严肃性的前提下，通过独立或合作开发校本课程，体现办学特色；

(2) 根据本校的培养目标和课程资源状况，了解学生多样化发展的需要，设置可供学生选择的、灵活安排的课程；

(3) 从学校改革与发展的实际出发，协调学校各类课程的关系，优化学校课程的结构，提高学校课程的适应性；

(4) 组织教师利用现代教育技术，采用灵活多样的教学方法，有效地利用学校课程资源；

(5) 创造机会使学生能够在一定范围内和一定程度上参与课程的决策，享有必要的课程管理权利。

2. 原则：

(1) 以学生发展为本，学校课程的研究与开发活动必须认真考虑学生的需要、兴趣与经验，一切从他们的健康发展出发；

(2) 保证学校各类课程的比例均衡，充分发挥它们对学生发展的不同价值作用；

(3) 校本课程的教学要重视学生学习方式的转变，尽可能地采用合作、参与、探究和体验等有助于学生主动学习的学习方式；

(4) 在鼓励教师及有关人员创造性地开发课程的同时，加强教学和教材的规范管理；

(5) 学校及相关人员要形成课程权力分享、责任分担的观念，明确各自的角色地位和相应职责；

(6) 充分挖掘和利用课程资源，重视实验基地建设，注意发挥家长和社区资源的作用；

(7) 采取“自上而下”和“自下而上”相结合的双向管理机制，严格执行国家课程计划和课程标准，学校自主形成的校本课程开发方案必须经上级教育行政部门审批同意。

三、校本课程的实施与管理

(一) 校本课程的实施

在校本课程实施中，要确立“针对校本，面向课程，凸显个性，重在开发”的策略。

“针对校本”，就要以学校为本，以学校为基础，发挥优势，挖掘资源，组织人员在学校中开发校本课程。

“面向课程”，就要认真做好涉及校本课程开发的环境分析、课程目标设置、课程组织、课程实验和课程评价五个部分工作，加强三个环节的研究，即确定开设的科目；形成校本课程的指向；制定校本课程开发、实施、评价的计划。

“凸显个性”，就要在课程开发时，把张扬学生个性，体现教师个性和强化课程个性有机地结合起来。

“重在开发”，就要切实掌握好“六个把握”。

——把握一种模式。即采用菜单式开发模式，这样易于实施，有助于校本课程、师本课程走向生本课程。

——把握两条途径。一条途径是巩固和强化现有的课程，通过学校已开展的活动课与选修课、课题研究项目，经常性、有目的地举行各种活动，将课堂教学改革尝试、开发的特色项目等内容规范化、系列化、目标化，随之开发出校本课程；另一条途径是有计划、有重点地创生新课程。

——把握四个环节。第一，是调查分析，学校发展的目标是什么？学校有哪些资源？教师能做什么？学生需要什么？第二，是规划，通过规划确定行动目标，选好开发人员、制定操作方案、编好课程纲要；第三，是实施，关键是成立一支志愿军，通过团队协作、小组作战等方式得以落实；第四，是评价和改进，通过分析校本课程实施的成效性、可操作性和利弊，加以改进。

——把握四条思路。注重推“陈”出新，借鉴出新，改造出新，发展出新，努力推进选修活动课程化；校园活动目标化；隐性课程显性化；实践研究系列化。

——把握五个理念。学生为本的课程理念；教师主体的开发程式；全员参与的合作精神；民主公平的教育观念；个性化的价值追求。

——把握五条原则。继承与创新并重原则；求稳与思变并举原则；师生主体性原则；动态生成性原则；过程发展性原则。

此外，在校本课程开发中，政府要提供经费保障，列出专项资金用于支持课程改革试验与推广，重视教师培训，鼓励社会团体援助参与进来。由于校本课程开发在我国还是一个新事物，许多学校和广大教师极大地缺乏校本课程开发的信息，以及理论和技术等方面的知识和资源。因此，这就需要建立校内和校外的专门的课程信息资源中心，给学校和教师提供最新的课程信息和课程开发的新理论和技术，集中和协调课程开发的资源。校本课程开发还应该反对由上而下的管理和传播方式，主张民主参与和还权于民，让公众能参与设计、执行、检查和决定课程，应该是一个以学校为基地进行开发的开放的民主的决策过程，即校长、教师、课程专家、学生以及家长和社区人士共同参与学校课程计划的制定、实施和评价活动。

（五）课程评价

从广义上讲，评价也是一项重要的管理活动，即使是狭义的管理也包括对评价的管理，“对管理活动本身的评价，是据以展开课程的变革(Change)、革新(Renewal)，乃至改善、改良(Improvement)的活动。课程评价的主要内容包括课程计划评价(其中包括课程计划的指导思想或者称课程设计理念的研究、课程目标的评价、课程设置与培养目标一致性评价、课程结构评价)

的研究；课程标准与教学大纲评价的研究；课程质量保障体系的研究以及课程效果（学生学业成绩评价）的研究等方面。

课程改革需要与之匹配的评价体系，但目前评价体系的改革不是很理想。在课程的开发上，严重制约和压抑了地方和学校利用当地社会、社区、学校的课程资源开发地方课程和校本课程的需求。即使有一部分地方和学校致力于课程改革和校本课程的建设，但在应试的重压下也无法放开手脚充分发展，在应试的导向下没有取得应有的地位，处于被挤压很难生存的状态。学校里开设了选修课，但学生们受高考影响，价值取向发生了变化，都选修与考试紧密相关的学科。"以县为主"的农村义务教育区域性评价制度尚未完全建立，农村乡镇义务教育，由于多年来一直没有针对性、可操作性的评价制度和保障制度，导致实践中的教育评价带有较大的盲目性、随意性和表面化，"以县为主"体制需要更科学有效的评价制度为保障。

1. 教育部颁布的《基础教育课程改革纲要（试行）》中关于"课程评价"的内容指出：

建立促进学生全面发展的评价体系。评价不仅要关注学生的学业成绩，而且要发现和发展学生多方面的潜能，了解学生发展中的需求，帮助学生认识自我，建立自信。发挥评价的教育功能，促进学生在原有水平上的发展。

建立促进教师不断提高的评价体系。强调教师对自己教学行为的分析与反思，建立以教师自评为主，校长、教师、学生、家长共同参与的评价制度，使教师从多种渠道获得信息，不断提高教学水平。

建立促进课程不断发展的评价体系。周期性地对学校课程执行的情况、课程实施中的问题进行分析评估，调整课程内容、改进教学管理，形成课程不断革新的机制。

继续改革和完善考试制度。在已经普及九年义务教育的地区，实行小学毕业生免试就近升学的办法。鼓励各地中小学自行组织毕业考试。完善初中升高中的考试管理制度，考试内容应加强与社会实际和学生生活经验的联系，重视考查学生分析问题、解决问题的能力，部分学科可实行开卷考试。高中毕业会考改革方案由省级教育行政部门制定，继续实行会考的地方应突出水平考试的性质，减轻学生考试的负担。

考试命题要依据课程标准，杜绝设置偏题、怪题的现象。教师应对每位学生的考试情况做出具体的分析指导，不得公布学生考试成绩以及按考试成绩排列名次。

2. 针对促进课程不断发展的评价体系，对课程实施中存在的问题进行评价，建立了一系列的评价方案。

如：山东省普通中小学课程实施水平评价方案（试行）

一、指导思想

坚持以邓小平理论和“三个代表”重要思想为指导，深入贯彻落实科学发展观，全面贯彻党的教育方针，进一步深化基础教育课程改革，规范中小学课程实施行为，推进中小学素质教育的深入实施，促使中小学全面落实国家课程方案，开全课程，开足课时，切实减轻学生过重课业负担，遵循教育规律和学生成长规律，以人为本，全面发展，大力提高中小学课程实施水平和教育教学质量。

二、评价依据和目标

中小学课程实施水平评价依据是：教育部《基础教育课程改革纲要（试行）》（教基[2001]17号）、《义务教育课程设置实验方案》（教基[2001]28号）、《普通高中课程方案（实验）》（教基[2003]6号）、《学生体质健康标准（试行方案）》及《〈学生体质健康标准（试行方案）〉实施办法》（教体艺[2002]12号）和省教育厅《山东省普通中小学管理基本规范（试行）》（鲁教基字[2007]20号）等有关文件。评价目标是：以面向全体学生，促进学生全面发展为目标，以课程实施水平评价为切入点，运用现代教育评价理论和方法，全面评价我省中小学的课程实施状况，力求实现“以评促建，以评促改，以评促管，评建结合，重在建设”的目的。

三、评价原则

（一）导向性原则

课程实施水平评价要将导向作用放在重要位置，引导学校在课程实施中全面贯彻党的教育方针和国家法律法规，努力改善办学条件，开全课程，开足课时，按照各学科课程标准和先进的教育理念实施教学，控制学科知识巩固型作业，加强学生探究性和实践性作业，严格遵守教育部和省教育厅制定的有关学生作息时间的一系列规定，做到既减轻学生过重课业负担，又提高学科教学质量。

（二）系统性原则

课程实施水平评价是我省普通中小学办学水平督导评估的重要组成部分，要和教育督导评估密切结合，要以中小学课程实施水平评价作为主要内容，在评价理念、评价方式、评价功能上要侧重课程设置、课堂教学和学校活动安排等方面。

本方案所包括的小学、初中、普通高中三个学段的评价指标体系在评价理念和评价主体内容上基本保持一致，但各学段在三级指标设置及评价标准与要求等具体内容上各有其针对性。

（三）科学性原则

课程实施水平评价要体现评价指标、评价标准、评价程序、评价手段的科学化，要符合国家法律法规和教育行政部门的有关规定要求，遵循教育教学的基本规律。评价指标和评价标准要体现先进的课程理念，在指标设定、权重分配上要发挥积极的引领作用。要做到定性评价和定量评价相结合，对量化指标要进行充分论证，体现客观真实性，避免主观随意性。同时，评价指标和评价标准也要注意学校的层次差异和多样性，运用发展性评价，引导和鼓励学校办出特色。

（四）可操作性原则

课程实施水平评价要对评价标准、观测点和信息收集方法等做出准确而详尽的规定，增强评价的可操作性，有利于课程实施水平评价方案的普及运用，有利于学校完善课程设置、课程实施与评价等工作。

（五）激励性原则

课程实施水平评价的宗旨是通过评价加强学校课程管理，提高学校课程实施水平，因此本评价是合格性评价，评价结果要向社会公布。

四、评价对象

课程实施水平评价的对象是全省普通中小学校，评价工作结束后，将根据对学校课程实施水平评价的结果，形成区域性学校课程实施水平评价报告。

五、评价指标和评价标准

本方案所包括的小学、初中、普通高中三个学段的评价指标体系，均设有三级指标，其中一级指标相同，分为课程理念、课程开设、课程资源、课程实施、课程评价、学校特色共六项。二、三级指标和评价标准与要求，三个学段各有侧重。评价结果以A、B、C、D四个等级呈现，分别定量赋分，并写出评语。同时对某些重要指标用▲▲号和▲号标注。

A(优秀)：有▲▲号的指标均达到要求，有▲号的指标均为A，并且总评分达到450分及以上。

B(良好)：有▲▲号的指标均达到要求，有▲号的指标最多1项为B，其余均为A，并且总评分达到375分至449分。

C(合格)：有▲▲号的指标均达到要求，有▲号的指标最多2项为B，其余均为A，并且总评分达到300分至374分。

D(不合格)：有▲▲号的指标有1项或以上达不到要求，或有▲号的指标有3项或以上为B，或总评分在299分及以下。

六、评价结果的处理

课程实施水平评价为年度性常规评价，每年按计划进行，评价结果每年按“合格学校”、“不合格学校”向社会公布。

对于“不合格学校”，按管理权限和相关管理规定，撤销或建议撤销其由教育部门已授予的各种称号，并责成限期整改。问题严重者将按有关规定向有关部门提出对有关责任人的处分建议。

七、实施办法

（一）评价信息采集

评价时可以通过以下多种方式方法采集信息：

1. 听取学校课程实施情况汇报。

2. 召开学校师生与学生家长座谈会。

3. 查阅学校各项规章制度，课程实施与评价有关文件，教材与教辅资料等；学校会议与教研工作记录；教师业务档案（如学习记录、教案或教学设计、教研论文、著作、研究报告原文，公开课、优质课与主持或参加科研课题的证书等）；学生成长档案、作业和成绩册等资料。

4. 进行问卷调查。

5. 实地查看校园、教室、办公室、实验室、学校宿舍，以及体育、艺术、技术、实验、图书、网络等设施设备。

6. 随堂听课或观摩学生的自主学习、合作学习与研究性学习现场等。

7. 评价工作期间发布评价公告，接受来访、信件及通过网络提供的各种有价值的信息。

（二）评价办法

本项评价由省、市、县（市、区）教育行政部门依据本评价方案分三级组织实施，由同级教研部门具体承担。省直接评价普通高中，并对市、县（市、区）评价进行指导、抽查和监督；市直接评价初中，并对所辖县（市、区）评价进行指导、抽查和监督；县（市、区）直接评价小学。本项评价原则上每3年进行一轮。省、市、县（市、区）教育行政部门每年都要按评价范围对评价工作进行规划、部署、总结，并形成年度评价报告报上级教育行政部门备案，评价结果分级向社会公布。

八、组织领导

全省普通中小学课程实施水平评价工作由省教育厅统一安排。各级教育行政部门和普通中小学应高度重视，提高对此项工作重要性的认识，要切实加强领导，认真做好组织与宣传，为评价工作提供必要的条件保证。各级教研部门要规范评价行为，做到充分论证，科学实施，不断增强本评价工作的科学性、权威性和实效性。各有关部门要明确责任，积极配合，采取有力措施，确保全省中小学课程实施水平评价工作顺利进行。

第三节 义务教育课程管理体制的建构

一、课程管理规划决策系统

对于学校而言,课程管理规划决策系统是学校课程管理的最高机构,其成员的构成应当包括:以校长领导下的教导处(教导室)、教育科研室成员为主,并聘请课程专家、教师代表、学生代表,以及家长代表、社区相关人员代表参与。该系统应设在学校最高层面,由校长亲自负责,与校务委员会平行,其常设执行机构应是教导处(教导室)。课程管理规划决策系统的主要职能是依据学校的培养目标,规划和决策学校课程建设和改革,研究、制定国家课程计划、课程标准和地方课程的实施方案,以及《校本课程开发指南》和《校本课程管理条例》;评议学校课程体系和评价学校课程质量,审议教师上报的校本课程开发课题,决定学校课程实施和校本课程开发中各种资源的分配原则,协调教导处(教导室)、教研组(年级组)之间有关课程管理的各项工作。

学校还应建立民主的、科学的、合理的学校课程管理制度。学校建立的课程管理制度是学校根据上级教育行政部门的规定,结合本校的实际情况,对所有开设课程进行管理的制度。因此,它应当体现国家课程计划、课程标准,以及地方课程和校本课程的严肃性和规范性要求,并且,它也应当是教师行为规范和职业道德素养在学校课程教学活动中的具体体现,是学校课程实施规律的反映,是学校管理者、教师和学生必须遵循的行为准则。

建立学校课程管理制度,应当把握好以下几个问题:一是要注意符合政策与法规。如保证国家课程实施的一致性、共同性和标准性,以及实施形式的必修性和实施方式的强制性。地方课程则要突出区域性和本土性,可以设为必修课或选修课形式。校本课程则注重学生和社区需要,充分尊重学生的选修权利，强调多样性和差异性，一般设为选修课。二是要以学生和教师为本，使学校课程管理制度和规章符合教师和学生的利益，有利于调动教师和学生参与管理的积极性、主动性。三是要符合课程建设和教学管理的规律，保证规章制度的科学性和可操作性。四是课程管理制度和规章要有一定的稳定性和严肃性，必须在一定时空条件下保持不变。

二、课程开发管理系统

在课程资源的挖掘、配套教材的开发和选用以及课程实施水准的监控和评估上，政府干预和市场调节两种机制都是必要的。地方教育行政部门必须通过规划具体的课程、教材的开发与实施的研究项目，采取项目招标、严格评审制度、引入竞争机制的办法来进行间接管理。譬如，关于课程实施水平的评估，被认为是公正可靠的评估就必须由专业人士而非政府来操作，同时评估者应该在组织关系上独立于被评估的对象之外，在具体操作上不应受教育行政部门的直接干预。为此需要开辟专门化的评估市场，通过规定具体的评估项目，让符合资质条件的评估机构竞标并具体实施。在国外，越来越多的教育评估项目不是由政府机构主办而是由私营公司具体操作的。跨世纪的基础教育课程改革涉及许多具体的项目，如各类课程标准的编写、地方本位课程的开发、各种教科书的编写以及教辅用书、学具的研制等等，都应该通过引入市场机制的办法来解决。一个高效的、合乎理性的地方政府只能增进而不是削弱市场机制的调节作用。但是，必须强调的是，发挥地方在课程管理中的主体作用，并不是要搞地方化。排斥国家教材和外地优秀教材，从大一统走向小一统，关门称霸，害怕优胜劣汰，必然误人子弟。①

对于学校而言，课程开发管理系统的主要构成成员是教师、学生和课程专家。这是因为校本课程是学校自主决定的课程，它的开发主体是教师（教师小组，而非单个教师），并且课程开发还需要学生的积极参与、课程专家的指导。该系统的基层组织是教师小组，在隶属关系上，该系统应接受课程管

① 程材：《改革课程教材，推进素质教育》，《课程·教材·教法》2000年第4期，第1页。

理规划决策系统的领导。其管理可以设立专职管理机构，如课程审议委员会（小组），也可以由教育科研室进行管理，成员还应当包括主管校长和其他相关人员。它的主要职能是，依据学校《校本课程开发规划》和《校本课程开发指南》，组织有关教师和学生，编制校本课程的纲要、设计结构、搜集资料、撰写教材文本和教学参考资料等。

三、课程实施管理系统

重视“课程创生取向”，促进课程实施与师资培养一体化。提高课程实施的水准，是地方课程管理的主要职责。在课程实施上有三种基本取向，即“忠实取向”、“相互适应取向”和“课程创生取向”。忠实取向认为课程实施即忠实地执行课程变革计划的过程。衡量课程实施成功与否的基本标准即是课程实施过程对预定的课程变革计划的实现程度。显然，这种实施取向，将教师的角色定为课程计划的忠实执行者，他应当按照专家对课程教材的“使用说明”循规蹈矩地实施，否认教师的主体地位与作用，不仅对教师的专业成长极为不利，而且易使教师对课程改革产生抵触情绪，导致课程改革的失败。相互适应取向认为课程实施过程是课程规划者与课程实践者之间的相互适应过程。一个课程变革计划付诸实施之后会发生两方面的变化：一方面是原定的课程计划会发生变化，以适应各种具体实践情境的特殊需求；另一方面是现有的课程实践发生变化，以适应课程变革计划的要求。在相互适应过程中，教师变成了积极主动的“消费者”。课程创生取向认为，真正的课程是教师和学生联合创造的教育经验，课程实施本质上是具体教育情境创生新的教育经验的过程，现有的课程变革计划只是供这种经验创生过程选择的工具而已。① 课程实施的创生观认为，教师的角色是课程开发者。教师和学生成为积极建构教育经验的主体，他们在课程实施过程中共同成长。显然，这种课程实施中的创生取向具有浓厚的理想色彩，它要求教师不仅要善于对专家开发的课程作出正确的判断、选择和解释，更要善于根据具体情境的特殊需要创造自己的课程，对课程的实施提出更高的要求。目前，

---

① 张华：《论课程实施的涵义与基本取向》，《外国教育资料》1999年第2期，第31页。

它的推行范围是有限的。但是，它把提高教育质量的两个关键性因素——课程编制与教师培训紧密联系在一起，着眼于解决长期以来困扰课程变革的一个极为重要的师资问题。不管我们的改革构想多么美妙，在推进过程中，倘若将课程编制与师资培训截然分开，将会把广大教师置于被动地位，这样的课程改革必然要失败。课程实施的创生取向，要求我们正确理解课程的“法定”性质，要将课程标准视为一个不断发展的过程，而非一份静止不变的文本。地方教育行政部门只是提出面向全体学生的合格标准、指导意见，注重教育质量基本规格的督导评估，对教学过程实施间接管理，而赋予学校和教师充分的课程编制权、教材选择权，鼓励教师进行创造性的教学实践。

美国社会学家英格尔斯（Alex Inkeles）说过，如果一个国家的人民缺乏一种能赋予这些制度以真实生命力的广泛的现代心理基础，如果执行和运用这些现代制度的人，自身还没有在心理、思想、态度和行为方式上经历一个向现代化的转变，失败和畸形发展的悲剧结局是不可避免的。最完善的现代管理方式，最先进的技术工艺，也会在一群传统人的手中变成废纸一堆。① 地方课程行政部门在领导、引入、支持、维系课程改革计划的过程中起着重要的作用。

建立与课程改革相配套的组织和管理制度，是课程改革的重要组成部分。课程改革实验区的经验告诉我们：课程改革必将涉及组织的建构与制度的建立健全。一是组织建构。组织就是按照目标合理地设置机构、建立体制、分配权力、使用人员等，建立组织的目的是保证课程政策有效的执行。组织的建立必须以“高效、合理”为核心，对组织或系统的每一个部门和每一个岗位都要有清晰的任务分工和责任要求。英国政府在 20 世纪 80 年代进行的课程改革中，就非常重视对相关机构的设置，在设立国家课程委员会的同时，还设立了“学校考试和评定委员会”，主要职能是负责考试和评定工作的审核。系统科学认为，任何事物或系统，其内部结构对其整体功能有很大

① 鲁洁，吴康宁：《教育社会学》，人民教育出版社 2007 年版，第 317～318 页。

的控制作用。县级教育行政部门必须根据课程政策的总体要求，按照不同方面、不同层次加以分解，根据分解得出的具体人物设置相应的部门和单位，同时授予这些部门单位以相应的权力，明确规定他们应履行的责任，做到分工合理、授权相当。尤其是要明确县、乡的职责，充分发挥县、乡的优势。二是制度建立健全。科学合理的制度有利于政策执行的顺利进行，这就需要县级教育行政部门能够根据本县的实际情况进行制度创新，其中包括管理制度、人事制度、培训制度、督导评估制度、问责制度等等。制度创新首先要从实际出发，针对新情况进行建立，而不是越多越好；其次要加强制度的修订、补充和完善，制定科学、合理的制度，尤其是对政策执行者的权利、义务应予以明确界定。三是要鼓励政策执行者的创造性，建立权威有效的制度来促进政策的有效执行。制度建设不是简单的重新建立几项工作制度，而是通过对制度的理念、内容、结构、运行程序等进行的全方位变革。因此，县级教育行政人员需要在课程政策执行过程中不断完善相关的制度，从而使制度的建立与课程改革的观念相辅相成。

对于学校而言，课程实施管理系统是学校全部课程实施的管理执行系统，在隶属关系上，该系统也接受课程管理规划决策系统的领导。该机构的系统应包括两个层次，即教导处（教导室）和教研组（年级组）。教导处（教导室）的职能是：计划、执行、检查、评估全校各门课程教学的实施及各教研组（年级组）的课程教学管理工作；组织协调全校各教研组（年级组）之间的各项与课程教学管理有关的事宜，以及本文第二个大问题中所有与学校课程相关的具体教学事务的管理。教研组（年级组）的职能是：制定好学年及学期教学进度计划、教学研究活动计划；指导教师教学环节的各项工作；及时反映课程实施过程中出现的问题及教师的教学需求；研究学生的学习情况；组织各学科教师之间的教学合作。

四、义务教育课程政策评估的模式

课程政策评估有 CIPP 模式、过程模式、整体分析模式及回应模式等四种模式。

(一) CIPP 模式

CIPP 模式(亦称为背景—输入—过程—输出模式)是由美国著名教育评价专家斯塔弗毕姆(D. L. Stuffebeam)及其同事于 20 世纪 60 年代末 70 年代初确立起来的。斯塔弗毕姆认为："评价是提供有用资料以作决定的过程。"①课程政策评价包括背景评价、输入评价、过程评价和成果评价四个组成部分。背景评价是指对政策方案出台的背景及政策方案目标确定的依据的分析和评价。输入评价是指对几种备选政策方案加以分析评价，以选出最佳的政策方案的活动。如有哪些政策方案，哪种政策方案更加经济、有效，符合目标要求如何实施这一方案。过程评价是指对所确定的政策方案实施过程的评价。如方案的进度如何，是否按计划实施，是否需要修正，经费支出情况如何等。成果评价是指对政策方案的实施结果所进行的评价。成果评价的目的在于评价政策方案的实施效果，从而判断方案是否达到了预期目标，并决定是否继续、中止或修正课程政策。CIPP 模式把过程改良视为评价的主要任务，具有很强的实践性、系统性和可操作性，因而在教育实践中广受欢迎。美中不足的是，它有一种迎合实践的倾向，缺少对实践的反思与批判。

(二) 过程模式

过程模式把评价活动贯穿于整个课程政策运行的过程，可分为预评价、执行评价和后果评价。

预评价是指在课程政策执行之前对课程政策方案所做的分析，包括价值分析、可行性分析以及后果预测分析。课程政策的价值分析就是对课程政策方案满足社会或个人需要的程度分析。课程政策的可行性分析就是对课程政策方案得以进行的条件所做的分析。课程政策的后果预测分析就是对课程政策方案实施后所产生的后果进行分析，包括可能的政策投入和政策产出两个方面。

执行评价就是对课程政策实施过程中所做的分析。课程政策的执行评

① D. L. Stuffebeam(1966). A Depth Study of the Evaluation Requirement. Theory into Practice, 5(3), pp121～133.

价，一是要探讨课程政策执行活动是否确实影响到了政策对象，二是要分析课程政策执行过程中的执行行为和执行措施是否按课程政策设计的要求进行。R. A. Snyder 总结了政策执行评价所涉及的行为：① 督导并记录政策执行评价过程中依次所发生的事件、所采取的行动、所投入的资源（包括人力、物力和财力等）；② 根据政策预先设定的规范和要求，收集实际运作的情报信息；③ 发现或预测政策设计或执行中的缺陷和问题，提出补充和完善的建议；④ 将政策如何运作的信息反馈给执行人员，作为采取相应措施或调适运行机制的依据。①

后果评价是对课程政策实施后产生的结果进行评价，包括政策效益评价、政策效率评价以及政策影响评价等。课程政策效益评价是对课程政策执行后，实现课程政策目标的程度，是对课程政策达到预期目的的程度分析。课程政策效率评价就是对课程政策所产生的结果与投入量之间的关系所作的分析和评价，它通常以单位成本所能产生的最大价值或单位成果所需要的最小成本为评价的基本形式，可分为两个层次：一是课程政策执行机构及其工作人员的工作效率；二是一项课程政策的全部成本与总体效益之间的关系，评价的着重点是要使课程政策执行者用较好、较快和较省的方法来执行政策。课程政策影响评价就是对课程政策执行后对整个社会系统所产生的影响和变化所进行的评价。课程政策的影响包括长期影响与短期影响、直接影响与间接影响、具体影响与象征性影响、预期影响与非预期影响等。课程政策影响评价是要研究一项课程政策的净影响。所谓“净影响”是指该影响的产生完全是因为课程政策本身的缘故，而排除其他因素所起的任何作用。在过程评价模式中，预评价是基础，执行评价和后果评价是手段，都是为课程政策效率最大化服务的。

（三）整体分析模式

课程政策的整体分析主要包括以下三个方面：整体功能分析、整体层次分析和整体优化分析。课程政策的整体功能分析侧重于从课程政策的整体

① 袁振国：《教育政策学》，江苏教育出版社 2001 年版，第 350～351 页。

功能出发分析课程政策。第一，分析课程政策的整体功能如何，是利大于弊还是弊大于利。在对某项课程政策进行整体功能分析之前，先要找出该项课程政策所具有的全部功能，再来分析全部功能组成了怎样的整体功能，这样有利于对课程政策的整体认识和把握。第二，分析课程政策各个组成部分是否发挥了其应有的功能，对没有发挥应有作用的组成部分进行充实或调整，这样有利于强化整体功能。第三，分析课程政策各组成部分是否相互促进，相互促进能产生良好的整体功能；否则，必将削弱整体功能。第四，分析课程政策是否与政策环境相适应，即是否具备实施某项课程政策所必备的条件。如国家要求全国开设信息技术课，但许多中西部地区尤其是农村地区，最基本的教学条件都达不到，又如何开展信息技术课呢？

课程政策的整体层次分析侧重于从课程政策的内部层次出发分析课程政策，主要包括以下几个方面。一是分析课程政策是否具有合理的层次。通过分析，改进不合理的层次结构，这是课程政策整体层次分析的首要任务。二是分析政策之间是否界限分明，各层次之间界限分明，有利于避免因政策层次不清而引起的混乱。三是分析课程政策是否用不同方法解决了不同层次的问题。由于课程政策所要解决的问题具有层次性，对此，课程政策应加以区别，因问题而宜，采取不同的方法去解决。四是分析不同层次的课程政策目标是否服从、服务于课程政策的总目标。

课程政策的整体优化分析侧重于从优化角度来分析课程政策，可从以下几个方面进行：首先，分析课程政策实现了哪些方面的优化。由于课程政策是在众多备选方案中优化选择出来的，是针对众多课程问题中的某些问题而不是全部问题，因此，必须分析课程政策优化了课程中的哪些问题。这一分析包括：一是分析课程政策是否实现了整体功能的优化，即将某项课程政策放到课程政策体系甚至教育政策体系中去，看它是否与政策体系相协调，只有与政策体系相协调的政策才有利于实现政策的整体功能。其次，分析课程政策是否能不断完善和发展。最后，分析课程政策优化的代价。课程政策优化在实现一定优化目标的同时，必然要付出一定代价。因此，要对课程政策优化付出的代价与课程政策优化取得的效果进行比较，看这一付出是否值得。这里,政策代价应包含政策的全部成本,包括直接的与间接的、近期的与长远的、经济的与社会的各种投入,以及课程政策产生的负面效应。分析政策优化的代价,可使我们在评价政策时,充分考虑各种因素,以实现符合整体利益、长远利益和根本利益的优化。

课程政策的整体分析评价模式把课程政策作为一个整体来加以分析、评价,注重分析课程政策的整体功能、整体层次以及整体优化,为评价课程政策提供了一个全新的视角。但美中不足的是这种模式也存有其不足之处,如这种模式也同样存在着如何确定分析和评价的标准以及评价的结论是否可信的问题。与过程模式相比,这种模式带有更大的主观性,而这也正是这种模式的致命之处。美国学者杜恩(W. Dunn)认为,如果评价者将自以为是的价值标准等同于社会公认的价值观并应用于政策评价,那么无论使用多么精确的评价方法,其结论必然与公众的感觉大相径庭,是"假评估"。① 同时,评价者也可能会出于某种目的故意夸大或缩小、掩盖或曲解评价中的某些事实,导致评价从一开始就背离了实事求是的原则。

(四) 回应模式

"回应性评价"是斯太克(R. E. Stake)1973 年提出的,其后继者古巴(E. G. Cuba)和林肯(Y. S. Lincoln)进一步将其发展和完善。所谓回应模式,就是以所有与方案有利害关系或切身利益的人所关心的问题为中心的一种评价。实际上,政策是社会团体之间相互协商、妥协的产物,反映了社会团体的利益和要求。政策执行后,特定社会团体的需求被满足,就是政策的回应。政策对社会团体需求的回应是一个国家或政治体系赖以生存和发展的主要条件之一。人们的各种要求不断输送到政治系统中去,政治系统则不断输出各种政策去解决各种问题,满足人们的要求。

斯太克用类似于时钟的图形来表示回应模式的操作过程,被人们称为"评价时钟"②,见下图:

① W. Dunn. Public Policy Analysis: An Introduction, Englewood Cliffs New Jersey: Prentice-Hall, 1981. p343~345.

② 李雁冰:《课程评价论》,上海教育出版社 2002 年版,第 100 页。

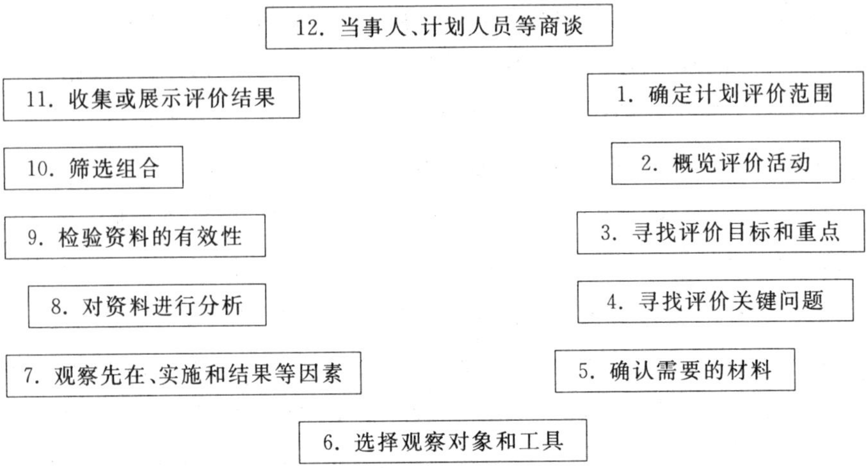

图 3-1　回应性评价模式图——评价时钟

12 时：评价人员与委托人、计划人员等商谈、确定评价的目的和意义，找出评价中的重要问题和事项。

1 时：确定评价的范围以及相应的评价事项或问题的特征。

2 时：概览整个评价活动。

3 时：与不同方面的参与者讨论，找出评价的真正目的和要评价的重点。

4 时：找出评价中的关键问题，并给予明确表达。

5 时：确认要收集的资料是否是真正需要的。

6 时：拟定收集资料的计划，包括制定观察计划、选择观察者和观察工具、选择样本等。

7 时：观察并探讨各种先在因素、实施因素及结果因素，探讨计划的理论基础等。

8 时：分析收集到的资料，准备描述计划或进行个案研究，同时分析计划的目的与资料间的符合程度以及三种因素间的联系，并作出适当的描述。

9 时：检验所收集的资料及作出的分析是否有效，即检验评价是否达到了向委托人提供服务的目的。

10 时：对各方人员的反应进行筛选，加以适当组合，通报组合的结果，以使评价产生最大的效果。

11 时：根据委托人的需要，准备正式的资料报告或展示评价结果。

需要指出的是,该时钟模式并不代表一种标准的操作程序,它只是提供了一种大体的框架,时钟所标的顺序并不是固定不变的,既可按顺时针方向进行,亦可按逆时针方向进行,同时还可跳跃进行。在回应模式中,通过对课程政策的全面分析,强调评价是为课程政策提供有用的信息,向委托人提供有用的服务,完全改变了以往的那种认为评价就是分析预定的政策目标实现程度的活动的观点。回应模式是一种动态的评价模式。然而,政策的回应并不能简单地等同于政治系统的输入与输出之间有求必应的平衡关系,因而保证课程政策具有较高的回应程度是一项较为复杂而困难的事。

以上谈到的课程评估的四种模式是针对一般的课程政策而言的,县域课程政策作为课程政策的重要组成部分,也可以用其四种模式来对县域的课程政策进行评估。

第四章
义务教育教师聘任制度与流动机制保障

教师是优质教育资源的核心因素，是实施教育发展战略的关键。《中国教育改革与发展纲要》中指出："振兴民族的希望在教育，振兴教育的希望在教师。"这充分肯定了教师在教育发展中的重要地位。教师的发展离不开教育政策的保障与支持。一个国家的教育政策是影响教师成长的宏观环境因素，它为教师成长提供物质和精神保障，赋予教师基本的权利和义务，体现国家和社会对教师的基本要求。① 教师政策是教育政策的重要组成部分，它是保障教师专业发展，建设高素质、高质量的现代化教师队伍的必然要求，教师政策研究也是教师发展研究和教育研究中的一个重要课题。

近年来，随着教育的发展与各项教育政策的实施，义务教育在国家整个教育发展中占有日益重要的地位及作用，"以县为主"的管理体制作用越加凸显。同样，县域在教师政策保障体系中的地位也越来越突出，在教师管理方面有了更大的自主权。从宏观方面来看，义务教育教师政策要与国家教师政策及省市级地方政策保持一致，是国家教师政策的执行者与实施的主体。从微观方面来看，义务教育教师政策要面向的是更基层的中小学校，直

① 赵昌木，徐继存：《教师成长的环境因素考察——基于部分中小学实地调查和访谈的思考》，《湖南师范大学教育科学学报》2005 年第 3 期，第 16～22 页。

接牵涉到学校及教职员工的具体利益。所以在教师政策的执行方面要根据地区经济发展水平及教师的实际状态来确定可执行性及可操作性。

第一节　义务教育教师任用制度

教师任用是教育人事管理中的关键环节，是教师质量保障体系的重要支撑，它对严把教师入口关、优化教师队伍、优选教师人才等具有重要的意义，是教师队伍建设与管理的基础。发达国家都非常重视教师任用制度的建设，以确保本国教师队伍的素质。我国现行的中小学教师任用制度，包括教师资格制度、教师聘任制度、教师职务制度。①

- 中小学教师任用制
  - 教师资格制度
    - 制定严格的培训要求与考试标准
    - 加强职业能力考核与测评
  - 教师聘任制度
    - 建立中小学教育行政部门与校长合作的教师聘任制度
    - 中小学教师聘任保障制度
    - 学校教师聘任保障制度
  - 教师职务制度
    - 严格核定职称指标，优化教师职称结构
    - 实施评聘分开，严格任期考评
    - 出台相关配套政策保障职称评定进行

图 4-1　义务教育教师任用制度体系

一、义务教育教师任用制度的沿革

我国的教师任用制度形成于建国初期，随着教育的发展，我国的教师任用制度也发生了很大的改变。从县域的角度来分析，当前的教师任用制度主要体现为以下三个方面：

① 陈韶峰：《中小学教师的任用及其纠纷处理》，载丁钢主编：《中国教育：研究与评论》(第 9 辑)，教育科学出版社 2005 年版，第 3 页。

1. 教师身份的变化引起教师任用制度的转向

教师身份由“国家干部”向“专业人员”转变。新中国成立以来，教师一直被当成国家干部，教师的身份是国家工作人员，教师与教育部门的关系属于行政隶属关系。《教师法》规定：“教师是履行教育教学职责的专业人员。”教师身份的变化其实质就是教师职业性质的变化。教师由“国家干部”向“专业人员”的转向，在任用形式上表现为由教师任命制度向教师聘任制度转变。由于新中国成立以来，教师被当成国家工作人员，教师的任用主要是通过行政命令的形式来执行。而《教师法》确立了教师的专业人员身份，并规定“学校和其他教育机构应当逐渐实行教师聘任制，由学校和教师签订聘任合同，明确规定双方的权利、义务和责任”。由此，教师的任用由最初的任命制转变为了现在的聘任制。

2. 教师管理由行政管理向合同管理转变

任命制制度下的教师与教育行政部门是行政隶属关系，而聘任制的实施使得原有的这种关系不再适用，教师与学校及教育行政部门之间形成了劳动合同关系、契约关系。

3. 学校及教育行政部门职能的变化

任命制下的学校没有人事权，人才的去留与管理均由上级教育行政部门指任。而教师任用制度的变化给了学校更多的人事权、聘任自主权。自从1985年《中共中央关于教育体制改革的决定》颁布后，我国便逐步在中小学推行校长负责制。1999年《中共中央国务院关于深化教育改革，全面推进素质教育的决定》指出：“中小学根据学校编制聘用考核，可面向社会公开招聘，经县以上教育行政部门审批。”一系列政策的出台，使得义务教育学校有了人员的聘任权。实施教师资格制度以后，教师流动有了很大的自主权，学校与教师之间逐渐形成了适应市场经济的人才双向选拔制度。与此同时，县级教育行政部门的职能也在发生相应的变化，对教师的管理由完全的行政管理向监督指导转变，对教师的管理由直接管理向通过学校进行间接管理的方式转变。

教师任用制度的沿革，使义务教育学校和县级教育行政部门在教师人事管理上的职能悄然发生改变。然而，在教师任用制度改革过程中，依然存在一些问题，主要表现为教师资格制度的不完善，聘任程序的不规范，综合配套的改革措施不健全等。许多问题的出现暴露出我国现有义务教育教师任用制度的诸多不完善，因此需要我们进一步探讨解决方法与对策。下面我们从教师资格制度、聘任制度及职务制度三个方面来进行探究，并通过相关案例来探索各地在教师任用制度上的实践。

二、义务教育教师资格制度

1986 年颁布的《中华人民共和国义务教育法》第十三条明确规定："国家建立教师资格制度，对合格教师颁发资格证书。"1993 年通过的《中华人民共和国教师法》第三章第十条也明确规定："国家实行教师资格制度。"实施教师资格制度有利于把住"入口关"，解决不合格教师问题，优化教师队伍，提高教师队伍的整体素质。①

1. 县级教育行政部门在教师资格制度中的地位与权限

我国的教师资格认定权限是根据教师资格种类区分的，实施分级认定。高等学校教师资格由省教育行政部门的教师资格认定机构认定，高级中学教师资格、中等职业学校教师资格、中等职业实习学校实习指导教师资格由市教育行政部门的教师资格认定机构认定，幼儿园、小学、初级中学教师资格由县(市、区)教育行政部门的教师资格认定机构进行认定。可见，县级教育行政部门在义务教育阶段的教师资格认证方面负有主要职责。中小学教师资格认证虽然处于教师资格认证体系的最基层，但义务教育阶段担负着我国义务教育的重任，中小学教师资格认证的好坏与得失极大影响着义务教育教师队伍的素质，进而影响着整个义务教育工程。

2. 中小学教师资格认定中存在的问题

目前，教师资格制度在我国已经实施了十多个年头，为我国的教师队伍建设和教师专业化发展奠定了良好的基础，然而当前我国的教师资格认定

① 朱保江:《依法实施教师资格制度，加强教师队伍建设》,《中国教育报》2003 年 3 月 8 日第 3 版。

制度还存在相当多的问题。教育部副部长袁贵仁（现任部长）在《2005年度教师教育工作会议上的讲话》中指出：我国教师资格制度存在着学历标准要求过低、教师资格终身有效、考试制度缺乏规范、认证制度不够完善等问题。

从县域的角度来分析，由于幼儿园、小学及初中教师的资格认证由县级教育行政部门负责，存在的问题也比较多，如认证标准的不统一、认证流于形式、认证培训不规范等。如果只有考核结果认定而没有教育培训过程的认定，那么就难保资格证的含金量。目前资格认证处于从无到有逐步完善的过程，认证要求口径较宽，从条例要求、实际的测评和认证过程看，一般学历合格、普通话过关基本能满足要求就能获得资格，降低了资格证的权威性。再加上培训课程要求不高，课程培训由当地教育行政机构直属的教师进修学校负责，考核方主管培训容易变成考前辅导班，流于形式。①

3. 中小学教师资格制度的完善

县级教育行政部门要加强对教师资格制度的审查与监督。严格遵守国家制定的教师资格条例标准，对在学历、培训等相关方面不符合标准的申报人员实行一票否决。同时，县域要在国家《教师资格条例》基础上，探索完善与严格教师资格认证的方式方法。

（1）在资格认证的培训与考试方面，要建立严格的培训要求与考试标准。《教师资格条例》第九条规定："教师资格考试科目、标准和考试大纲由国务院教育行政部门审定。教师资格考试试卷的编制、考务工作和考试成绩证明的发放，属于幼儿园、小学、初级中学、高级中学、中等职业学校教师资格考试和中等职业学校实习指导教师资格考试的，由县级以上人民政府教育行政部门组织实施。"县级在组织教师资格考试时基本上以县为单位各自为政，缺乏统一标准。因而，县与县之间至少要在本省的范围内保持统一要求，这就要求各县之间在教师资格培训与考试中要加强沟通，力求标准的统一。另外，教师培训一般由县级教师进修学校负责，而考试的任务通常也会落到教师进修学校上。培训与考试机构不分，造成了两者难免会流于形

① 高葵芬：《教师资格证书制度的政策分析与建议》，《教育与职业》2005年第2期，第60～62页。

式，不利于真正考核申请人员的真实素质。所以，县级教育行政部门可以把教师培训的任务交给教师进修学校，同时规定培训教师的标准，并建立对教师进修学校培训质量的考核要求，同时在教师资格认定机构里单独设立考试机构，负责教师资格考试和对教师进修学校的考核。

（2）加强对申请教师资格人员职业能力的考核与测评。审视我国《〈教师资格条例〉实施办法》中的教师资格认定条件，仅对道德、学历、普通话水平、身体条件做出了具体规定，而对于其中最重要的，承担教育教学工作所必需的基本素质和能力条件并未做出具体规定。① 对教师能力素质的考核仅仅是以通过教育学、心理学考试的形式，缺乏对教师职业能力的测评。教师职业是一种特殊的职业，对从业人员素质有着特别的要求，并不是学历达标就可以成为一名优秀教师。根据职业测评理论的研究，一定的职业与一定的个体要相互匹配，才能更好地促进个体发展，同时提高职业的竞争力。因而，县级教师资格认定管理机构要设立教师职业测评中心，对申请教师职业的人员进行相关职业能力、职业倾向等的测评，为义务教育的发展优选人才。

三、义务教育教师聘任制度

随着我国经济体制改革与教育体制改革的需要，我国正在逐步转变传统的教师任命制，而向教师聘任制转向。《教师法》第 17 条规定："学校和其他教育机构应逐步实行教师聘任制。"当前，越来越多的学校开始实行教师聘任制，它的实施直接关系到能否建立一支素质优良、结构合理、相对稳定的师资队伍。教师聘任制的改革与完善不仅关系到广大教师的切身利益，也关系到各级各类学校的教育质量。

1. 中小学教师聘任制的实施主体及权限

1999 年《中共中央国务院关于深化教育改革，全面推进素质教育的决定》指出："中小学根据学校编制聘用考核，可面向社会公开招聘，经县以上教育行政部门审批。"可见，教师聘任制实施的主体应该是学校，聘任教师的

① 张洁：《当前我国教师资格制度存在的问题》，《中国教师》2005 年第 11 期，第 55～56 页。

人事权由校长来决定，通过和教师签订聘任合同来实施教师人事管理。县级教育行政部门的主要工作是审核编制和监督学校聘任制的实施，并不具体干预教师聘任的实行。

2. 当前中小学教师聘任制中存在的问题

校长负责制下的教师聘任制的实行，是我国教育人事管理改革的重要环节，提高了学校的自主权，增强了教师工作的积极性，形成了良好的与市场经济相适应的人才竞争机制。但在教师聘任制实施的过程中，也出现了一些问题，甚至引起了教师和校方的纠纷。究其原因，可以概括为两个方面。其一，聘任制度自身的不完善。现行教师聘任制在聘任权限、聘任期限、聘任程序等相关方面缺乏统一标准，目前尚未有国家在此方面的具体法律规定，这客观上造成了聘任制的随意性强和法律保障的缺乏。其二，聘任执行过程中的不规范。由校长全员聘任教师，而教育行政部门只负责审批，容易在聘任过程中滋生一些不和谐，甚至有时会歪曲了教师聘任制实施的初衷。因而，加强对校长负责制下的教师聘任制的监管是非常有必要的。

3. 中小学教师聘任制度的完善

(1) 明确教师聘任制的权限，建立县域教育行政部门与校长合作的教师聘任制度。鉴于我国目前的经济发展水平还较低，地区差异较大，而我国的小学及初中皆属于义务教育阶段，如果由各校校长掌握聘任权，条件好的学校、社区将吸引大批优秀教师，而条件差的学校、社区则只能聘用素质较差的教师，从而难以保证义务教育的公平性。因此，中小学教师聘任权不能像经济领域中的人员聘任那样，落实或下放到太低的管理层次。[①] 根据国外的经验并结合我国的实际情况，应把中小学教师的聘任权由县级教育行政部门与校长结合起来，形成一个相互制约、监督的机制，以保障教师的权益，保证受聘教师的素质，防止腐败现象产生。教育行政部门要根据学校的编制，确定教师人数，不能超编也不能无故缺编而用代课教师；要审定应聘人员的教师资格和能力；根据所需要数目按一定比例公开招聘、择优选用，再由校

① 林守忠：《中小学教师聘任制度的完善》，《现代教育论丛》1999 年第 6 期，第 28～30 页。

长与应聘者面洽，由校长决定聘谁。应聘者一经试用合格，签订聘任合同，校长要对所聘者负责，不得随意解聘教师。这样实际上是由教育行政部门和校长共同决定教师的聘用。教育行政部门对应聘者的素质进行把关，但没有最终决定权，而校长有最终决定权但要负相应的责任。①

(2) 建立和完善与教师聘任制度相配套的各项制度措施。

第一，改革与完善校长负责制。校长负责制是实施教师聘任制的基础，县级教育行政部门要改革校长的选拔任用制度，采用群众推荐、公开招考、组织考核的方式选拔一批教职工信赖的优秀校长。要在明确规定校长责、权、利的同时，提出校长的义务和任期目标。

第二，县域教育行政部门要建立系列聘任保障制度。包括编制核定制度、教师考核制度、违约责任制度、教师申诉制度及落聘教师流动制度等，并制定具体规范，下发到学校，监督其实施。

第三，学校要探索和完善各项聘任保障制度。在县级教育行政部门的监督与管理下建立教师岗位制度及具体的教师考核制度，形成严密的目标责任体系；明确量化考评标准，保证教师聘任的公开、公正、公平；健全监督约束机制和校内人事纠纷仲裁制度。当前在教职工聘任工作中，要强化学校党支部的保证监督职能和教代会的民主管理职能，学校的聘任政策和方案必须经党支部和教代会审议通过后实施。②

案例：×县(区)教育局关于××学年教职工聘任工作的实施意见

一、工作原则

(一) 公开公正，集体研究的原则

(二) 双向选择，合理流动的原则

(三) 定编设岗，相对稳定的原则

(四) 严格把关，择优聘任的原则

① 王洪斌，刘朋：《我国中小学教师任用制度改革的几个问题》，《江西教育科研》2001年第5期，第25～27页。

② 易国斌：《农村中小学教师聘任制的实践与思考》，《教学与管理》1999年第10期，第10～12页。

二、教职工聘任办法

（一）组织领导

各校要成立教职工聘任领导小组，成员由校党、政、工和一线教师组成，人数7～13人，报局同意后开展工作。

（二）聘任工作时间安排

第一阶段（7月1日—7月12日）：7月10日前，各校要在认真做好学年度教职工考核的基础上，按照本校制订的教职工聘任实施办法，对所属学校的教职工聘任与否予以确定，学校聘任小组集体讨论决定受聘人员，并由学校校长发给聘书。于7月12日前将聘任情况汇总表（附表一）报局人事监察科。

第二阶段（7月13日—7月20日）：各镇学校之间聘任和各街道学校之间聘任。尚未聘足核定可聘人数的学校，可在街道之间或镇属学校之间聘任教职工（在街道外聘任的必须参加考试）。接收学校须于7月21日前将向其他核编单位聘任的教职工的《双向选择意向表》（附表二）报局人事监察科，经局审核同意后方可聘任，发给聘书。

第三阶段（8月1日—8月15日）：应届师范类毕业生报到，组织应届师范类毕业生上岗培训，组织应届师范类毕业生进行测评排名，根据排名情况由区教育局按照程序择优分配到有关学校。

第四阶段（8月21日—8月25日）：未聘人员按照区委办、区府办《关于印发××区中小学校长负责制和教职工聘任实施办法的通知》（×区委办[2002]92号）规定办理，转入待岗。也可以与本单位继续协商，选择以下三种意向重新安排工作，一是要求在原校工作，服从原校安排，由原校给予试聘或高职低聘；二是在中心校工作的可调到完小工作；三是主动要求调出并服从教育局统一安排，并服从新单位工作分配。

（三）教职工进街道学校应聘条件和办法

1. 基本条件：(1) 男性不超过50周岁，女性不超过45周岁，在镇属学校工作满3周年以上；(2) 与原单位合同到期，且原单位同意不再签订聘用合同，或合同未到期，与原单位协商一致，双方同意提前解除聘用合同的教师；

(3) 各校私自借用至城区学校工作的人员当年不得参加进城区应聘。

2. 必备条件。在符合基本条件的同时，必须具备以下条件之一。(1) 必须取得高一级学历(即初中教师必须取得本科及以上学历；小学教师必须取得大专及以上学历)；(2) 正在参加进修高一级学历(要求有6门结业)且是区教学大比武二等奖及以上获得者。

3. 组织进街道学校教师文化考试和业务考核。文化考试采用闭卷形式，占40%；业务考试采用说课形式，占60%；根据考试和考核结果择优确定应聘人选。

4. 省级教坛新秀、教学大比武二等奖以上获得者，经局党委研究，可免试优先进入街道学校应聘。

5. 获区级教坛新秀、区教学比武二等奖及以上者、被评为中级职称及以上者，在获得荣誉或评上职称后须在当地学校服务二周年方可流动。

6. 进街道学校应聘程序：

(1) 街道中小学于6月20日前教师缺岗情况上报局人事监察科。汇总后局于6月底前予以公布。

(2) 符合进城区应聘条件的教师填写《教职工调动聘任意向表》(附表二)于7月5日前到局人事监察科报名。

(3) 根据学校教师需求量设定考试岗位，按岗考试。

(4) 在区教育局统一组织测试的基础上由各校择优确定聘任人选，并予以公示。街道学校进入必须从应聘人选中聘任；被聘教师不得拒聘，并服从聘任学校分配，否则取消进街道学校应聘资格，并由未入选的报名者成绩从高分到低分替补应聘。对不服从聘任和分配的教师2年内不准参加进城区考试。

三、其他

(一) 教职工跨区调动工作按某政办[2001]107号文件精神执行。

(二) 私立学校的教师属区师资交流服务中心管理，今年不得在本区内其他学校进行双向聘任。对在私立学校工作的公立教师必须办理调动手续，局里派到私立学校工作的校级领导和党的工作人员可暂不办理调动手续。镇属公立学校确需聘用在私立学校工作的公立教师，待该教师考核合格后，报局党委研究同意再聘。

（三）高中段学校不能自行聘用初中段教师，区教育局将根据实际情况通过考试择优选拔。

（四）原学校积极培养教师，并按规定给予一定的经济报销的，继续实行双向聘任中骨干教师流动给付培养费的规定。

（五）师范类毕业生聘任

1. 师范类毕业生，实行学校与毕业生本人直接见面、指导性与双向选择相结合的办法。

2. 师范类毕业生到街道学校应聘基本条件原则上参照×政办发[2001]107号文件。

3. 为大力发展高中段教育，各高中阶段学校可经区教育局同意后，从外地引进急需专业的应届师范类毕业生到校任教。

4. 应届师范类毕业生须于8月3日前到局人事监察科报到。

（六）清理在编不在岗人员。为了理顺长期离岗人员的人事关系，加强人事管理工作，局里将对除内退以外的在编不在岗的人员进行全面清理，包括领办校企、外借、长期病假、擅自离岗等人员，请各校认真核对，并仔细填写《××区教育系统离岗人员情况表》，务必于7月10日前交局人事监察科。

（七）本意见未作规定的事项均按区委办、区府办《关于印发××区中小学校长负责制和教职工聘任制实施办法的通知》（×区委办[2002]92号）执行。教职工聘任工作，政策性强，涉及面广，为全社会所关注。要求各校必须加强领导，严肃纪律，严格把关，照章办事，做到集体研究，公正公开，自觉接受社会和群众监督，确保聘任工作顺利进行。

（资料来源：江琴平、江旭红编著《教育人事管理》，浙江大学出版社，2006年版，第74～76页。）

四、义务教育教师职务制度

1986年5月19日中央职称改革工作领导小组转发了原国家教委颁布的《中小学教师职务试行条例》，从那时我国开始实施教师专业技术职务聘任制度。《中华人民共和国教育法》第34条规定："国家实行教师资格、职务、聘任制度。"《教师法》第三章第十六条也规定："国家实行教师职务制度。"

教师职务制度即教师专业技术职称评聘制度。专业技术职称是衡量教职工的学术或专业技术水平的一种称号。教职工拥有何种专业技术职称，表明他具有何种学术水平或从事何种工作岗位，象征着一定的身份。教师职称评定制度的实施到今天已经有二十多年，提高了教师的专业地位，调动了教师工作的积极性，对我国教师队伍建设和专业化发展产生了深远的影响。在当前的教育人事制度改革中，教师职务评定也是其中的重要构成因素，它涉及到教师的切身利益，政策性极强。

1. 教师职务制度实施过程中存在的问题

教师职务制度在实施过程中，由于自身的评审政策、运行机制及相应的保障机制不健全，使得我国实行的教师职务制度还不是真正意义上的教师职务聘任制，主要表现在：

(1) 没有真正理解教师职务聘任制的实质，将评定教师的任职资格等同于聘任教师的职务，即"评定资格"与"聘任职务"应该分开却没有分开。

(2) 教师的职务聘任与教师履行岗位职责出现分离状态，也就是说只聘任教师的职务，而没有注重考核教师是否履行相关的岗位职责，即"聘任职务"与"履行职责"应该结合的却没有结合。①

(3) 教师职称评定终身制存在着诸多弊端。能上不能下的教师职称评定制度，一方面间接地造成了教师职称结构的不合理，高级职称、中级职称数量越来越多，与初级职称之间数量比例过大，造成了地区之间，尤其是城乡学校教师之间在职称结构上呈现一种倒金字塔的形状。另一方面，中高级职称的终身制影响到了教职工的积极性，在未评获高级职称之间工作努力，评上之后工作动力减少，甚至故步自封从而不思进取，导致工作业绩下降。

(4) 其他问题。包括评审程序的不规范，落聘教师的安置问题，以及评

① 章立早：《实行真正意义上的教师职务聘任制之对策》，《现代中小学教育》2001年第12期，第49～51页。

审中出现的诸多纠纷等等众多问题。这些现象和问题束缚了教师的积极性，既不利于教师人事改革的顺利进行，也不利于教师的专业化发展。

2. 中小学教师职务评聘制度的构建与完善

县域在中小学教师职称评定工作中居于承上启下的地位，既要严格执行国家相关政策标准，又要根据义务教育实际灵活地运用和实施。可以说，县域是实施教师职务制度的主体和关键。县级教育行政部门在教师职务评聘制度中承担着多样化的职能。构建完善的中小学教师职务评聘制度，有利于顺利地开展教师职称评定工作，调动广大教师工作的热情和积极性，也有利于促进县域内教师的合理流动，对教育事业的发展具有深远意义。

(1) 严格核定职称指标，优化教师职称结构

县级教育行政部门要与人事部门合作，严格核定教师编制和职称比例，制定合理的教师职称指标分配办法，使高、中、初级职称教师保持合理的比例。

教师职务设岗比例，要严格按照人事与教育部门规定的岗位管理办法执行。对于一些已经超过结构比例的学校，要逐步压缩到结构比例以内。这些学校主要是县域内的一些重点学校。由于重点学校在工资待遇及其他相关待遇方面的优越地位，拥有众多优质教育资源，而我国教师流动性不强，尤其是重点学校多存在着只进不出的情况。这样一来，中、高级职称教师的人数经年增多，已经远远大于其他学校的教师职称比例，这种不合理的职称结构一方面难以再调动教师工作的积极性，容易滋生消极怠工的思想与行为，另一方面也造成了校际师资发展的不均衡。

针对当前农村学校、薄弱学校职称结构偏低的现象，县级教育行政部门要有针对性地加大对农村学校教师职称的比例，逐步提高农村学校及薄弱学校教师的专业技术职务。我们知道，教师职称指标的分配是层层下达的，即每年职称指标都是由省下达到市，市到县，县到乡镇，最后由乡镇再到学校。这样往往会在县和乡指标下达时呈现“锅底效应”[①]：靠近“中央”的指标

① 刘航：《农村中小学教师职称评定制度的问题与对策》，《现代教育科学·小学校长》2007年第2期，第39～40页。

往往较多，如驻城学校、驻乡镇学校指标往往高于其他农村学校；重点学校高于一般学校；中心学校高于村小学校。教师职称分配上的不平等不但大大削弱了农村教师工作的激情和动力，而且间接地促使教师向条件更好的学校或地区流动，造成了农村教师资源日渐匮乏，加剧了师资力量的不均衡。因而，县级教育行政部门在分配教师职称指标时要有意识地加大农村薄弱学校的名额，以利于教师队伍的稳定，并为吸引到优秀教师人才加盟农村教育创造良好条件。

(2) 实施评聘分开，严格任期考评

要充分调动教师工作积极性、主动性，县级教育行政部门必须要改革现有的职称评定制度，实施教师职称评聘分开，并加强对教师职务任职期内的考评。评聘分开是指专业职称任职资格的评审与专业技术职务的聘任相分离的一种评聘形式。鼓励聘任学校打破固有的职称评聘合一的现状，使教师的职称评定与教师职务聘任分开。可以只评不聘，同时也可以高职低聘或者低职高聘。

制定教师职务任期考核制度，对任期内的教师进行严格考评。考评结果优质者，可以获得续聘机会，也可以对优秀教师实施低职高聘。对任职期内考评结果不合格者，可以低一级聘任。这种评聘分开的动态管理方式，可以有效地消除教师职称评定所带来的职业倦怠，激发教师的竞争欲望和工作热情。

(3) 出台相关配套政策，保障职称评定进行

为有效落实中小学教师职务制度，县级教育行政部门要制定系列的保障制度，确保教师职务评聘的顺利进行。

第一，县级教育行政部门要加强对学校的宏观管理，真正落实校长负责制。各学校要在县级教育行政部门的统一领导下，制定可行的教师定编设岗方案，根据实际工作需要定编设岗，并制定科学的教师考核细则。校内要组建教师职称评审委员会，对参与教师职称评定的教师实行“四公开”——评聘指标公开、评审程序公开、参评人员材料公开、评审结果公开。

第二，建立教师职称评聘工作的监督机制和保障机制。教师职称评定

“评聘分开”后，可通过教育督导、信访等部门，加大对教师职称的“评”，特别是“聘”方面的监督检查力度。同时，县级教育行政部门要设立教师申诉制度，负责受理教师在职称评聘、考核奖惩等方面的意见和申诉。① 同时，在各学校内设立人事调解小组，对教师与学校在职称评聘中出现的问题与纠纷，可以先在学校内部调解，在无法解决的情况下，可以向县级教育行政部门申诉或向县人事争议仲裁机构申请仲裁。

案例：×县关于2006～2007学年中小学（幼儿园）

教师职称评审工作安排意见的通知

各中小学校：

根据×教职改[2006]4号《关于2006～2007学年中小学教师职称评审工作安排意见的通知》精神，结合我县中小学实际，经研究，现将2006～2007学年××县中小学（幼儿园）教师职称评审工作安排意见通知如下：

一、教师职务任职资格评审政策

2005～2006学年继续执行×教职改[1998]19号、20号、50号和×人发[2004]144号，以及×教职改[2000]13号、14号、×教人[2001]20号等文件的有关规定。同时，结合目前评审工作实际，对有关规定补充如下：

1. 申报对象必须具有相应的教师资格证书。

2. 申报对象的教师职务任职资历应从批准确认任职资格之日起算，教师职务任职年限、表彰时间、送审代表作[发表时间以期刊（汇编）出版日期为准]、继续教育、班主任工作年限和计算教学工作量的截止时间为申报当年的8月底。

3. 近五年累计完成继续教育学时数总量要求，同时完成×教人[2004]62号《关于××市中小学校教师实行继续教育学时计算与登记管理有关规定的通知》所规定的相应一、二类学时数。

4. 为理顺中等职业学校教师职务评聘工作，从今年起职业高中、职业中专的教师必须参加中等职业学校（即原中专）教师职务系列的评聘。取得中

① 江琴平、江旭红：《教育人事管理》，浙江大学出版社2006年版，第126页。

学教师职务任职资格，今年已具备晋升中等职业学校教师职务条件的教师，可直接申报晋升中等职业学校教师职务任职资格。

5. 1957 年 1 月 1 日后出生的人员，申报教师职务任职资格，必须取得国家规定的合格学历。原已参加高校 4～6 门本、专科主要课程进修，仅作为继续教育学时，不视为合格学历。

6. 申报中学教师、中专学校教师职务任职资格，如果学历层次符合要求，但所学专业与拟聘职务岗位的专业不一致或不相近的，要经相应层次的高校进修并取得所教学科(课程)的结业证书。

7. 专职担任电教、实验、劳技、信息技术课和心理健康咨询教师，班主任工作不作必备条件。

8. 在 2004～2006 学年职称评审中因送审代表作抄袭他人而未通过的人员，取消其申报资格。

9. 学校职称推荐组应对每位申报对象进行说课业务考核，考评结果供学校推荐时参考。

10. 严格实行申报材料公示制度。各单位在申报材料和推荐材料正式上报前，应将申报者本人填写并拟上报的《申报教师职务评审简明表》在本单位张贴公示 7 天以上。材料真实、符合申报条件、群众无异议的，方可推荐上报。所在单位应在申报者的推荐意见栏中注明“经公示(公示期为××年××月××日至××日)，材料真实，符合×级教师职务任职资格申报条件，同意推荐”，未经公示的申报材料不予受理，经公示后的申报材料不得更改。

11. 各单位要认真做好评审和评议推荐工作，对申报人员的条件，要认真审核，严格把关。申报材料须经学校、县教育局、人事局职改部门审核，签注意见并盖章。申报评审的材料应齐全，并在材料袋封面上贴上(或填写)内装材料清单，注明学校经办人的联系电话。因材料不齐全，影响资格评审的，由申报人和所在学校自行负责。

12. 根据省、市要求和×教人[2005]38 号《关于城乡教师“校对校”交流的实施意见》精神，城镇中小学教师申报中学高级教师任职资格者和城区 40 周岁以下的中小学教师申报中级教师职务任职资格者，其任初、中级职务期间，应有在农村学校任教一年及以上的经历。

二、评审工作时间安排

1. 凡上报省教育厅评审的送审材料，请于10月18日前报送市教育职改办；凡上报市评审的中、高级送审材料，各校应于12月8日前报送县教育局职改办（具体时间安排附后）；凡上报县评审的初级职务送审材料（含确认对象的），各校于2007年3月1日前报送县教育局职改办。

2. 2006～2007学年申报参评市教育局组织评审的中学教师高级职务任职资格的送审代表作的鉴定工作提前到各单位评议推荐工作之前。具体时间安排如下：

10月30日之前，市教育职改办接收送审代表作，要求有关学校应在10月20日前将送审代表作上报县教育局职改办（逾期不予受理）。

11月1日～15日市教育职改办组织专家鉴定送审代表作。

11月30日前代表作鉴定意见反馈有关单位，以便各单位及时开展评议推荐工作。

三、中小学教师职务评审权限

1. 由省厅组织的评审范围：

(1) 中学音乐、美术、劳技等学科教师高级职务任职资格。

(2) 中学督导、实验、电教等专业教师中、高级职务任职资格。

(3) 小学电教、实验、督导等专业教师高级职务任职资格。

(4) 中等职业学校教师高、中级职务任职资格。

2. 由市教育局组织的评审范围：

(1) 中学政治、语文、数学、物理、化学、英语、历史、地理、生物、体育等专业高级职务任职资格。

(2) 全市中学各学科中级职务（不含没有评审权的学科）任职资格。

(3) 全市小学（幼儿园）各学科小学高级（不含没有评审权的学科）教师职务任职资格。

3. 由县教育局组织评审的范围：

全县中学、小学（幼儿园）教师初级职务任职资格。

四、申报中小学教师职务送审材料清单

1. 上报中学高级送审代表作必须提供的材料清单：

（1）由市教育局组织鉴定：① 经县教育职改办及有关学校审核并符合规定要求的代表作一式二份（代表作不填写单位及作者姓名）；② 中报中学高级教师职务代表作情况登记表一式一份；③ 教师职务简明表一式一份。

（2）由省教育厅组织鉴定的×教人[2006]89 号通知规定报送。此通知及有关表格可登陆××省教育厅网站，网址如下：http:/www. fjedu. gov. cn。

2. 正式上报参评教师职务任职资格的送审材料清单：

（1）任职期间年度考核表（每学年度 1 份，至少近五学年）。

（2）教师职务任职资格申报表（高、中、初级分别为 2 份、2 份、1 份）。

（3）专业技术职务评审表（高、中、初级分别为 2 份、2 份、1 份）。

（4）业务自传 1 份（要求打印）。

（5）代表作（中一、小一及以下正常晋升本专业 1 篇；中一、小一、超前、破格以及小高、中高正常、超前、破格晋升 2 篇），均应附原件（汇编或刊物）。中学高级（市评对象）还须附送审代表作专家鉴定意见书。

（6）申报中学高级教师职务或小学（幼儿园）教师高级职务人员，提供指导（培训）初级教师教育教学的有关材料。内容包括：学校出具指导新教师协议书或委托书，被指导者提供指导内容及成效的书面材料。

（7）申报晋升小学（幼儿园）高级、中学高级和超前晋升中学一级的人员，提供任现职以来，开过的观摩课、示范课或公开课的有关材料，材料包括：学校教务处公开课安排表，原公开课教案，公开课的评价意见。上述材料应经学校核定。

（8）其他文章、成果等。

（9）简明表（表式附后）市评高、中级每人一式 3 份；省评高、中级每人一式 35 份。

（10）花名册（表式附后）须电脑打印，按申报职务等级、学科归类一式 3 份。

（11）其他有关证件、证明：① 身份证、毕（结）业证书；② 具备规定学历，但所学专业与申报学科不一致（不相近）的，以及不具备规定学历的，须提交相应层次高校所学专业进修结业证书；③ 继续教育证书原件；④ 任职资格证书；⑤ 任职资历聘书及聘约合同；⑥ 表彰证书（奖状）；⑦ 教学工作量、班主任工作（异地调动的，由原学校单位出具）；⑧ 督学（督导、巡视、视导）及单位中层以上党政职务任命书；⑨"申报中小学教师职务说课业务考核情况表"一份。原件核对后留影印件各1份（省评的由市职改办或市教育职改办负责核对；报送市评的，由县职改办负责核对；县评的初级职务由县教育职改办负责核对）。

（12）评审教师职务任职资格的要提供2005～2006学年的原始教案，若该学年教案与申报学科不符时，同时提供申报学科最近一年的原始教案。进修学校（教研室）申报对象须提供2005～2006学年教学教研有关材料（年度业务工作计划、工作总结、讲座稿、听课笔记、教研报告等）。

（13）城区教师申报中学高级教师任职资格者，需提供县级以上教育行政部门出具的到农村学校任教一年以上经历证明。

附件：1. 上报市评材料验收时间安排表；

2. 评审简明表样式；

3. 申报教师人员花名册样式；

4. 申报中学教师高级职务代表作情况登记表；

5. 申报中小学教师职务说课业务考核情况表。

××县职称改革领导小组办公室

二○○六年十月十一日

（资料来源：宁化教育网 www.nhjyw.com）

第二节　教师流动制度及其重要性

一、教师流动的内涵

关于教师流动的含义，可谓仁者见仁、智者见智，归纳起来主要有下面几种。社会学上的教师流动包含两个方面的内容：一方面是具备一定条件的合格劳动者选择了教师职业或在职教师放弃这一职业，即合格的劳动者进入或退出教师劳动力领域；另一方面，是在职教师由现任职学校转入另一所学校任职，即劳动者在教师劳动力领域内的自然流动。[①] 一般意义上的教师流动，是指"教师在不同地域、不同学校之间进行合理的流动，轮换执教，以消除师资力量的过分悬殊，保障公民平等接受教育的权利，保证整个国民教育的健康进行"[②]。陈阳认为教师流动是指教师资源在教育与其他行业之间、在教育系统内部不同学校、不同地域之间进行重新配置的过程。前者是指在职教师放弃教师职业，退出学校教育领域，称之为"外部流动"；后者是指在职教师由现在职学校转入另一所学校，或者由所在地区转向另一个地区任教，称之为"内部流动"。有学者认为教师流动包括两个方面的含义：一是教师队伍中的人员向非教师职业流动，二是教师在不同的学校之间的流动。[③] 因此，根据目前我省教师流动的实际情况，教师流动分为以下几种类型：

1. 根据教师流动的性质，可以分为结构性流动和非结构性流动。结构性流动也叫做教师的外部流动，主要指学校教师向教育系统以外流动，即在

① 张伟：《中小学教师流动之我见》，《江西教育科研》2003年第10期，第26～27页。

② 臧其胜：《农村中学教师流动的动因探析与路径选择》，苏州大学博士论文，2007。

③ 黎琼锋：《合理化教师流动初探》，《江西教育科研》2007年第2期，第50～52页。

职教师放弃教师职业，转而从事其他与教师无关的职业，即通常意义上的教师流失；非结构性流动也称为教师的内部流动，即在职教师在不同地域、地区、学校和年级之间的流动，是教师资源在教师队伍内部所作的优化组合和重组，这种流动不会造成教师资源的流失。

2. 根据教师流动的去向，可以分为垂直流动和水平流动。垂直流动可以分为两种，一种是由上到下的流动，即教师从经济发达地区向欠发达地区、从城区向乡镇或农村学校之间的流动，这称为教师的下位流动，目前实行的教师支教制度就属于此类；另一种是由下向上的流动，即教师从经济欠发达地区向发达地区，从农村向城市，从落后学校向先进学校的流动，这称为教师的上位流动，目前的教师流动大多属于这种类型。水平流动是指由于教育教学的需要，教师在条件基本相同的地区和学校之间的流动。

3. 根据教师在本行业内流动的性质，可以将其分为市场流动和行政流动两种情况。市场流动是指教师与学校间以市场交易为原则实现的人事流动；行政流动是指教师学校间按照教育行政决策与教育制度安排实现的人事流动。① 当前教师流动的主要形式是市场流动。

目前，教师的外部流动所占比重日益升高，而内部流动呈现失衡的状态，主要表现为单向上位的流动，这种内部流动在整体上虽然不会造成教师资源的流失，但是单向的上位流动会造成师资在区域分布的不平衡，影响教育整体质量的提高和教育公平的实现。

二、教师流动的合理性

“流水不腐，户枢不蠹”，世间万物的活力皆蕴藏于运动之中。随着我国社会主义市场经济的建立与日趋完善，人才流动现象日益频繁，人才流动的合理性也得到了社会的普遍赞同和认可。教师流动作为人才流动的有机组成部分，其产生也有内在的合理性。

首先，从社会主义市场经济体制的建立与完善看，教师流动存在合理性。20 世纪 90 年代以后，我国建立了社会主义市场经济体制，市场在国家

① 周彬：《透过“教师流动”筹划“教育动态均衡”》，《上海教育科研》2006 年第 11 期，第 1 页。

宏观调控下对资源配置起基础性作用。经济体制的转变要求人才配置方式也相应转变，因此，在社会主义市场经济体制下，市场需要在教师资源的配置中起基础性调节作用，教师资源的配置也要受价值规律和供求关系的影响与制约，社会主义市场经济体制和基本规律要求教师资源与生产资料有效结合。只有通过人才市场给教师以择业的权利，才有利于教师充分发挥其特长，调动积极性、创造性，才有利于教育资源的优化、重组，实现教师与学校的最佳结合，发挥教师资源的最大效能。

其次，从学校组织的发展看，教师流动存在合理性。耗散结构理论认为，系统必须对外开放，并与周围环境的物质、能量、信息进行交换，才能使系统内部组织更有活力。学校作为教学科研组织，同样具有耗散结构体的特征——高度的组织性、开放性和不稳定性。学校作为动态的复杂的开放系统，教师流动就是学校组织与外界发生物质与能量交换的具体表现。美国学者卡兹通过研究发现，教学组织寿命的长短与组织内信息沟通情况有关。在一起工作的教师，在一年半到五年期间，信息沟通水平最高；而在不到一年半或超过五年的时间，成员信息沟通水平不高。这是因为在不到一年半的时间里，彼此之间并不熟悉，难以进行较多的信息沟通。而相处五年后，由于彼此过于熟悉，而不愿沟通。唯一解决的办法便是对组织进行改组，进行人员流动。因此，学校要想不断充满生机与活力，教师流动必不可少。

再次，从教师队伍结构的优化看，教师流动存在合理性。系统论原理认为，系统虽然由要素组成，但它却具有构成要素没有的新功能，系统的功能不仅取决于要素的性能，还取决于系统的结构。改变当前教师队伍结构不合理现象的唯一途径就是教师流动，在流动中吸引学校必需的高素质教师，同时淘汰不利于学校发展的低素质教师，逐步促使教师队伍结构的优化。边际效益递减规律也较为深刻地揭示了教师流动在优化教师结构中的作用。任何投入都存在着边际效益递减问题，教师的投入也是如此。当一个学校需要定量的教师时，只有教师的投入达到一定量时，边际效益达到最大；之后随着教师的增加，边际效益反而逐渐减少。从教师配置的角度说，就是教师结构的最优化问题。要想使教师结构达到最优化，必须使教师处于流动的状态，不断保持这种优化的动态平衡。

最后，从教师自身价值实现的角度看，教师流动存在合理性。教师和其他自然资源一样，只有得到最有效的配置，即使每一位教师找到最适合自己发挥最大才能的位置，才能创造出最大的社会效益。而教师流动有利于教师找到真正适合自己的工作岗位，把自己的优势和潜能都充分发挥出来。美国心理学家勒温认为，个人的能力和条件与其所处的环境直接影响个人的工作绩效。如果教师处于不利的环境之中，很难发挥其聪明才智，也很难取得应有的成绩。唯一的办法就是离开这个环境，转到一个更适宜的环境工作，这就需要通过教师流动。日本学者中松义郎提出的目标一致理论也证明了教师流动是实现教师自身价值的途径。他认为，处于群体中的教师，当个人目标与群体目标不一致时，个体的发展得不到群体的认可和激励，个人的潜能会受到压抑。只有通过流动寻找与群体目标一致的环境，才能实现个人才能的发展。

三、教师流动的必要性

首先，教师流动是教师寻求个人发展的重要途径。随着我国城市化进程的加快，大量的农村教师在城市定居，而且城市学校的数量不断增加，办学规模不断扩充，形成了居住在城市、工作在农村的规模庞大的教师群体，为教师从农村走向城市提供了机会和可能。影响教师流动的重要因素是经济待遇的地区差别或校际差别，很多的教师把调动作为提高经济收入的重要手段。另外，沿海地区或城市的文化生活更加丰富，摆脱了较为落后、封闭生活环境的教师，也追求精神生活的多元化。因此，教师流动可以改善教师的物质文化生活质量。而教师流动也反映了教师追求自我发展、自我超越、自我实现的权利。教师流动后，会自觉把在原来学校积累的工作经验带入新学校，把现有学校的优势融入到自己的工作之中，两者相互融合，促进了不同学校教育经验的优势叠加，实现了自身工作能力的提升。而新环境激发的进取心也将带动教师工作上的发展。从普通学校、农村学校调到重点学校或城市学校，教师的出发点可能就是从这些学校中获取更新的教育观念与教育思想，能够跟随教育改革与发展的趋势，从而获得个人专业上提升和发展。

其次，教师流动可以实现教师个体发展和学校发展的双赢局面。对于教师个人来讲，流动有助于激发自己干劲和潜力。流动后，许多教师都是带着开拓精神到另一个单位去的，到了新单位以后需要通过充分展示自己的才能来获得新单位和同事的认可；对于群体来说，人员流动有助于激发群体成员的活力和竞争意识，从而提高工作效率。作为流入学校而言，由于新成员的加入，激发了教师群体的活力和竞争意识，也促进了组织成员间的交流，从而为学校教师素质的整体提升提供可能。在流动后，教师间原有的合作与竞争机制失去了平衡，为建立新的平衡，成员间必须作出相应的调整，在工作氛围上就直接表现出竞争与合作的主题，这为新成员展示自我提供了条件，也为新成员学习组织经验提供了条件，同时还促进了组织成员间的交流，使流入教师和原有教师的共同成长成为可能。

再次，教师流动可以促进区域教师资源的优化配置。教师是促进地区义务教育均衡发展的核心要素。教师流动与教育事业的发展存在着一种互动关系，一方面教育事业越发展，对教师的优化配置程度就越高，必然要求教师流动；另一方面教师合理流动有利于优化教师资源、调动教师积极性、改善教师整体结构，促使教育事业进一步发展。① 教师合理有序流动，可以充分调动教师积极性，激发教师自我更新和主动发展的动力，有利于学校内部师资结构的调整和队伍的更新，有利于保持区域师资队伍的活力，优化区域教师资源配置，缩小师资配置的校际差距，从而为确保区域教育均衡发展提供有力保证。

四、教师流动导致的影响及后果

当前县域内教师这种单向流动不是一种合理、有序的流动。这种流动状况与教育公平理论下的义务教育是背道而驰的，因此造成了教育的更加不均衡，对学校、县域教育及义务教育事业的发展都带来了负面的冲击。

① 孟令熙：《教师流动规律及其对教师管理的启示》，《中国教师》2004 年第 5 期，第 51～53 页。

（一）流动拉大了城乡之间、校际之间师资力量的差距

我国县域内城乡之间、校际之间原本师资力量就极不平衡，当前这种流动非但没有缩小已有差距，相反却进一步拉大了这种差距，使得城乡之间、校际之间的师资力量变得更加不均衡。

从历史的角度来分析，我国城镇中小学教师在初始配置上就远远优于农村中小学。20世纪90年代人事改革之前，师范生就业实行分配制度，高学历、优秀的毕业生优先被分配到城市，很少有人会被分配到农村中小学。其实，这也是农村中小学长久以来代课教师、民办教师大量存在的原因之一。加上在教育资源分配上，城区学校、重点学校能够得到重点扶持，政府在政策上多实施“好校多投、弱校少投”，越是处于基层的学校得到的教育资源越少。这种教育政策已经客观地造成了我国城乡之间、校际之间师资力量的“二元化”。而当前教师流动的趋势是由薄弱学校流向重点学校、城区学校，由薄弱地区流向经济发达地区，直接导致的后果显然就是强者更强、弱者更弱了，出现当前愈演愈烈的择校风也就不足为怪了。

（二）农村学校教师力量更加薄弱，带来了一系列负面效应

农村教师流失严重，尤其是骨干教师的流失，使得原本力量薄弱的农村学校雪上加霜，教师结构更加趋于不合理。年轻教师、骨干教师数量减少，而年老教师和代课教师却大量存在。学历和职称结构上与城区学校相比差距更加明显。有学者通过对全国20多个县进行大规模农村教育调研，分析认为：高学历（小学为专科及以上，初中为本科及以上）比例上县镇高于农村；小学教师大专学历比例上六县中有四个县县镇高于农村，初中教师与此刚好相反，六县中有四县农村高于县镇；中专及以下学历上农村高于县镇。教师职称情况比较：中教高级县镇高于农村，小教高级城乡差别不大；中教一级六县中有四个县县镇高于农村，小教一级农村高于县镇（原因在于农村小学教师年龄结构不合理，年龄较大的教师所占的比重过大）；中教二级及以下农村高于县镇，小教二级及以下也是农村高于县镇。总体上看，高级职称和本科学历县镇高于农村，中级职称和大专学历城乡差别不大，其他职称

和学历上农村高于县镇。[①]

农村学校教师力量日益薄弱，伤害了弱校学生的利益，直接会导致农村地区学生生源流失严重，也与农村地区普及九年义务教育的政策倾向相悖。

案例：

① 2002 年，山东××县的一所偏远农村中学，全校上百位教师中，真正大学本专业毕业的语文、数学、外语教师分别只有一人，其余 90%以上教师均为中师毕业生或非师范类中专生。2002 年暑假刚过，仅有的这 3 名骨干教师也都被选聘进城工作。由于没有专业对口的教师，这所学校在任课教师的安排上捉襟见肘，跨学科教学成为必然。一位教师既教数学，又教语文，还教历史。更令人吃惊和无奈的是，近 20 位英语教师中，竟没有一个受过专业训练。

② 某学期开学时，宁夏某县城一所重点中学 6 名骨干教师不辞而别，搞得学校措手不及，课程无法安排，校长为此十分焦急。结果急火攻心，病到了医院。最后只好采取紧急措施：一面到别的学校去请教师，一面动员 6 名教师尽快返回，并向他们做出种种许诺。经过“耐心细致”的思想工作，只有一人回心转意。此事在学校产生的负面影响，恐难在短时内消除。

(三) 加剧了教育的非均衡发展，违背了教育公平

追求教育均衡发展是当前教育政策的重大课题，是人们对未来教育发展所持有的美好理想，也是社会发展最基本的要求之一。教师不合理的流动加大了城乡之间、校际之间的差距，使得教育资源配置严重不均衡，造成了教育的不公平，这对于我国教育的未来发展是极为不利的。

① 任仕君：《县域义务教育资源配置现状分析与对策研究》，《江西教育科研》2006 年第 1 期，第 52～54 页。

第三节　国内外教师流动研究

一、国外教师流动的实践

（一）日本：教师“定期流动制度”

日本于二战后初期就已经开始在公立中小学校推行教师流动制度，经过半个多世纪的实践与探索，已形成了较为完备的教师“定期流动制度”。

日本公立中小学教师的定期流动制度是在中央政府直接主导、参与和调控下，由地方政府制定具体方针政策并组织实施的。根据近年来日本文部省对教师的平均流动率推算结果来看，全国教师平均每隔6年流动一次，各都、道、府、县的教师流动政策在主要内容上基本是一致的。凡在同一所学校连续任教10年以上以及新任教师连续6年以上者都必须到其他学校任教，此项规定具有一定的强制性，要求所有教师都必须服从。对因情况特殊而不需要进行流动的教师也作了详细的规定，如任教未满3年的新任教师，57～60岁的老教师，妊娠或休产假期间的女教师及长期缺勤的教师都可以不参加交流。一般在每年的11月上旬，县级教育委员会在调查研究的基础上开始发布下年度有关教师定期流动的实施要旨。全体教师都必须填写一份调查表，其中包括流动的意向，在充分尊重本人意愿并为其解决后顾之忧的条件下，由校长决定人选，并报上一级教育主管部门审核，然后由县教育委员会教育长批准进行流动的人选。第二年的4月份新学期开学前，进行交流的教师应全部到位。

20世纪五六十年代，日本先后颁布了一系列教育法律和政策，从不同侧面、在不同程度上支持教师“定期流动制度”。二战后实行的《教师资格鉴定合格证书》制度使日本教育委员会可以以行政调动的形式使其辖区内的教师进行流动，进而为师资的配置均衡化创造了条件。而对流向偏远地区的教职员工，从变动或搬迁之日起3年内，除本人工资外，还增发偏远地区津贴，对相关教师发放寒冷地区津贴和单身赴任津贴等。

尽管日本教师“定期流动制”也有不足之处，如操作过程缺乏灵活性和过于程式化，实施程序过于繁琐，唯官方意志和不遵从教师意愿，抑制优秀教师脱颖而出等，但推行教师“定期流动制”有效地保证了日本优质师资在城市地区与农村地区之间、校际之间的均衡分布。所实行的措施和制度促进了教师在不同地区和城乡之间的合理、有序流动，为日本基础教育的均衡发展做出了杰出的贡献。

（二）美国：“补偿教育”实践

20世纪60年代以来，为有效促进教师在不同州和学校的均衡流动，使不同族裔、不同文化群体切实享受平等的受教育权利，美国在全国范围内实行“补偿教育”方案，对弱势群体教育进行经济补偿，并努力改善其办学条件，优化师资配备，以提高办学质量，并逐步将其落实到为少数民族学生配置数量充足、质量精良的师资队伍的行动中去。由于少数民族对教育的需求具有特殊性，在实践中，美国加大力度培养少数民族教师，扩大教师队伍中少数民族教师的比例。同时，美国中小学校越来越多地聘用一些与处境不利儿童具有相似文化背景的教师进行教学，积极培养和招聘反映国家、种族、民族、文化传统差异性的教师和教育研究人员，并将其充实到教师队伍和教育科研机构中去，这是美国为促进教师合理流动，均衡师资力量配置的尝试。

20世纪80年代以前，由于中小学教师工资偏低，严重影响了美国师资的来源和教师队伍的建设，于是各州不断提高教师工资。在整体改善教师工资待遇的同时，美国还注重缩小不同地区之间教师的待遇差距，为那些任教于城市薄弱学校、农村学校和少数民族学校的教师提供待遇上的优惠政策和特别补助，以鼓励和吸引优秀教师到这些学校服务。

为保证教师资源尤其是优秀教师在各州之间自由流动，自20世纪80年代开始，美国开始推行统一的国家教师资格证书制度来缩小各州教师资源在质量与水平方面的差距。教师资格证制度的实施，打破了各州和校际之间教师资源壁垒，便于教育行政部门在全国范围内实行统一的师资配置，促进了教师队伍在全国范围内的合理流动，实现了教师资源共享。

（三）法国："教育优先区"计划

法国为使每个适龄儿童都能接受同等质量的基础教育，颁布一系列教育法律政策对师资配置做出特别规定，为各地区能够配置数量充足的教师资源提供有效的保证。按照法国的教师编制政策，国民教育部每年根据全国适龄儿童人数的变化和教育发展的具体情况，对全国中小学教师的需求做出预测，并根据预测结果来确定教师的编制数和各学区教师的分配指标，从而实现师生比例的合理化以及不同地区、不同省份之间师资数量配置的均衡化。

20世纪七八十年代，为解决处境不利的社区学校在教学条件、师资质量和教师待遇等方面都要落后于发达地区学校的现实问题，法国政府出台了"教育优先区"政策，对处境不利社区的学校给予扶持，对"教育优先区"的师资配置给予特别支持，增加"教育优先区"的教师数量配置，提高"教育优先区"任教教师的工资待遇。凡在"教育优先区"内任教的中小学教师均能享受特别津贴。该项津贴计入教师工资，由国民教育部支付。提高"教育优先区"教师待遇的规定有利于吸引一部分教师向"教育优先区"流动，为教师资源的动态均衡配置创造了便利条件。

法国于1992年开始对教师培养规格进行改革，规定中小学教师都必须由大学师范学院培养，随后在全国范围内实行教师的任用规格的统一化，这两项措施的实行为教师在不同地区和层次学校间的灵活流动提供了可能。在随后的改革中，法国政府规定，中小学教师实行单一工资制。"教育优先区"政策的实施以及教师工资制度的改革，为法国中小学教师在整个基础教育领域顺畅流动打开了方便之门，法国注重不断提高在职教师的工资收入，特别是对在"教育优先区"从教的教师给予特殊津贴，并给予政策上的保证。从而在一定程度上防止了因为收入差距而造成的教师"逆向流动"现象，同时也激发了教师积极向"弱势地区"、"薄弱学校"流动的意愿。

二、国内有关教师流动的研究

(一) 理论成果概述

国内许多学者从不同学科、多种角度分析了教师流动。从经济学角度上看，教师流动需要在人力资本市场上提供他所拥有的人力资本，当流动发生时，中学教师也就将人力资本按其价值成功“出售”了。在教师人力资本流动的市场上，仅有教师提供人力资本的行为，并不一定产生流动，市场中还应该有对这种人力资本的需求，教师资源的有效供给和有效需求两者缺一不可。由此可见，教师流动就是教师人力资本市场上供给行为和需求行为相互作用的结果。[①]

从社会学角度分析，经济发展的地区差异是形成教师流动的现实动因，寻求更多、更好的发展空间是诱发教师流动的内在动因，输出地的人文环境是致使教师流动的催化剂。理性地对待教师流动问题，至少应思考并解决三个问题：教师是否拥有自主流动的权利，教师的自主流动是否反映了市场经济在人力资源配置上的必然要求，教师合理的自主流动如何获得制度上的保障。[②]

从伦理学的角度分析，在中小学教师流动中，教师本人应免受责难，因为政府与个人无权剥夺优质教师自由流动、争取该得利益的权利，而应审视学校领导管理因素和政府教育政策及学校和政府应该承担的责任。当前，优秀教师单向流动愈演愈烈，这种现象的发生与学校和政府对社会普遍伦理原则的侵害有着根本的关联。为此，要解决教师流动带来对社会伦理原则侵害的负面影响，就需要从学校与政府层面来恢复基本的伦理原则。[③]

从教师流动的内部因素尤其是文化因素上分析，教师的学校文化生存状况与教师的职业发展之间存在着密切的关系，教师个体的文化认同和主体的文化归属感是影响教师流动的重要因素。无论是教师外流，还

---

① 许垣:《中学教师流动的经济学分析》,广西师范大学博士论文,2006。

② 王晞:《教师流动的社会学分析》,《福建教育》2005 年第 1 期,第 24～26 页。

③ 夏仕武:《中小学教师流动的伦理学分析》,《中国教师》2005 年第 11 期,第 8～10 页。

是教师回流，某种程度上是教师遭遇学校文化生存困境而进行抉择的行为。①

许多学者认为现在落后地区农村教师出现流失严重、农村教师队伍不稳定的现象主要是由于落后地区农村教师地位低、待遇差、工作环境不理想等，这是当前农村教师队伍不稳定的主要原因。有的学者对造成中小学教师流失的原因作了较为详尽的阐述，认为待遇低是导致教师流失的根本原因。教师流失是教师报酬低于教师劳动价值的必然结果，是教师待遇长期偏低对教育的惩罚。② 有的学者则认为造成中小学教师队伍不稳定的原因是多方面的，归纳起来是复杂劳动与简单劳动的反差，教师劳动价值与劳动报酬的反差，教育战略地位与教育贫困的反差。③

有学者深入分析了教师不合理流动的后果，认为落后地区农村中小学教师的流动影响至少有 4 个方面：造成中小学教育教学质量滑坡；影响了教育的均衡发展；使本来落后的农村教育雪上加霜；直接导致生源的流失。④教师的自由流动还会造成教育的不平等现象，"由于我国地区经济、文化等差异较大，如果允许教师完全自由流动，将使地区之间、校际之间教师素质的差距进一步扩大。这一差距足以导致地区间教师素质的差异。"⑤必须利用政府的有形之手对教师盲目自由的流动进行必要的规范和控制。

为解决教师流动过程中出现的问题，促进教师合理流动，许多学者都作了大量的论述，提出了他们独到的见解，但归纳起来主要有两条，一是切实提高教师待遇，二是加强学校内部的管理。在解决教师经济待遇的同时，学校内部应实施严格、科学、民主的管理，为教师创造施展才华的条件，真正做到"感情留人"、"事业留人"。

为了追求教师资源的均衡，促进教师的合理流动，提供教师流动的有效

---

① 刘平：《中小学教师流动的文化解读》，《中国教师》2005 年第 11 期，第 13～14 页。

② 程凤春：《对中小学教师流失问题的思考》，《北京师范大学学报（社会科学版）》1996 年第 2 期，第 36～40 页。

③ 张宝臣：《农村教师流失的思考》，《佳木斯大学社会科学学报》2000 年第 6 期，第 78～79 页。

④ 邵学伦：《关于中小学教师流动问题的思考》，《山东教育科研》2002 年第 8 期，第 13～14 页。

⑤ 王洪斌：《关于中小学教师流动问题的思考》，《江西教育科研》2001 年第 6 期，第 22～24 页。

模式以保证教育的有序、良性发展，我国学者不仅在理论上对教师流动进行了探讨，还构建了教师流动的可实行模式。

1. 教师支教制度

有学者提出“尽快完善城市教师到农村学校支教制度”，认为城市教师尤其是优秀、骨干教师到农村学校支教，不仅能够帮助和带动当地教师提高教育素质与教学能力，而且能够显著提升农村学校的教育质量，直接有力地促进城乡教育的均衡发展。①

2. 公务员制度

根据中国的实际情况，我国教师可以实行“教师公务员制度”，即教师一方面享受国家公务员的义务、权利及其他一切条件；另一方面，根据教师的劳动特性，制定适合教师特点的公务员法，保证教师一切合法权益，提高教师的地位。② 建议有关部门能把义务教育阶段的教师纳入公务员队伍中，以国家财政保障教师待遇③，稳定各地尤其是落后地区义务教育阶段师资队伍。

3. 弱势补偿制度

条件薄弱的学校的教师在向条件较好的学校流动时，实行有偿流动，调入教师的学校给予调出学校一定的经济补偿，作为调出学校教师继续教育的培训基金，资助薄弱学校培养教师。④

4. “转会制”

这是一些地方教育主管部门在探索管理教师流动问题时，推出的一种教师管理新举措，是以引入市场力量来管理教师队伍的 种尝试。它的产生以社会分层流动为动因；以弱势补偿机制为伦理支持；以教师聘任制为保障；以政府宏观调控为导向。⑤

---

① 庞丽娟：《加强城乡教师流动的制度化建设，切实提高农村教师队伍素质》，《民主》2006 年第 4 期，第 16～18 页。

② 胡涛：《初探我国教师的职业定性》，华东师范大学博士论文，2003。

③ 廖卫华：《专家建议将义务教育的教师队伍纳入公务员》，新京报，2005—1—16。

④ 范莉莉：《建立“弱势补偿机制”是解决教师流失问题的有效策略》，《江西教育科研》2005 年第 8 期，第 25 页。

⑤ 金绍荣，肖前玲：《对教师“转会”制的理性诉求》，《科技广场》2005 年第 11 期，第 80～81 页。

（二）实践模式探索

教育的均衡发展是事关国家繁荣和社会进步的大事，教师流动是促进教育公平、提高教育质量的重要手段。教师的有序流动需要各方面力量的努力，各地政府和教育主管部门为了促进教师合理流动，立足本地教育发展的实际，提出了各具特色的教师流动方式。

1. 寿光市的教师支教制度

寿光市南部比北部发达，东部比西部发达，为了促进中小学的均衡发展，从1998年开始实行教师支教制度，成立由教研员、学科带头人、教学能手组成的导师团，开展送课下乡、送教下乡活动。寿光市教育局于2007年出台了《"义务教育资源均衡配置下的城乡教师交流"的制度管理办法》，建立定周期、定编制和定向流动编制制度，使城乡教师交流有了更为制度化的保障。为鼓励优秀教师参加支教，教师交流期间由教育局或学校发给适量的交通费和生活补助费，并对交流教师在职称评定、参评市级先进、干部任用时予以优先考虑。

2. 杭州市的校际互聘优秀教师政策

2003年，杭州出台校际互聘优秀教师的新举措，鼓励名师公开受聘于其他学校，其目的是为了最大限度地发挥优秀教师的示范作用，通过各校间优势学科的取长补短，促进学校整体水平的提高。被列入首批校际互聘名单的教师均为省特级教师、学科带头人和优秀高级教师，他们在完成本校正常工作量的基础上，经本人和所在学校同意，即可接受其他学校聘请。外聘教师上课形式以讲座为主，由所聘学校给予相应的报酬。校际教师互聘给了各校一个公平竞争的机会，有利于基础教育的均衡发展和教育资源的优化配置，而且除优秀教师外，其他普通教师也可以身兼数校课程。

3. 沈阳市的教师定期交流制

沈阳市于2003年秋季开始在全市中小学试行教师流动制。利用行政手段，促进优秀教师向薄弱学校流动。市内每所学校每年必须参与校际间的教师轮换流动。规定评定教师职称的指标要向薄弱学校倾斜。2006年，沈阳市中学将全面推进人事分配制度改革，制定统一的教师结构工资标准和福利待遇标准，基本实现同职级教师校际间同工同酬。制定各项措施促进教师向薄弱学校流动，加大教师交流力度，确保起始年级师资在学历结构、职称结构、年龄结构以及骨干教师数量等方面实现基本均衡。从2007年开始，凡晋升上一级专业职务的教师，必须具备异校交流任教一年以上经历，评选特级教师以及市以上先进的，要具有异校交流经历。教师在交流时要调转人事关系，形成真正意义上的“人走关系动”。

案例：×县教育局关于做好2006年教师流动工作的通知

各学区、直属各类学校、乡镇中小学：

为加强教师队伍建设，优化教师资源配置，稳定农村教师师资队伍，深化人事制度改革，促进教育带来健康发展，进一步完善教职工聘任机制，根据国家、省、市有关规定，结合我县实际，现就2006年教师流动有关事宜通知如下：

一、教师流动条件

1. 申请流动的教师教龄必须满3年以上，并在现单位工作满3年及以上(超编学校教师分流及支教教师除外，高中骨干教师可酌情处理)。

2. 具备合格以上学历，持有相应或高一级教师资格证书(紧缺学科除外)。

3. 1996～1998年招收的“有实践经验的青年教师”对象流动条件按××市教育局、监察局、人事局《关于做好“有实践经验的青年教师”未满服务期擅自调动和借用问题处理工作的通知》规定执行，其他有服务协议的对象服务期必须满5年以上。

4. 以辅导小学以上学校为单位，每所学校向外流动教师比例控制在公办教职工总数的3%以内(超编学校教职工分流和经市教育局审批对象除外)。

二、流动办法

1. 公开选调：鉴于××高中、××一中××校区、××实验中学三所学校师资缺口较大，决定面向全县公开选调教师(含其他高中地理学科教师)。3所学校需于6月16日前出台包括选调学科、名额及办法等具体内容的详细选调方案报县教育局审批后，给予公布。凡符合流动条件的教师由本人提出申请，经学校、学区同意，按规定时间到指定地点报名，然后参加流动考核。考核办法原则分学科业务知识考试和教学能力考核两部分，考核结果按两项成绩从高分到低分拟定调动人员名单，经县教育局审批后，办理流动手续。

2. 同类平调：鉴于部分学校教师学科不平衡，允许部分教师在同类学校之间进行学科调剂。

(1) 本学区平调：凡学科教师过剩的，学校将富余人员名单报学区，由学区审核并提出方案，报县教育局审批后，调剂到缺编缺岗的同类学校任教。

(2) 跨学区平调：因学科教师过剩或长期在外乡镇学校任教造成特殊困难的教师可提出申请，经学校、学区同意，报县教育局审批后，调剂到缺编缺岗的同类学校任教。

(3) 直属学校平调：直属学校出现学科教师过剩的，将学科富余人数及人员名单报县教育局人事科，由县教育局调整到缺编缺岗学校任教。

以上平调对象均应在征得教师本人同意后，于6月30日前由学区或直属学校统一将有关信息及材料送县教育局人事科，经协调无法调剂的教师，留原校安排其他工作岗位。

3. 超编分流：根据县编制机构部门核定的教职工编制数，各校要严格进行设岗定员，凡公办学校教师超编的学校要对超岗人员进行分流。以超编学科和超岗职工的分流办法如下：

(1) 由本人提出申请，经学校同意，学区审核，报县教育局批准后，在本片区同类缺编缺岗学校中双向选择。

(2) 根据学校考核，提出分流人员名单并进行公示。在本人没有异议情况下，由学校或学区介绍到同类缺编学校或下一层次缺编学校聘用，并报县教育局批准。如果本学区、学校无法协调的，报县教育局重新调剂到全县同类缺编学校或下一层次缺编学校聘用，分流人员本人不愿受聘或落聘者，挂县人才开发服务中心教育分部。

三、有关事项

1. ××、××两镇义务教育阶段学校(除××、××实验中学外)一律不从外学区调入教师(高中分流除外)。

2. 各学区、各学校要严格按照文件精神，根据流动控制指标和进入岗位严格把关，坚持原则，秉公办事，清正廉洁，防止和抵制一切不正之风的干扰，推行政务公开，接受社会监督。

3. 由于学校规模缩小或校网布局调整，需要分流的教师和领导干部，必须从大局出发，服从组织，否则按《××县中小学教职工聘任制实施办法》及有关规定处理。

4. 凡违反规定，提供假证件，欺骗组织、弄虚作假、徇私舞弊者取消流动资格，两年内不准申请流动，年度考核不得评为优秀。

5. 凡未经县教育局批准，擅自借用的教职工，视作擅自离岗，超过三个月者，作自动离职处理，并追究有关学校、学区领导责任。

6. 要严格中小学机构编制纪律，大力压缩非教学人员，采取有效措施，认真、稳妥地做好代课代职人员的清退工作，坚决清理各种形式占用的中小学编制（包括勤工俭学对象）和长期借调的教职工，对超编聘用代课教师和擅自借调教师的学校，追究校长的领导责任，并责令限期予以辞退。

7. 教师流动工作政策性强，涉及面广，各地各校要认真做好教师思想政治工作，确保今年的教育流动工作顺利进行。

四、本通知由县教育局人事科负责解释。

二〇〇六年六月十日

4. 成都市的青浦对流模式

在四川成都市，浦江县与青羊区建立了“青浦对流模式”，积极推动了浦江县与青羊区的教育流动与合作，两地的研究培训机构、学校积极互动，青羊区的著名教师和专家到浦江县开设专题讲座；浦江县组织教育干部到青羊区参加“先进教育理念培训会”，派学校干部到青羊区的学校挂职锻炼等。青浦教育通过互动，让城市先进的教育理念管理模式和优质的教育资源辐射到浦江县，弥补浦江教育的“短板”，推动着该县学校管理和教育水平的全面提升。

5. 济南市的教师走教制

为均衡城乡之间师资差别，济南市历城区教育主管部门从当地教育、地理位置实际情况出发，提出了教师走教制这种新举措。教师走教制也称为跨校教学，是由上级教育主管单位按照各学科特点，统一安排教师，统一安排课时，由教师到不同学校从事教学的行为。历城区西营镇中心学校根据教学实际需要，选择身体素质好、专业素质高、思想素质先进的中青年教师进行走教。根据学校与家庭的路途远近，考虑到天气、交通等实际情况，以方圆5～7千米进行辐射，由在此范围内居住的教师对该范围的学校进行走教。该措施实施以来，取得了明显的成效，弥补了当地学校任课教师不足的状况，提高了教育质量，受到了社会、教师、学校和学生的一致认可。

6. 安徽省教学区内教师“大轮岗”制度

2007年，安徽省在城镇中小学、农村中心学校设置流动岗位，用于聘用本校以外的具有教师资格的优秀人才。城镇学校新进教师要先到农村薄弱学校任教1～3年，并将其作为教师评聘高级职称的标准之一。城市、县镇学区范围内，凡男50周岁以下、女45周岁以下的，在同一所学校任教满6年的教师和任职满两届的校长，都要参加交流。同时，为了鼓励更多的师范毕业生和教师走向基层，该年安徽省实行农村和城镇学校教师工资统一标准，津贴、补贴纳入当地政府财政保障范围，保证教师的平均工资水平不低于当地公务员的平均工资水平。

案例：绍兴市越城区教师流动实施“转会制”

近日，绍兴市越城区文教局出台《越城区教师流动“转会制”实施意见》，以下简称《意见》，规定当教师尤其是优秀教师从一所学校转到另一所学校时，转入学校应该支付给转出学校一定的转校费。转校费根据教师在教育教学上获得荣誉、成果等级划分档次，最高15万元，最低1万元。

近年来，教师流动呈现出单向性特征，从乡镇流往城区、从完小流往中心校，“孔雀东南飞”现象不可避免地形成了“马太效应”。据越城区文教局一位负责人介绍，教师作为最重要的教育资源，是学校教育能否取得成效的核心因素，也是实现教育公平的重要环节。区文教局在广泛征求意见后出台这一政策，目的并不是为了限制教师流动，而是以“相对稳定、统筹兼顾、合理流动、利益补偿、均衡发展”为原则，推动教育人才资源的有序流动和充分利用。该区一位校长表示,《意见》的出台将有利于学校花大力气有计划地培养青年骨干教师,同时,也能激励青年教师积极钻研业务,努力成名成家,体现自身价值。

据了解,《意见》不仅对转校费支付对象作出明文规定,还明确了不必支付转校费的对象为以下几类:撤并学校分流的教师;超编学校分流教师中区级以下荣誉获得者;相对较好学校由组织派遣支持普通学校或新建学校发展的骨干教师;工作需要,骨干教师到区属学校担任校长助理及以上职务者;组织调动的校级领导。

本次出台的《意见》还同时提出了教师流动的"三年服务期"制,规定除不必支付转校费的对象外,凡转校的教师无特殊情况必须在原学校工作满3年,才能提出转校申请。对于转校费由谁出的问题,《意见》也作了明确规定,即转校费必须由转入学校支付,不能由教师个人支付。

三、教师合理流动的原则

当前教师不合理流动已经成为制约义务教育均衡发展的重要问题,到目前为止,山东省还没有建立全省性的教师流动制度。根据山东省当前的教育特点,结合国内外关于教师流动制度的相关探讨和我国的有关政策,构建义务教育教师合理流动机制是十分必要的。当前合理的教师流动机制的构建要立足两点:一是要缓和与解决教师无序、不合理的流动状况,抑制薄弱地区学校和农村学校的教师流失;二是要建立完善的教师流动制度,实现教师资源的合理配置,为义务教育的均衡发展奠定良好的基础。根据山东省的地域特点、教育发展实际以及教师状况,构建合理、有序的教师流动制度应遵循以下原则。

(一)自主流动与行政干预相结合原则

当前的教师流动缺乏制度规范,基本上处于市场的自发调控,是一种无序的流动。在当前体制下,如果保持这种无节制的教师自由流动,只会出现"强者更强,弱者更弱"的不合理结果。因此,政府要在教师自由流动的前提下加强行政干预和统筹调节。在教师流动中,教育行政部门要加强编制管理和发挥宏观调控作用,实现有计划、有秩序的教师流动。

（二）薄弱地区优先发展原则

经济薄弱地区和农村是教师不合理流动的重中之重。对于这些地区的学校要给予相应的资金扶持和政策倾斜，制定政策保障。教师优先向这些地区或学校流动，使当地的教师资源能够得到有效补充，逐步实现教师资源的均衡分布。

（三）教师义务流动原则

教育行政主管部门不仅要致力于提高薄弱地区和农村的学校建设，切实为它们的发展提供有力的政策支持；而且要做好宣传工作，使教师意识到教师流动的长远意义和价值，鼓励教师积极支持落后地区教育；同时，要给予流动教师物质和精神奖励，提高他们的地位，以吸引更多的教师自觉地参与到教师流动中来。在注重教师流动法规建设的同时，要加强对教师的思想觉悟教育，提高教师自觉增援贫困地区及薄弱学校的精神和意识。

（四）动态平衡原则

教师资源配置的均衡，并不意味着教师的非流动，而是要在教育行政体制下规范合理的流动，由教育行政部门统筹安排与计划，建立起教师的长期流动机制，使教师流动保持一种动态的平衡，避免造成人员的片面缺失和片面饱和。

四、教师合理流动的政策性建议

衡量社会流动合理性的一般标准应包括两个方面，一是量的合理性，二是质的合理性。量的合理性，应在社会需要和社会承受力之间积极开拓社会流动机会；质的合理性，主要就是体现机会平等。教师作为社会上重要的、特殊的群体，理应提倡合理流动。教师合理流动除了应该符合社会流动的一般标准以外，还应有自身的特殊要求。合理的教师流动，要使教师能够流动到与自己方向一致的学校，使自己的努力与学校的期望一致，形成合力，以有利于教育教学更好地发展。合理的教师流动要有利于教师个人的发展，学校为吸引到自己所需人才，需要改善学校管理，优化学校师资结构来提高教师队伍整体素质，促成学校目标顺利实现。

义务教育作为社会公益性事业，通观各国教育发展的历史，在推进义务教育均衡发展的过程中，政府都扮演了最重要的角色。我国尚处于社会主义初级阶段，要保证义务教育均衡发展，只有政府成为责任主体才有可能。推进义务教育均衡发展，关键在政府，因此应该成为各级政府的首要责任。[①]所以，为保证义务教育的均衡，促进义务教育阶段教师的合理流动，关键需要政府的政策支持。

首先，为促进教师流动的合理性、有序性和规范性，保证义务教育的均衡发展，需要缩小地域、城乡之间经济文化的差距。

1. 建立新型经费管理机制，缩小地域差距

义务教育作为全体国民性教育，如果不由中央或省政府进行教育资源的重新分配，地方教育经费的差额无法弥补，义务教育的质量势必难以得到保证[②]，教育均衡也就成了天方夜谭。如南非采用均衡分配公式(Equitable Share Formula，ESF)制定“学校经费投入的国家规范和标准”来消除地域差别。根据目前义务教育投资主体上移的国际趋势，在条件成熟的适当时机，可考虑建立中央财政直接负担的义务教育经费管理体制，或由省级统筹、中央和省级财政负担为主的保障机制。[③] 根据各地经济发展的实际，结合税费改革的需要，建立科学的农村义务教育投入新机制——“中央与地方分担，分级管理，按比例适度增长”。[④] 在当前形势下，可以建立省级教育管理机制，统一生均公用经费拨款标准，所需资金由省级政府和地方部门按照减免学杂费的分担比例共同承担，并逐市、县核实财力，作为确定分担责任的依据。由省政府以义务教育学校正常运转和发展基本需求为主，制定生均经费基本标准作为“最低保障线”。在此基础上，分别由省级政府和地市政府分别计算下一级政府的义务教育经费总体要求，同时，层层核实财力，计算资金缺口，科学划分各级政府分担的责任。根据中、东、西部实际及省财力

① 叶忠：《义务教育阶段区域内公办学校差距分析》，《教育导刊》2007 年第 5 期，第 12～14 页。

② 钟启泉，金正扬，吴国平：《解读中国教育》，教育科学出版社 2000 年版，第 102 页。

③ 江西省教育科学研究所课题组：《农村义务教育经费保障机制改革中若干问题的思考》，《江西教育科研》2006 年第 10 期，第 20～24 页。

④ 瞿葆奎，郑金洲：《中国教育研究新进展・2003》，华东师范大学出版社 2005 年版，第 163 页，第 156 页。

状况，近期可实行东部地区自行承担、中部地区根据实际由省共同承担所需资金，西部地区由省财政全力负担各类工资项目资金的政策作为过渡。

完善学校公用经费保障机制，坚持以省、地市为主保运转，充分调动县的积极性。省、地市按省定标准共同分担公用经费资金，县根据财力实际适当上浮公用经费标准。基于免除学杂费后农村义务教育学校公用经费将主要来源于财政拨款的实际，建议省教育、财政部门尽快核定新的生均公用经费标准，建立由省、地市、县分担的农村学校公用经费保障长效机制。关于各项义务教育经费的具体分担比例，省级政府要对各级财力资源综合平衡后确定，对于财力困难的地区，可不承担责任，所需资金由上级财政安排，避免出现配套资金越多、地方压力越大、财政愈加困难的情形；对财力较好的地区，可鼓励其在落实规定投入职责的基础上进一步增加教育投入。

2. 实施城乡一体化工程，推进农村城市化进程

为改变城乡经济文化差距日益扩大的现实，需要以实现城乡一体化为目标，大力推进农村城市化进程，把农村发展放在与城市同等重要的位置，加快社会主义新农村建设。充分发挥规划的先导作用，推进城乡规划布局一体化，科学制定城乡一体化的总体规划，使城乡建设规划、土地利用规划、产业发展规划相互结合，实现无缝对接。抓住土地利用总体规划修编的有利契机，将城乡一体化规划纳入土地利用总体规划中，为城乡建设一体化留足发展空间，彻底解决土地制约瓶颈问题。加快行政村建设和规划，加大行政村基础设施建设投入，推进城乡基础设施建设一体化，改善供热、供气设施，供气管网逐步向农村延伸，完善行政村基础设施建设，完成通村公路建设和农村安全饮水工程，实施农村清洁工程，采取政府引导、市场化运作的办法，建立农村街道保洁和垃圾清理长效机制，改善农民生产生活条件。科学编制小城镇建设规划，完善小城镇基础设施、居住区、产业区和公用设施等专项规划，规范小城镇的建设标准，加快小城镇基础设施建设和社会事业发展，增强小城镇产业集聚和人口吸纳能力。

实行城乡统一的户籍登记管理制度，完成户籍管理制度改革，取消城乡二元户籍管理制度，实行城乡统一的户籍登记制度。建立城乡统一的户籍

迁移制度，落实与户籍制度改革相关政策。对进城落户的农民在子女入学以及住房购租等方面与城镇居民同等待遇。加快城乡卫生事业一体化进程，采取人财物统一管理和药品统一配送模式，积极探索具备条件的乡镇卫生院领办村卫生所。不断完善农村公共文化服务体系建设，建立稳定的农村文化投入保障机制，加强农村文化设施建设，推进广播电视村村通、文化信息资源共享。深入开展科技、文化、卫生“三下乡”活动，引导城市文化机构到农村拓展服务，积极开展面向农村、面向农民的公益性文化服务活动，加强农村文化、体育和精神文明建设。

3. 加快薄弱学校改造步伐，促进学校标准化建设

加强对薄弱学校的改造，通过采取名校兼并弱校、名校与薄弱学校结对子等新的办学模式限期改造。同时建立薄弱学校投入保障机制，加大薄弱学校的经费投入，建立学校基本建设资金保障机制，对薄弱学校、经济欠发达地区学校在建设和教育教学设施配备上存在的问题，按照省定、市定标准，一次性安排资金，限期完成改造，同时，建立定期维修、更新制度，实现薄弱学校和经济欠发达地区学校基本建设的良性循环。此外还应明确责任，加大专项资金投入力度，并强化监督，确保对薄弱学校的投入落到实处。如青岛市根据有关规定，开展了对各中小学学校达标情况普查，力争使所有学校在2012年底前基本达到规定标准要求，青岛市级财政已安排专项资金1 000万元，改造薄弱学校；临沂市制定了市标准化学校建设规划；淄博市对各区县学校进行了普查摸底，较为全面地掌握了当地学校办学条件情况。

以实现优质教育资源共享为目标，实施标准化学校建设工程，制定国家义务教育学校办学条件基本标准，建立良性调整机制。为解决农村学校和经济欠发达地区低水平办学的问题，建议国家抓紧制定实施城乡统一的义务教育学校办学条件基本标准，并建立良性调整机制。因此，政府要统一办学标准，加快学校的现代化、标准化建设，使每所义务教育学校的校舍、基础设施、仪器设备、图书资料、班额等均达到国家规定的办学要求，减少义务教育学校硬件建设中的差距。以国家办学标准为基础，建立我省办学标准调整机制，省级教育行政部门要结合实际，对市定相关标准进行核准，避免区

域间差异过大。同时，对经济状况较好的区域，上一级教育行政部门应引导其在办学条件基本现代化的基础上，进一步将经费投入到软件建设，如师资培训等方面，通过内涵发展而不是通过高标准建校，来从根本解决城乡教育发展不均衡问题，改变城乡学校办学标准二元现象。莱芜市以创建省、市级规范化学校入手，大力推进农村中小学建设，拟定了全市中小学标准化学校建设工程进度表。潍坊市结合新一轮学校布局调整，推出了农村初中标准化战略，即提高农村初中的改扩建标准，缩减初中数量，扩大初中规模，实现了农村初中生在乡镇驻地就读。

4. 统一教师工资发放标准，提高农村教师福利待遇

工资是促进教师合理流动的物质保证。美国教育管理部门以规范师资标准为基础，实现校际间师资均衡流动；法国统一中小学教师工资标准，为教师的大范围流动创造条件。因此，为促进教师合理流动，首先需要提高农村和贫困地区教师的工资水平，建议由中央财政确定教师工资发放标准，保证所有职称水平相同的教师工资待遇相同，这样才能真正保证弱势地区教师的基本权利。其次要提高农村教师福利待遇。在菲律宾，实行薄弱学校和经济欠发达地区教师优酬制度，而农村教师除享有基本工资外，还享有艰苦工作津贴。地方政府按照薄弱学校优于普通学校、经济欠发达地区教师优于一般农村地区的原则，设立薄弱学校和经济欠发达地区教师专项津贴，使薄弱学校和经济欠发达地区教师工资高于普通学校和其他地区。此外，通过提高薄弱学校和经济欠发达地区中、高级教师职称岗位比例，在骨干教师、优秀教师评审中加大倾斜力度等，为其个人发展提供更多的机会。在职称评聘和晋升方面，对在农村任教满 20 年的教师，优先晋升高一级教师职称，逐步提高农村中小学教师在高级专业职务聘任和表彰奖励中的比例。

建立农村教师津贴制度，落实中小学教师津补贴、补助发放标准，奖励在边远学校、薄弱学校做出突出成绩和贡献的教师。① 设立农村教师岗位津贴。津贴整合归并各地实行的各类农村教师工资补贴，由省政府根据经济发

① 汪丞：《教师定期流动制度——促进校际师资均衡发展的一种思路》，《中国教师》2006 年第 2 期，第 14～16 页。

展和财力实际确定各地的具体标准。财政设立专项资金，对在县镇以下工作的农村教师，每月给予一定数额的资金补贴，并记入工资。设立城区教师到农村任教的生活、交通补助金，具体由派出单位统计，政府财政负担。设立教师农村终身任教奖励金，对终身在农村任教的教师，退休时给予一次性奖励。奖励标准由省政府确定，有关资金由省、地市政府共同承担。与此同时，有的地区还制定了一些改善教师待遇、调动工作积极性的措施。例如，东营市对农村中小学教师每人每月给予 100 元的补助；日照经济开发区对区内相对偏远学校教师每人每月发放交通、生活补贴；威海市规定，在农村学校任教的国家支付工资的教师，可在本人现职务工资标准的基础上向上浮动一档工资，满 8 年后，转为固定工资，继续向上浮动。以上各种措施的实施，有力地促进了城市教师为农村服务的动力和农村教师的稳定性，促进了教师合理流动。

其次，教师流动作为促进教育资源均衡的有力手段，为规避流动过程中可能出现的缺陷和问题，需要在教育政策上做出规定。

1. 构建教育人才市场，改变教师管理体制

随着社会主义市场经济体制的建立，市场在资源配置中发挥着越来越重大的作用，教师作为社会资源的构成成分之一，也要受到市场的宏观调控的影响。传统的教师分配制度，尽管对以前教育的发展具有不可磨灭的贡献，但是在新的经济形势下，已经成为了教育发展的阻碍力量。根据当前教育发展的新形势，应该由教育行政部门以区、县为单位组织建立教师人才市场，根据国家有关人事的政策、法律，接受单位和个人委托，提供教师专业化管理和社会化服务，为各类学校提供信息服务，使学校能够有较多选择教师的余地，以提高教师的整体素质，更好地完成教学任务。通过教育人才市场，学校明晰培养、使用以及管理教师的关系。教育行政部门通过教育人才市场，贯彻政府信息公开的要求，定期公布区域内中小学教师岗位招聘需求，公开教师流动岗位，使有流动意向的教师知晓是否有适合自己的岗位，判断本年度内是否有流动可能，改变过去教师调动中的盲目性和不确定性，减少教师流动中的人力资源损失。

目前教师流动基本上还是依靠教育部门内部行政审批的方式进行，基

本没有采用市场配置的手段，即使是作为其附属机构的教育人才市场，在这方面起到的作用也非常有限。因此应将教师流动的部分管理职能下放到教育人才市场，可参照日本、韩国等利用公务员管理方式对教师实行统一管理，把教师全面推向市场，打破地方主义，逐步淡化教师的单位角色，使教师由“单位人”成为“系统人”，教师的人事关系不受现在工作学校的约束，“人走关系动”，把教师的所有权和使用权分开，使教师割断了以人事档案为核心的对单位的依附关系，保证教师有充分的自由，彻底打破校际间师资保护的壁垒，弱化学校对教师流动的限制，实现优质教师资源区域内共享。同时，也有利于形成优胜劣汰的竞争激励机制，增强教师的责任感、危机感，激发他们的创造性和积极性，使之能够寻找到更好的促进自我发展的学校。

2. 严格执行教师管理制度，促进教师专业化发展

为保证城乡教师起点相同，需要严格执行教师资格准入制度，建立统一的教师聘用标准，根据目前师范生学历日益提高的现实，结合《教育法》的有关要求，规定教师必须具备的最低学历和专业知识修养。招聘的小学教师应具备高等师范专科学校或者其他大学专科毕业及以上的学历，初中教师具备高等师范本科院校或者其他大学本科毕业及以上的学历，在招聘的教师中，逐渐提高具有研究生学历的比例。严格教师聘任制度，积极做好中小学超编教职工分流工作和缺编教师补充机制，并建立公平择优、平等竞争的选拔任用机制，以激发教师的责任感和进取心。2007 年临沂市各县区共选聘本专科师范类毕业生 2 557 人充实教师队伍，同时让年龄偏大的教师提前离岗，向职业教育实习基地和乡镇成人教育实习基地或校办企业等方面分流。潍坊市在全市中小学教职工中全面推行聘用合同制改革，中层干部由 5 507人减至 4 747 人，减少 760 人。有 430 名原学校中层干部落聘，有 617 名教师应聘了教辅和工勤岗位，有 569 名县市区驻地学校教师到乡镇学校应聘，有 944 名教师到下一层学校应聘，优化了教职工队伍。①

为提高教师整体素质，积极促进教师专业化发展，需要加强教师职后的培

① 山东省教育科学研究所：《2007 年山东教育绿皮书》，黄河出版社 2008 年版，第 61 页。

训，尤其是农村教师的教育和培训，通过各种形式的继续教育、在职培训，有针对性地实施各类教师培训工程，以教师专业发展为着眼点，以专题研究、校本研修为主要手段探寻新型教师教育模式，提升农村教师的学历层次，更新农村教师教育观念，提高教师职业道德素质，提高其实施素质教育和义务教育新课程的教学水平。切实加强教师编制，及时解决编制管理工作中出现的问题。严格执行编制纪律，建立长效的人员编制管理制约机制，任何单位不得擅自变更编制数额和岗位，不得以任何理由占用或变相占用。如烟台市严格执行"编制管理簿"，实现了中小学在编人员的动态管理，也有效地控制了各类不合理的人员增长。淄博、青州等地实行了实名制加强对教师的管理。

3. 制定相关制度措施，促进教师合理流动

为保证教师合理流动，需要建立完善的教师流动政策。针对农村学校教师流失严重、优秀教师缺少的状况，进一步明确各级政府特别是县级政府的责任，全面深化"以县为主"的管理体制改革，加快县域内教师流动的运行机制，加大教师交流的力度。日照市市直及各区县在 2007 年共招考录用教师 509 名，多数充实到农村教学第一线，为农村中小学带来了生机和活力。在总编制范围内统筹调配教师资源，根据各校实际需要调配教师，逐步淡化教师的单位角色，强化区域意识。借鉴日本、美国等对教师流动的规定，制定流动教师的人选标准。凡是在同一所学校连续任教 8 年，新教师连续任教 6 年，年龄在 45 岁以下的教师(除任教未满 3 年的新教师和妊娠、哺乳期的女教师)，都需要参加流动。每次流动的时间小学以 4 年为宜，初中以 3 年为宜。每位教师在任教期间至少流动 2 次。为改变优质师资力量在城市和重点学校不合理集中现象，保证所有教师都参加流动，教育主管部门需要每 3～4 年对所有教师进行清查摸底，以确定参加流动的教师比例。可以根据学生人数确定每所学校中高级职称教师的数量，以高级职称教师师生比 1∶200，中级职称教师师生比 1∶50 的标准作为基准线，超过此标准的学校要使多余的教师流动到其他学校。

为保证教师流动措施落到实处，还需要从制度上加以规定，每年由学校总结教师流动的情况并作为评优及职称评定的主要标准之一，而且要对参

加流动的教师以一定的交通费用和生活费等补助，提高其积极性。如招远市自2005年起共安排教师对全市乡镇的薄弱学校进行帮扶，城区学校与乡镇学校建立稳定的结对帮扶关系，促进了城乡教育的均衡发展。菏泽市自2007年启动了千名城镇优秀教师农村支教工程和城区学校师资均衡配置工程，优秀城镇教师到农村学校开展支教工作，农村学校教师到城区学校学习、锻炼。莱芜市选派城市学校中层以上领导干部和骨干教师到农村学校任职、任教，推进优质教育管理资源向农村延伸。

最后，在教师流动的合理机制建立之后，为保证流动教师的合法权益，需要建立各项保障机制，以促进教师流动的长效性和持续性。

1. 加强学校民主化管理，调动教师工作积极性

管理者常常迷信于奖励与惩罚的手段，认为力度越大则管理效果越高，从而陷入管理的误区，使制度在执行过程中发生异化，那些本来作为激励的措施却因种种原因而变成抑制的措施。事实上，奖惩遵循的是边际效用递减规律，过多的奖赏和重复的惩罚都会伤害职工的自尊心，激发教学组织内部的不稳定性因素，导致组织整体效益的滑坡。有效的管理不仅要破除误区，还要消除人治色彩，强调以人为本的制度化、民主化管理。目前的中学教育管理许多仍停留在人治层次上，缺乏科学的规范。教育行政部门作为教师流动的组织实施者和监督者，必须充分倾听教师的心声，将政策的制定过程作为对学校和教师开展教育过程，统一思想认识的过程。要积极吸纳学校和教师参与到具体政策的制订中来，广泛地听取和吸收各方面的意见。只有解决与教师生活和工作密切相关的实际问题，关注教师的相关需求和精神体验，才能更加有效地促进教师的合理流动。

不同的教师存在不同的个性和需求。根据教师的不同特点，在组织内部通过对教师的个性和需求的观察和测量，制定相关的激励他们贡献最大化的管理措施，对教师实施个性化的激励，以达到最佳的管理效果。根据美国教授詹姆斯的理论，教师可以分为四种类型：开拓型、创新型、实用型和平庸型。每种类型的教师都有自己的缺点和长处，使用千篇一律的管理方法对于教师的发展极为不利。不同个性特征和需求的教师，其流动的特点也

不一样，因此，要根据教师的不同个性特征和需求，实施差异管理，促进教师的合理流动。从教师的年龄特征上讲，年轻教师精力充沛，对未来抱有较高的期望，再加上没有家庭负担，流动的成本较低，流动性较强；而中老年教师，尽管学识、业务各个方面对优于年轻教师，但是精力、上进心等都有所下降。要根据这些教师不同的年龄和精力特点，对他们实施不同的管理，对年轻教师主要以鼓励、表扬为主，不能打击他们工作的热情；而对中老年教师要以严格的规章制度为主导，通过不同的管理方式来发挥他们的积极性。

2. 完善教育监督评估体制，保障流动教师的合法权益

在实行教师流动的学校，需要建立和完善教师代表大会制度，定期召开全体教职工大会，学校的重大决策要经过教师代表大会讨论通过，使所有教师包括流动教师有机会参与学校的民主管理，能发表自己的正确见解。提高学校管理水平，建立符合学校实际的教师管理规章制度，并征求全体教师的意见，力争体现所有教师的权益。对教师的评价要科学、合理、平等、有效，不以单一的方式和标准评价教师的教学工作，要更多地考虑教师的内隐劳动。完善政务、财务公开制度，及时把政务、财务有关情况向全体教师通报，在才、财、物管理上做到公平、公开、公正。另外要健全教师申诉制度，畅通管理部门信息，使教师受到不公正待遇时，有维护自己合法权益的途径。

加大教育督导的力度，建立三位一体的责任制。政府部门要加强对教育的监督监察力度，制止一切“标志性”、“政绩性”重点学校的建设行为，使县域内义务教育学校的校舍、教学设施和师资等条件大体相当。各地要实行县长负责制，不得以任何名义向教师集资，切实保障广大教师的权益。防止中途截留农村教师补助资金，将是否拖欠克扣农村义务教育教师工资作为政绩考核的重要内容，并对拖欠克扣农村义务教育教师工资的情况予以通报，对有关领导要追究责任。借鉴英国对中小学的督导评估引入市场机制，实现社会化的做法，逐步建立规范化、科学化和制度化的义务教育均衡发展监测评估体系，定期对辖区内义务教育学校间的差距进行监测和分析，并以适当方式予以公布，接受社会监督。

教师是学校中核心的软件资源，一定程度上影响着学校的生源质量，影

响着学校的教育教学质量。缩小学校之间的差距，很大程度上取决于教师资源的配置均衡。均衡教师资源，是教师合理流动的核心内容，也是其根本目的。均衡教师资源，不但可以缓解教育公平问题，而且能为均衡学校之间的综合实力提供一个良好的竞争平台，加大薄弱学校自身发展的动力。

目前，教师合理流动实践尚处于探索阶段，对于教师合理流动的具体政策措施还在不断深化。教师合理流动，从根本上说，是为了从制度上保证师资处于一种动态平衡的状态。教师的合理流动，实现教师资源动态均衡，是一个漫长的过程，无法用一个具体的目标去约束、评价。教师合理流动不是简单地完全平均校际间师资，而是通过行政干预达到校际间师资均衡流动。为了保证教师流动制度能够得到有效的贯彻和执行，在该政策实施过程中，还需要做好下述几方面的工作：

1. 加强流动政策的透明度

流动教师对有关政策的了解对于政策推进至关重要。教师流动政策应当是双方博弈的结果，单方面强加的要求是不可能长久的，反而会使政策实施增加难度，降低实效性。流动教师对教师流动政策的知情权，可以减少不必要的敌对心理，使政策能够顺利实施。

流动教师在贯彻流动政策过程中，处于相对弱势的位置，加上流动过程中出现的一些问题没有得到有效的解决，容易导致流动教师对流动政策产生排斥情绪，阻碍教师行政流动政策的推进。应当专门设立法律援助部门，在教师流动政策推行过程中，为流动教师提供法律援助、监督和保障，维护教师的合法权益，提高流动教师的积极性，保证教师流动政策良好推行。

2. 保证教师流动制度化

教师流动属于教育管理部门制定的政策范畴，在政策制定时应当充分考虑各方面的利益，充分保护流动教师的利益，而不能简单采取单方面强加的方式。因此，有关部门应通过充分咨询、调查、调研，切实了解利益涉及者的感受，制定并完善相关的制度，消除教师对政策执行的疑虑，为政策实施铺平道路，同时保持政策的稳定性。此外，应当建立、完善监督部门，做好政策实施过程中的善后工作，保证兑现教育管理部门对流动教师给予的承诺，从制度上保障流动教师的利益，消除流动教师的疑虑。

3. 建立流动教师评估机制

为保证流动教师充分发挥义务教育阶段师资均衡推进器的作用，需要建立一套比较完善的评价措施对流动教师进行评估，改变现有的绝对性评价标准，实现用评价促进建设、改进的目的。评估教师流动可以从两个方面进行，一是对教师个体发展状况的评估，主要通过纵向比较，即流动教师个体在前一所学校和现学校表现的比较，引入发展性评价的方式对流入教师作客观的评价，通过考察其流动前后的工作状况及个体发展情况，来评估本次流动对其发展的影响，从而客观地评价教师流动的个体效果；二是流动教师对学校教育教学的影响评估。即教师流入后，对本校该学科教学或某项工作起到了什么样的作用，其作用表现如何。这样，对该教师后期培养形成一个指导性的意见，同时也对今后的教师引进起到借鉴作用。

案例 1：山东枣庄健全和完善教师合理流动机制

枣庄市逐步建立教师在城乡及不同乡镇和学校之间的流动机制，积极探索新课改背景下音乐、体育、美术、英语、计算机等学科教师实现乡镇、学区内资源共享的有效措施。枣庄市要求各级教育行政主管部门和学校，要采取切实可行的措施，稳定农村师资队伍。建立有利于激励教师和促进学校发展提高的教师流动机制，规范教师流动程序，严格控制教师流动数量。教师从农村流向城镇，必须以人事部门通过公开考核、公平竞争的形式进行。各级教育行政主管部门要有计划地开展“城镇支援农村，近郊支援边远，强校支援弱校”工作。城镇中小学中青年教师没有在农村学校任教经历的，应履行支教义务，支教期不少于 1 年。城镇凡年龄在 40 周岁以下的在编在职的中小学教师评聘高级教师职务，应有在农村学校或薄弱学校任教 1 年以上的经历。鼓励和倡导城镇青年教师到农村学校任教，任教期间，关系不转、待遇不变，对其中表现优秀的教师，在职务聘任、评先推优等方面予以优先考虑。

鼓励城镇学校与农村学校开展学校、教师结对帮扶活动，定期选派城镇骨干教师到农村学校举办讲座、公开课、示范课和农村学校教师到城镇学校培训、学习、挂职锻炼等，逐步缩小区(市)之间和城乡之间教师队伍整体素质的差距。

案例 2：临沭创新教师流动机制促进城乡教育均衡发展

近年来，山东省临沭县针对农村教育力量薄弱、教师资源缺乏的实际，通过建立农村老龄化教师更新机制和教师交流机制，确保城乡教育实现进一步均衡发展。

据介绍，临沭县针对农村小学教师队伍老龄化及学科性缺编问题，建立了农村老龄化教师更新机制，即在近 5 年内，确保每所农村小学每年增添 1 名新招聘的师范类新教师，由教育和人事部门根据临沭县教师队伍年龄、学科结构和编制设置情况，定期公开招聘新教师，并积极引导新进教师到农村学校任教。2008 年新补充教师 153 人，占自然减员人数的 174%，其中到农村任教的 142 人，占新补充教师总人数的 92.8%。2009 年，临沭县对农村教师年龄老化退职、缺科情况进行清查，并计划不低于去年比例补充农村教师队伍。

同时，临沭县注重健全城乡教师交流机制，并制订了《关于开展城镇教师支援农村教育工作的实施意见》，实施城乡教师交流制度，组织开展城镇教师支援农村教育工作。其中，临沭县驻城镇自 2006 年始就建立了全镇小学教学“共同体”机制，通过有效的支教、“共同体”活动，实现了教师的合理交流、均衡发展和快速成长。

临沭县注重整合优化高中教育资源。在调研论证的基础上，撤销 3 所设在乡镇的高中学校，在县城新建高中学校，将所有师生妥善分流到驻城高中，使 1 130 名学生真正实现了平等享受均衡优质的教育资源。

五、县域内教师流动的制度保障

中小学教师流动的有效实施，必须有相应配套措施作为保障。为实现教师队伍合理、有序地在县域内流动，需要制定教师流动考核与评价制度、教师流动福利待遇制度，并深化学校人事制度改革。

(一) 教师流动考核与评价制度

县级教育行政部门要出台系统的教师流动考核制度，对流动教师的工作业绩进行考查与评价，从而保障教师流动所带来的积极效应。如果缺乏相应的考核与评价，教师流动极有可能成为一种形式，无法调动流动教师的积极性和主动性，那么通过教师流动来实现师资合理配置的初衷就会大打折扣。在职教师无论是向上流动（由农村流向县区），还是向下流动（由县区流向农村），都要根据一定的标准进行考评，对合格教师予以奖励，对没能履行职责的教师实行告诫制，给予相应处罚甚至予以解聘。

另外，教师流动务必要与教师的职称评定相结合。如我国现在许多地区都规定，对要评高级职称的教师必须有若干年限的薄弱地区及学校支教的经历。这种规定其实可以进一步延伸，对于要评审高一级职称的教师，必须都要具备到相对薄弱地区教学的经历，并在流动期间考核合格。

（二）教师流动福利待遇制度

教师无序流动的深层原因是经济因素，城乡教师工资待遇及其他方面的巨大差距使教师趋向于经济发达地区，使得强者愈强、弱者愈弱。同时，这也是经济发达地区教师不愿意流动到薄弱地区的重要原因。建立教师流动制度，首要的条件就是要保证县域内教师工资水平及待遇的统一，城乡之间在同级别上无差别，消除流动上的经济壁垒。甚至要适当提高薄弱地区教师的经济待遇，在职称评定等方面也予以一定的照顾和倾斜。同时，对流动到薄弱地区学校任教的教师在经济上给予奖励，在精神上予以支持。如此，薄弱地区才能吸引到优秀教师加盟，而教师在流动上也会有更大的积极性。

（三）深化教师人事制度改革

要使同一区域内的学校均衡发展，除了实现办学条件均衡外，学校的管理水平和教师的素质也应均衡，而这唯一的方法就是让校长和教师定期交流，关键又在于深化教师人事制度改革。实现教师在县域内流动，就要求在教师聘任制度上由县级教育行政部门和校长共同聘任教师，县级教育行政部门在教师聘任上处于统筹指导的地位，从宏观上控制着各校及地区的教师资源配置。完善校长负责制的同时，也要求校长参与到教师流动之中，建立校长交流机制。学校校长参与定期流动，一方面能促进各中小学校管理水平的均衡发展，另一方面也为学校发展注入了新的活力。

第五章
义务教育学校与社区互动机制创新及其保障

我国社会管理体制的变革，以街镇、(村)居民点为基本地域单元的社区逐渐发展起来，成为社会生活的共同体。学校作为社区地域范围内的专门教育机构，在促进社区建设、提升社区成员的精神生活水平和文化素质修养等方面都发挥着重要的作用。同时，终身教育、终身学习理念的发展与实践，已使得传统意义上的正规学校教育受到了强烈的冲击，教育本身的发展也促使原本封闭的学校逐步开放，在资源、管理等方面寻求与社区的合作与共享。学校与社区的互动是学校发展的社会学分析的重要一环。

当前，我国学校教育与社区教育有关的实践经验已经意识到学校和社区互动的重要意义，各地也已开始尝试不同的互动。如有学校将自身植根于社区发展的大背景之中，利用社区资源，与社区互动，共同对青少年进行教育，提升素质教育水平等；也有社区积极参与学校管理，为学校发展献策献计的；还有将学校教育与社区教育一体化的做法。但由于我国学校与社区的互动刚刚起步，至今还存在很多问题，如学校中心的思想意识仍然根深蒂固，社区支持学校、参与学校的积极性也还不高；学校与社区互动的推动缺少法律机制的保障，导致学校与社区互动中出现的一些问题无法可依；学校与社区的互动各地状况不同，呈现了严重的不平衡；学校与社区合作缺乏统一的组织管理机制，等等。为了进一步了解学校与社区双向互动的需求，以便更好地整合教育资源，从而提高教育的针对性、科学性和有效性，本章对学校与社区互动问题进行了研究。

第一节 社区与学校教育的互动关系

学校作为社区的重要组成部分，与社区有着不可分割的联系。学校与社区是一种双向互动的关系，学校和社区都具有的教育功能是双向互动的支点。我国著名教育家陶行知先生曾指出："不运用社会的力量，便是无能的教育；不了解社会的需要，便是盲目的教育。"①辛普森(Sumption)和英格斯托姆(Engstrom)也指出："社会居民必须积极地、有组织、有系统地参与学校的教育计划、政策制定、解决问题以及评估。"②可见，学校与社区互相参与已经成为国际社会的共识。

一、学校发展的历程——从学校与社区联系的视角

学校是人类社会发展到一定历史阶段才出现的专门的教育机构。我国夏朝就已有学校，西周时期学校已形成了一套奴隶制的官学体系。但是，古代的学校与我们现代的学校是不同的。古代的学校，并没有统一的教材和规范的学制，也没有整齐划一的班级授课制。教学活动主要是通过个别讲学进行的，教学内容主要是一部分人的具体生活、生产经验，或者是讲学者的个人价值观念、社会理想和技艺技能，在总体上还是同当时的社会生活实际有直接联系的。

① 中央教育科学研究所：《陶行知教育文选》，教育科学出版社1981年版，第78页。

② Merle R. Sumtion and Yvonne Engstrom, School Community Relations: A New Approach (New York: McGraw-Hill, 1996), p. xi.

随着人类社会生产力的发展，知识的丰富，学校也不断地扩大规模，近代学校便产生了。在欧洲，近代学校产生于16世纪，它以学校统一的课程设置和班级授课制为标志。在我国，近代学校直到20世纪初才产生。这是一种历史进步，它的主要特征是有一个完备的教育体制，这样就能系统地对青少年儿童进行教育，传授人类社会在数千年间积累起来的文化科学知识、伦理观念、价值观念和一定的社会行为规范等。有了学校这样的一种专门的教育机构，加快了各种人才的培养，加快了科学文化知识的积累、传递和发展。

建立在现代工业基础上的现代学校教育，对加快工业化、城市化的进程也发挥了巨大作用。可以说，不管是人的发展还是社会的发展，学校教育都起到了主导作用。20世纪初，美国教育家杜威就指出，学校在本质上是"一种社会组织"、是"社会生活的一种形式"，学校的首要职责在于"提供一个简化的环境"，选择社会生活中最基本的和能为青少年反应的各种特征，建立一个循序渐进的秩序，同时排除社会环境中的丑陋现象，把学校建成"小型的"和"雏形的"社会。① 从这种意义上说，学校是人类进行自觉的教育活动，传播社会知识文化，有目的、有计划、有组织地为一定社会培养所需人才的机构。② 本研究所定义的"学校"包括实体社区内的各类学校。

二、社区

在古代汉语中，并没有"社区"这个词汇，其概念在《辞海》中的定义为：以一定地域为基础的社会群体。社区是19世纪末期以来中西方文化交流的产物之一。社区来源于拉丁语，本意是关系密切的伙伴和共同体。1887年，德国学者斐迪南·滕尼斯在其著作 Gemeinschaft and Gesellschaft（英译本为 Community and Society）中将 gemeinschaft 解释为一种由同质人口组成的具有价值观念一致、关系密切、出入相友、守望相助的富有人情味的社会群体。③

---

① 范国睿：《学校管理的理论与务实》，华东师范大学出版社2003年版，第75页。

② 刘淑兰：《学校与社区的互动》，四川教育出版社2003年版，第62页。

③ 章人英：《普通社会学》，上海教育出版社1990年版，第145页。

在我国，首先使用“社区”概念的是我国著名社会学家费孝通先生。20世纪30年代初，他在翻译德国著名社会学家滕尼斯的著作英译本《Community and Society》时，将“community”译成“社区”，之后便慢慢流行起来。①

“社区”是个具有多义性的概念。国外对“社区”具有代表性的界定有：美国学者罗吉斯和伯德格在其《农村社会变迁》一书中指出，社区是一种简单群体，其成员之间的关系是建立在地域的基础之上，他们所强调的是共同利益、共同地域和简单群体②；乔治·希拉利在综合各种不同定义的基础上，也给出了一个较为简单明了的定义，即社区是指包含着那些具有一个或更多共同性要素以及在同一区域保持社会接触的人群③；日本学者横山宁夫认为，社区具有一定的空间地区，它是一种综合性的生活共同体④。

国内对“社区”具有代表性的界定有：费孝通认为，社区是若干个社会群体或社会组织聚集在某一地域里形成的一个在生活上相互关联的大集体，“联系着各个社会制度的是人民的生活，人民的生活有时空的坐落，这就是社区”⑤。徐永祥则在对社区与国家、社区与城市、社区和社会群体作出了区分之后，认为，“所谓社区，是指一定数量居民组成的、具有内在互动关系与文化维系力的地域性的生活共同体，地域、人口、组织结构和文化是社区构成的基本要素”⑥；民政部认为，“社区是指聚居在一定地域范围内的人们所组成的社会生活共同体”⑦。

综上所述，本章将采用这样一种社区概念：社区是从事一定的社会活动，具有某种互动关系和共同文化维系力的人类群体及其活动区域。据此，社区一般包括以下四层含义：① 社区是一个人文区位，是社会空间与地理空间的结合，如村落、集镇等。② 社区的存在总离不开一定的人群。人口数

① 费孝通：《费孝通文集（第五卷）》，群言出版社1998年版，第530页。

② F.M.罗吉斯、L.J.伯德格著，王晓毅等译：《农村社会变迁》，浙江人民出版社1988年版，第164页。

③ [美]乔治·希拉利：《社区的定义：一致的地方》，《乡村社会学》1955年第6期，第118页。

④ 吴开松，刘国旗，杨照东等：《城市社区管理》，科学出版社2006年版，第20页。

⑤ 费孝通：《乡土中国》，生活·读书·新知三联书店1985年版，第94页。

⑥ 徐永祥：《社区发展论》，华东理工大学出版社2000年版，第33～34页。

⑦ 马学理，张秀兰：《中国社区建设发展之路》，红旗出版社2001年版，第2页。

量、集散疏密程度以及人口素质等，都是考察社区人群的重要方面。③ 社区成员具有共同利益和共同的行为规范、生活方式及社区意识，如共同的文化传统、民俗、归属感等，这些方面构成了社区人群的文化维系力。④ 社区的核心内容是社区中人们的各种社会活动及其互动关系。[①] 从这个意义上来看，本书所指的社区也就是实体意义上的“社区”生活体。

三、学校与社区的互动

（一）学校与社区关系的内涵

学校与社区关系密切，就地域而言，学校本就在社区的范围内，理应将社区工作视为学校服务的对象；另一方面，学校为办理正规教育与成人推广教育的机构，对社区发展影响甚大。因此，在理论认识上明确学校与社区之间的有机联系十分重要。

国外关于学校与社区的关系从不同角度的定义是比较多的。学校—社区关系和国家学校公共关系协会（NSPRA）的领导人对学校与社区关系作出了这样的定义：教育公共关系是有计划、有系统的管理功能，旨在帮助改进教育机构的课程与服务，它依赖于全方位的双向交流过程，既涉及组织内也涉及组织外的公众，目的是激发公众对组织的任务、目标、成果、需求的更好理解。教育的公关活动有助于阐释公众态度，从公众利益出发，确定、出台各项政策和工作程序，开展一些活动让公众亲身参与并了解信息，以赢得他们的理解和支持。[②]

在《学校与社区关系》一书中，作者所持的观点是：建立合理的建设性的学校与社区关系要经历一个动态的过程，在这个过程中将下列各种理念和活动统一起来：① 使教职员工的日常生活方式在每天与同事、学生、家长和社区公众交往中得到体现；② 组织一系列有计划、连续性的活动，促进组织内部和组织外部的公众就学校的目的、需要、活动、成果进行交流；③ 组织一系列有计划、连续性的活动，以了解社区居民对学校的看法和对儿童教育的

① 刘淑兰：《学校与社区的互动》，四川教育出版社2003年版，第62页。

② Evaluating Your School PR Investment(Arlington, VA: National School Public Relations Association, 1985), p48.

独到见解；④ 让社区居民积极参与学校和学校发起的与社区“手拉手”活动，由此使教育活动得到重大改进，并为适应社会变化作出相应的调整。即建立学校与社区间的合理的、建设性的关系，要经过这样的过程：交流各种信息、思想和观点，在此基础上达成一定的共识，作出决策，达到教育活动的实质性改变，作出相应调整以适应社会变化。[①]

在我国，关于学校与社区的互动，我国著名社区教育研究者刘淑兰作了界定：学校与社区的互动，是指学校与社区和社区成员、机构、组织之间的双向交流与合作关系。互动必然是双向的，一方面，要使社区，包括成员、机构、组织理解、支持和帮助学校，以便有效地实施教育目标；另一方面，学校应该支持社区、面向社区，向社区开放、服务社区。形成学校与社区的互动，双向建立良好关系，需要形成两种有效的传播渠道，即从学校到社区和从社区到学校的传播渠道。[②]

（二）学校与社区互动关系的功能

学校与社区的互动能成为世界性的潮流，成为实践终身教育理念、构建学习型社会的积极策略，主要在于学校与社区互动关系的功能。学校与社区在这种互动关系中，发挥着各自的优势。

一方面，同社区相比，学校的优势主要包括办学优势、文化优势、文明辐射优势、空间优势等。这些方面的优势决定了学校在社区发展中可以发挥重要的功能。[③] 具体来说，学校对社区的功能主要体现在：

1. 教育功能。学校有一定的办学经验与传统，有专职的师资队伍，懂得教育规律、教和学的方法，有强烈的教书育人的价值取向或职业道德习惯和教师人格感染力量。学校拥有相对齐全的教学设施和文娱体育活动的设备和设施，对整个社区的文化教育活动具有空间调节作用。

2. 文明辐射功能。学校作为一个知识密集型组织，其所体现的现代社会的文明精神和价值观念，对社区成员有一定的文明辐射优势。

① 唐·倍根、唐纳德. R. 格莱叶著，周海涛主译：《学校与社区关系》，重庆大学出版社 2003 年版，第 17 页。

② 刘淑兰：《学校与社区的互动》，四川教育出版社 2003 年版，第 63 页。

③ 鲁洁：《教育社会学》，人民教育出版社 1990 年版，第 329～355 页。

3. 经济功能。学校对社区有着间接与直接的经济功能。其中间接的经济功能主要是以学校培养的学生参与社区经济建设为中介实现的，学校也可以从实际出发，通过发展校办产业以及通过进行社区经济状况调查咨询、科技服务等形式直接参与社区经济发展。

另一方面，社区在学校日常运作和长期发展过程中发挥着不可或缺的重要作用。主要有：

1. 支持功能。主要指社区为学校的生存和发展提供物质、经费和信息等方面的支持。《中国教育改革和发展纲要》指出："教育投入不足，教师待遇偏低，办学条件较差一直是困扰我国教育发展的严重障碍。"那么与学校最为密切的社区对于教育经费的筹措具有重要的责任。其各个方面的支持，对于提高学校办学水平、增加教师队伍的稳定性，进而提高学生素质具有重要作用。

2. 参与功能。主要是指社区积极主动地参与学校教育过程以及参与学校内部管理。社区除了参与学校教育过程，还可以在办学方向、课程结构、培养目标、考核评价机制等方面给予学校管理以监督和指导，使学校管理过程更加透明和公开。①

3. 推进学校素质教育功能。社区在推进素质教育中的作用主要表现在引导教育观念、创造物质条件、优化育人环境、协调教育力量和直接参与素质教育等五个方面。②

可见，以上功能成为学校与社区存在互动关系的必要性所在。

(三) 学校与社区互动的影响因素

学校与社区的互动就是学校与社区之间的相互作用。学校内部诸因素如师资水平、校园文化氛围、学校规模和层次等对学校与社区互动关系的深度、广度及频率具有决定性影响。社区作为与学校发展具有最直接联系的外部环境，其中文化传统、经济发展水平、居民素质等对于社区在学校教育、

---

① 刘淑兰：《学校与社区的互动》，四川教育出版社2003年版，第68～72页。

② 任胜洪：《浅析社区在推进素质教育中的作用》，《贵州师范大学学报(社会科学版)》2000年第3期，第87～89。

管理过程中功能的发挥也具有重要的影响。学校与社区的互动是在社会宏观政治和经济以及法治发展大环境下进行的，互动的层次和水平受到社会政治、经济和法制条件的制约。

(四) 学校与社区互动的原则

经过 20 世纪 80 年代至今 30 多年的发展，学校与社区互动呈现出多样化的发展模式。目前，如果从互动主体的主动程度来划分，学校与社区互动主要包括社区主导参与模式、学校主导参与模式和学校与社区共建模式等几种主要模式。[①] 这几种模式若要取得成效，就都需要遵循一定的互动原则。

1. 资源共享原则

学校与社区相对于各自的对方，都有自己的资源优势。学校具有较为丰富的智力资源优势，较强的师资力量和组织性强的密集人群学生，可以在社区教育、社区精神文明和社区经济建设过程中发挥巨大的作用。社区拥有众多的机关、企业事业单位等组织，相对于学校，社区也具有明显的教育资源优势，社区可以在学校的教育和管理过程中通过积极参与，提高学校教育效果和管理水平。

2. 民主平等原则

学校与社区在互动过程中居于平等地位，不是一种自上而下的行政关系，而是一种平等主体的民事法律关系。学校具有独立的法人地位，可以在法律允许的范围内独立与社区组织签订合约，享有合约规定的权利并承担合约规定的义务。学校与社区的互动过程应当是一个互利过程，任何一方所得利益不应当以另一方的绝对付出为代价。

3. 法治规范原则

学校与社区的互动应该在国家法律法规的框架内依法进行。但应当注意到，由于我国社区建设才刚刚起步，教育法制还有待于进一步健全，社区与学校互动的研究还需进一步深入，所以目前我国还没有制定出专门的规

① 刘淑兰:《学校与社区的互动》，四川教育出版社 2003 年版，第 82 页。

范学校与社区互动的法律规范。有关学校与社区联合办学、筹措教育经费、开展校外教育的内容在教育法、义务教育法等法律法规中都有规定，但这些规定大多是原则指导性的，还没有细化成可操作性的规则和要求，所以为了规范学校与社区的互动，必须制定出详细的操作规则。

4. 整体营造原则

学校与社区的整体营造原则要求学校和社区在互动过程中应着眼于社区的整体、和谐发展，同时，也意味着社区与学校互动的良性氛围需要社区内所有相关组织、群体之间的整体力量配合。

第二节　我国中小学学校与社区互动的实践

一、我国学校与社区关系的历史演进

在我国，学校与社区的关系在不同的社会历史阶段，伴随着所处历史时期地域社会特征的转变，呈现出不同的特征。

(一) 20 世纪 20～30 年代的乡村教育运动

教育家陶行知先生学习并改造了美国教育家杜威的理论，于 1927 年 3 月 15 日主持创立了中华教育改进社，在南京市郊创办晓庄师范学校，进行了 3 年多的实验，形成了“以社会即学校、生活即教育、教学做合一为主要内容的生活教育理论”。①

其教育理论与实践对后来的教育活动，特别是乡村师范建设产生了广泛而深刻的影响。1932 年他又在上海郊区孟家木桥创办了山海工学团，山海工学团既是工厂、农场，也是学校，又是社会，其办学成绩显著，吸引了各

① 王如才等:《乡村教育运动的历史回顾与前瞻》,《山东教育科研》1997 年第 4 期，第 72～74 页。

地青年男女来这里学习。他企图把学校教育同社会改革、民众教化融合在一起。但是,他的这种教育理想在旧的时代是根本无法实现的。中国平民教育家晏阳初于20世纪20年代创办了河北定县平民教育实验区,他从推行平民教育入手,开办平民学校,培养民众的知识力、生产力、强健力和团结力,以造就"新民",从而达到强国富民的目的。并从1930年起,在河北省定县进行了实验。他把教育与社区改造、社区建设紧密地结合起来。通过实验和研究,他总结出农村的"愚、贫、弱、私"四大基本问题,并提出通过"文艺教育"、"生计教育"、"卫生教育"和"公民教育"来从根本上解决这些问题。① 这四种教育是相互联系的,而且要运用"学校式、社会式、家庭式"②三大教育方式来进行。

(二) 20世纪30～40年代,根据地和解放区学校教育与革命斗争、生产实践、社会生活的结合

1. 学校与社会密切结合。教育面向社会,并根据社会的需要和可能办学校。学校为当地群众办识字班、出黑板报,帮助他们解决婚姻、生活、生产问题,学校还把政府法令、政策当作课程来教,便于学生帮助政府推行各项工作,毕业后根据需要成为国家干部。2. 课程和教材内容紧密结合生产、生活和社会实际,学以致用,如税收、算帐、统计战绩、救护伤员、支援前线等编入算术和语文课本,进行教学。3. 办学体制和办学形式灵活多样,公办、民办、民办公助、群众办学等多种多样,正规教育和非正规教育同时并举。4. 领导体制政教结合,教育干部和地方干部经常交流和调剂,把一些在地方工作的干部调到学校当干部、教员,把教员调到地方工作,使经验得到交流,一些小学由乡长、村长兼校长,经常给学生讲政府工作和形势任务,上公民课。总之,这时期的学校教育不仅对发展生产、支持革命战争、巩固革命政权和赢得民族的解放发挥了重要作用,而且对文化教育的普及、移风易俗、地方建设也功不可没。因此,可以说,20世纪20～40年代,党领导下的革命根据地和解放区实现了学校教育社会化,开了建立具有中国特色的社区教

① 晏阳初:《晏阳初全集(1)》,湖南教育出版社1989年版,第274页。

② 晏阳初:《晏阳初全集(1)》,湖南教育出版社1989年版,第259～262页。

育的先河，尽管当时还没有使用“社区教育”这个名词。

（三）1949年以来，我国的学校教育系统的完善

一方面发扬了革命根据地和解放区的办学经验，重视学校同社会发展的关系，努力使学校教育同社会生产、政治形势、群众生活相结合，同时，也不可避免地染上了现代学校中心主义的许多固有弊端。为了克服这些弊端，我国曾在1958年提出过“教育革命”的口号。1964年，毛泽东同志对学校教育脱离实际、学生负担过重等问题提出严厉批评。这两次教育改革，由于种种历史原因，没有找到学校与社区、与社会相结合的具体组织形式，最终都变成了一场政治运动。在“文化大革命”之后，教育战线进行了拨乱反正，整顿了教育秩序，教育事业有了新的发展，使学校教育步入了“正轨”，在短时期内为社会培养了一大批人才，为高校输送了一批合格的新生。与此同时，片面追求升学率的倾向重新抬头，教育脱离社会生活和生产实践的问题也有了新发展，学校的封闭性更加突出。直到20世纪80年代中期，社区教育的兴起，才在学校与社区之间架起了联系的桥梁，初步改变了学校与社区、社会相互隔绝的状态。

（四）20世纪80年代，真正现代教育管理意义上的“学校与社区”研究与实践的开始

一方面，我国教育事业发展所面临的现实矛盾表明，仅仅依靠发展制度化教育来提高人民大众的科学文化水平和提供终身教育的机会是不切实际的，必须在教育社会化的过程中促进学习社会的形成。因此学校教育制度要以促进人们终身学习和创建学习社会为改革方向，推进教育社会化，充分发挥其社区文化中心和教育中心的作用，把学校与社区的合作作为学校教育改革的目标及措施。教育改革要从管理体制着手，改封闭式办学为开放式办学，吸引社区参与监督、管理学校，服务于学校，同时，让学校回报社会，服务于社区。并且建立社区教育中心，完善纵横交错的教育信息交流、管理体系，实现社会教育一体化。

另一方面，我国社区教育从20世纪80年代中期兴起以来，已逐步从提高青少年素质的学校社区教育拓展为提高社区全体成员（包括青少年）的素

质、生活质量和发展社区的社区教育。这种社区教育是适应教育对社会(或社会对教育)的需要而产生的,其发展前景只能是社会与教育的结合越来越密切,最终走向学习化社会的形成。所以今天的社区教育要走向未来,实现学习化社会,它的途径是教育要走向社会,社会要教育化,这也是社区教育的必由之路,而社区教育的共同参与,社区与学校的双向互动便是社区教育今后的发展趋势。因此,必须动员和依靠社会各方面即社区、家庭等力量,形成教育的合力,共同完成育人任务,提高教育效果。自此,学校教育开始打破封闭的格局而与社会沟通。①

1985 年 5 月 27 日颁布的《中共中央关于教育体制改革的决定》指出,"教育体制改革的根本目的是提高民族素质",要求启动"经过改革,要开创教育工作的新局面,使基础教育得到切实的加强,职业技术教育得到广泛的发展,高等学校的潜力和活力得到充分的发挥,学校教育和学校外、学校后的教育并举,各级各类教育能够主动适应经济和社会发展的多方面需要"。《决定》的发表为社区教育的发展提供了新的契机,学校与社区互动的形式更加多样化。①

20 世纪 80 年代中期,我国一些大城市掀起了社会支持教育的活动。1986 年 9 月 30 日,上海市真如中学诞生了一个跨系统、跨行业的群众教育组织——"真如中学社区教育委员会"。② 它以学校——真如中学为牵头单位,由附近的企业、部队、商店、镇政府等为理事单位,宣传和形成尊师重教的社会风气,动员社会各方面支持学生参加社会实践活动,集资办学,改善学校办学条件,建立家庭教育网络,实现学校、家庭、社会教育一体化以及加强地区精神文明建设等,发挥了联络、协调、咨询、指导的作用,迈开了学校与社区互动的第一步。此后,在上海其他的一些中学也相继成立社区教育委员会,或在一些街道成立社区教育委员会,仅上海市区 138 个街道(镇)中,就已经有 91%先后成立了社区教育委员会。上海社区教育的产生引起了国

---

① 刘淑兰:《学校与社区的互动》,四川教育出版社 2003 年版,第 16 页。

② 王岚:《对我国社区教育的思考》,《福建师范大学学报(哲学社会科学版)》1996 年第 1 期,第 120～126 页。

内教育界和社会各界的关注，它的做法和经验很快地从上海向全国城乡辐射。随后，一些地区，也对建立学校、社会、家庭三结合的教育协调组织进行了有益的探索。20 世纪 80 年代末，在北京召开的面向 21 世纪教育国际研讨会所提出的报告《学会关心：21 世纪教育》提出："要想形成 21 世纪要求的学习，教育体制应不囿于目前的模式，可能其重要的方面将是社会更多地参与学校和学校更多地参与社会。"学校成为社区教育的基本力量，而社区也正进入学校改革的视野。

（五）20 世纪 90 年代以后，有关"学校与社区"的改革实践更加丰富

1992 年颁布并实施的《中国教育改革和发展纲要》就明确指出："支持和鼓励中小学同附近的企事业单位、街道或村民委员会建立社区教育组织，吸收社会各界支持学校建设，参与学校管理，优化人文环境，探索出符合中小学特点的教育与社会结合的形式。"1993 年在北京召开的全国社区教育研讨会上，有学者提出我国社区教育发展的新思路：把社区教育和社区发展结合起来，把社区教育与教育管理体制改革结合起来，把学校教育与社区参与结合起来。经过社区教育委员会和"九五"社区教育国家重点课题几年的推行，这一社区教育发展思路受到广泛的关注。2004 年 12 月 1 日，教育部颁发了《关于推进社区教育工作的若干建议》，强调了落实《2003～2007 年教育振兴行动计划》中提出的"推进社区教育"的任务。可以说，发挥社区在教育中的积极作用，在学校与社区之间建立一种相互促进、共同发展的关系已经成为当前我国教育发展的一个重点。①

经过这一时期的发展，学校与社区的合作已经从最初社区支援学校的阶段，经过学校回报社会的阶段，进而发展到学校与社区互动的阶段。这种趋势也体现在学校与社区合作的具体内容上。例如，从最初将社区作为学校的德育基地而帮助青少年学生形成良好的道德品质，拓展到学校利用自身教育、文化等优势参与社区建设，帮助社区发展，再到目前的学校与社区"双向服务"，互相促进。如今，学校与社区的互动受到更广泛的关注，理论

① 杨颖秀：《美国：营建学校与社区关系的几种常用方法》，《中小学管理》2005 年第 3 期，第 12～13 页。

与实践研究显示，这种互动的合力对于社会的和谐发展影响深远。在我国，虽然关于“学校与社区的关系”的研究越来越多，但是对于学校与社区良性互动关系的相关问题研究还没有引起足够的重视。

二、学校与社区互动的典型实验

（一）上海市浦东新区学校与社区互动概况

1. 浦东新区学校与社区关系的发展概况

自1995年以来，浦东新区在初步完成了新区开发开放的行政区划调整基础上，为进一步推进社区建设，满足社区居民的文化生活需求，促进社区居民对社区的归属感和认同感，开始大力推进社区教育的发展。概括而言，浦东新区社区教育的发展大致经历了这样三个发展阶段①：(1) 启动阶段。以1999年6月确定在浦东新区的潍坊、金杨、梅园、南码头、钦洋镇5个街镇试点为标志，社区教育的实验工作正式启动，主要做了开展实验试点、总结交流和组织理论研究三方面的工作。(2) 准备阶段。浦东新区被教育部正式确定为全国社区教育实验区后，积极开展舆论宣传工作，传播社区教育、学习型社区、终身教育理念，总结试点经验，建立了社区教育工作推进委员会及其办公室，明确了各成员单位的职责。(3) 推进阶段。2002年5月召开了推进浦东新区社区教育实验工作会议后，即进入了全面推进的阶段。这一阶段特点是，建立组织、制订规划、建设载体、组建队伍、强化管理、增加投入，重点加强理论研究工作。

2005年11月，中共上海市委常委会通过了《关于推进学习型社会建设的指导意见》，提出推进学习型社会和构建终身教育体系是全党和全社会的共同任务，并确立了推进此项工作的总体目标和实施步骤。《意见》中提出：到2010年初步建成“人人皆学、时时能学、处处可学”的学习型社会框架。②据此，学习资源的统筹和整合，学习型社区的建立和发展就是其应有之意，

---

① 楼一峰，姚天德：《浦东新区社区教育现状与发展的趋势研究报告》，《浦东社区教育》2005年第3期。

② “上海启动终身教育立法”，立法动态——中国人大新闻——人民网，http://npc.people.com.cn/GB/14957/53049/4691705.html.

而这必然包括了学校和社区的互动与合作。2006年，各区县积极开展学校资源向社区开放的实践工作，之后上海市民政局等五部门又出台了《关于本市体育文化教育设施资源向社区开放指导意见的通知》，对资源开放活动予以了肯定和政策保障。根据《指导意见》，市、区县所属体育场馆，市民体质监测站，学校（含普通高校、中学、小学、中专、技校、职校等）单位的操场、球场、田径跑道等露天运动场所，要安排适当时段向社区居民免费开放；对公办学校的阅览室（含电子阅览设施）、普通教室（含多媒体教室）、会场等教育设施，可根据社区实际需要，在与学校协商基础上，在正常教育教学活动以外的适当时间段，由社区会同学校组织实施开放。

浦东新区社区教育最大的亮点在于“学校资源向社区开放”政策的实施。基于实践和宏观政策指导背景：一是社区建设和发展社区教育，满足居民文化生活的实际需要；二是在终身教育理念的指导下，我国的宏观教育政策指导中都明确要求学校在保证正常教育任务顺利进行的情况下，将现有的教育资源开放出来，以实现教育资源的整合。2004年11月浦东新区出台了“学校资源向社区开放”的相关试点政策。

2. 浦东新区学校与社区互动的内容

浦东新区以推进学校资源向社区开放来促进学校与社区的合作，使学校融入社区，共同建设社区的精神文明和和谐氛围。“学校资源向社区开放”就是一个切入点、突破口。事实上，各教育署在这一工作的具体实施中，已强调的是“学校、社区资源的双向开放”。可见，学校与社区的这种合作关系正在逐步建立。

到目前，学校与社区合作的内容主要有学校体育、文化教育硬件资源向社区居民的开放，以及学校为社区提供智力资源，如教师到社区授课、进行家庭教育方面的咨询等等；而社区则为学校营造良好的文化氛围，以及为学生提供社会实践的机会等。主要表现在以下几个方面：

（1）硬件资源的开放

体育场所全面开放，为居民健身、运动提供了丰富的资源。据统计，到2006年末，几乎所有的公立中小学都在周末将体育场馆资源开放出来，个别职校在每天早晨和下午放学之后也对周围社区居民免费开放。到2007年3月，除了周末之外，在寒假也按要求每周开放三天。而体育场馆开放的形式也有不同：一是露天篮球场、足球场免费开放，供居民使用(针对单位比赛等性质的活动，收取一定费用)；二是室内场馆有偿开放，收取少量的成本经费。因此，在推进学校资源向社区开放之后，这部分资源极大地补充了新区的体育设施在数量上的不足和内容上的单一。使用学校开放的体育资源的人群主要有社区的青少年、附近单位的职工以及社区中老年人的文艺活动团队。其中社区的青少年和附近单位的职工大多在周末去学校的运动场打篮球或踢足球，当然，此类开放的学校主要是中学和职校，它们拥有比较标准的运动场地，体育设施资源相对丰富，周围社区的青少年和年轻人也偏爱到这样的学校活动。总的来说，通过到学校活动，附近的居民也从学校的宣传画、展览墙等校园环境设施开始了解学校的办学理念和概况，这为居民将来参与学校建设打开了一扇了解之门。学校与社区居民之间的关系正是从了解、熟悉到理解、参与这样逐步建立起来的。

文化教育设施有组织地开放，丰富了社区文化教育活动的资源。文化教育设施是学校资源的一大优势，如图书室、电脑房、多功能活动室等。由于学校身处于社区之中，就在居民身边，它们所拥有的文化教育资源恰是发展社区教育所需整合的力量。因此浦东新区在推进学校资源向社区开放的政策中，特别强调了“图书馆(电子阅览室)、电脑房以及用于社区学校的教室等”项目的开放。而到目前为止，这类资源主要是通过街镇与学校的协商，有组织地向社区居民开放，即由社区根据上级要求或居民需求，组织居民到附近学校使用相关的文化教育资源。这一特征较为明显地体现在电脑房及教室的使用上。2006年，就有70多所中小学将电脑房提供给社区居民的网络培训活动使用。此外，由于居委会一般没有比较大的教室场地，遇到需要开居民代表大会、选举或开办大型讲座时，也常常由居委会出面借用学校的会议室或多功能教室等。

在图书馆资源的利用方面，如建平实验学校的图书馆由于藏书资源并不是很丰富，为此，在2005年，他们就与浦东新区图书馆建立起了合作关系，得到了新区图书馆的帮助，学生可以通过学校集体向新区图书馆借书，一定程度上解决了学校藏书资源不足的问题。而2006年，学校图书馆又与金杨新村街道展开合作，经多次协商之后，将金杨街道的社区图书馆合并，把整个图书馆的人员、书籍都搬了过来。建平实验学校的图书馆也因此挂牌为"金杨新村街道图书馆"，并专门从学校外开了一扇门，居民可以直接上楼进入图书馆。目前，该图书馆的藏书量扩充了一倍，而资源整合后使社区居民拥有了更丰富的阅读资源和阅览场所，也充实了学校的藏书，双方都得到了发展。总之，浦东新区学校硬件资源的开放使得居民开始走进学校，了解学校的文化和理念，为学校与社区建立良好的合作互动关系奠定了基础。

(2) 学校软资源的开放

学校软资源，主要是指智力资源、文化影响等。学校软资源的开放逐渐成为新区推进学校资源向社区开放的一个新亮点，并由此拓展了学校与社区合作的内容、范围和深度，促进了双方进一步的深入理解。

教师是学校核心的教育资源，他们拥有专业的知识、教育的理论，为社区教育提供了所需要的师资力量。在浦东新区，2006年以来，学校组织教师为社区居民开课、咨询的活动已经很普遍。主要方式有两种，一是将居民请到学校里来；二是教师走进社区，在社区学校、街镇活动中心或居委活动室为社区居民提供教育文化的服务。比较有特色的是第一教育署所成立的"讲师团"，它整合学校强大的师资力量，根据居民的需求，深入社区为居民开办各类讲座，发动学校参与和支持社区教育工作，开放资源服务于社区居民的文化生活，充分发挥了教育署在学校与社区之间的桥梁纽带作用。同时，学校师资力量向社区的开放并非是一个单向的关系，通过学校软件资源的开放，实际带来的是双方软件资源的互通。由此可见，在浦东新区，这种群体与群体之间的沟通、人与人之间的交流都带来了学校与社区相互关系的深入发展。

(3) 各项保障机制的建立

自2004年12月浦东新区以行政力量介入推动学校资源向社区开放的试点工作以来，就在努力探索促进"开放"的有效措施，其中如何建立合作的机制成为试点工作研究的一个核心问题。经过一年的试点阶段，有近一百所学校与所在的街镇签订协议开放资源，积累了较为丰富的经验，并形成了“学校资源向社区开放”的初步机制。于是，在2005年10月发布的《关于浦东新区中小学校资源进一步向社区开放的若干意见》文件中就明确了“以机制建设推进开放工作”的指导思想，并具体提出了四大机制。

建立了领导协调机制，协调各参与主体进行沟通和协作，这也是最核心的机制。具体的办法有成立“学校教育资源开放工作协调管理委员会”、联席会议制度，或是通过社区教育委员会来协调。这一机制的建立是开展各项开放工作的前提。目前，新区几乎所有学校都与社区建立了这样的领导协调机制，并下设管理小组具体负责相关事宜，从制度上保证了学校与社区管理层的沟通。

建立了安全保障机制。安全责任问题是开放之前学校最为担心的问题。在学校与社区的互动中可能发生的人身安全、财产安全等问题，由各街镇与学校协商根据本社区和学校的实际情况落实相应的安全管理措施，如安全告示、提示标志、管理人员、值班制度、损坏赔偿规定等。还有通过由街镇为学校购买保险的方式，来解决相关的安全责任问题。如第一教育署范围内的四镇二街道基本都已为学校购买相应的保险，其他地方的街镇有的也采取了这一做法。通过这样的安全保障措施，基本解决了学校开放资源的后顾之忧，也消除了一些可能会产生的纠纷，保证了学校与社区合作关系的顺利发展。

建立了成本补偿机制。在坚持“不以赢利为目的”、“收费为了加强管理”的原则，实行无偿使用和低偿使用相结合的办法。对于居民无偿使用的资源，如露天体育设施、有组织地使用电脑房、图书馆、教室等采取以社发局补贴(奖励)和街镇活动经费支持的方式来对学校进行一定的补偿。对于一些设施较好的室内体育场馆的使用，通过向来活动的居民收取基本的成本费用；同时，学校按规定向物价部门申请办理收费许可证，以弥补学校开放过程中带来的物资损耗与人力消耗。对这一机制的建立，新区政府的财政投入是很大的。新区文明办也对成绩显著的学校、教育署、街镇给予了一定的奖励。街镇方面，主要是通过给学校买保险、定期给予学校经济补贴、组织社区退休人员组成志愿者参加开放日值班等多种方式，给学校以支持。这些成本补偿举措基本已形成制度，对学校开放资源的长期性奠定了基础。

建立了奖励激励机制。在新区社发局与文明办发布《关于浦东新区中小学校资源进一步向社区开放的若干意见》的文件时，就已经制定了《浦东新区学校资源向社区开放评价指标》，以此考核评估办法为依据，通过实地查看、听取汇报、交流访谈等形式，对在学校资源向社区开放、共享利用中创新管理模式和社会效益显著的学校，综合学校设施资源开放程度、规模大小、开放时间与次数、社区反映、本校学生评价等因素，进行综合检查评估。

综上所述，浦东新区学校资源向社区开放工作不仅从资源整合的角度较好地解决了社区教育资源匮乏的问题，成为浦东新区社区教育实验的一大亮点。而且，由于资源的整合、共建，让社区居民走进了学校、教师走进了社区，并以多种机制的建立，保障和促进了学校与社区合作、沟通关系的发展。

(二) 成都市青羊区学校、家庭、社区三结合教育模式

成都市青羊区从1987年开始开展社区教育工作，是我国最早开展社区教育的城区之一。最初，该区是以宣传、动员社区、家庭关心、支持学校教育来探索“三结合”教育模式。目前该区的重点已转到以大教育服务于社区经济、社会发展，并致力于全区居民的终身教育、学习型社区的建设中来。2000年10月，教育部和中国教育学会在青羊区召开了“学校、家庭、社会三结合教育模式”的经验交流会，为我国社区教育的发展提供了很多典型的经验和实践成果。

由此，青羊区的社区教育工作获得一个跃进式的发展，形成了很多方面的特色和亮点。下面介绍几个具体做法：①

1. 成立以学校为主体、家庭为基础、辖区为依托的辖区级的“三结合”教育模式

全区各校依托辖区，抓住机遇求发展，面向社会开门办学，在人力、物资

① 刘淑兰：《学校与社区的互动》，四川教育出版社2003年版，第207～220页。

等方面都得到全社区的关心和支持。辖区积极改善办学环境和办学条件，在大德育教育观的指导下，打破学校传统德育的封闭性，利用辖区内有效的、现存的教育资源，充分挖掘有利于青少年健康成长的地方或场所，如以车耀先烈士纪念馆、十二桥烈士墓、辛亥秋保路死事纪念碑、少年军校、文化馆、青羊区戒毒所等为载体的一系列革命传统、爱国主义、国防、科普、法制教育基地，达到资源共享，充分发挥育人的作用。还成立了以区老干局、区科技顾问团为主要力量，由老红军、老干部、社会知名人士、具有专长的人员组成的校外兼职辅导员队伍，同时该区还引进了四川师大、华西医科大学、四川省教育学院、四川省社科院和省市教科所的研究人员参与和指导中小学的心理教育工作。这些教育活动深受家长和学生的欢迎和喜爱。他们说"学校停课放假，社会大课堂开学了"。比如，学校免费放映专场电影。学校利用节假日选出爱国主义教育、革命传统教育、安全教育等影片，开设母子、父子专场电影，让孩子同自己的父母一起度过有意义的闲暇时光，这是实验小学战旗分校在社区教育实践中的一个创举，得到了一致好评。①

建立辖区家长学校也是该区的教育特色之一。早在 20 世纪 80 年代中期该区就开办了学校牵头的家长学校，在帮助家长树立全面育人的教育观念，提高科学育人水平等方面做出了不少成绩。如斌升街道社教委就是率先成立辖区家长学校的一个范例。针对辖区特点和普遍存在的问题经常开办讲座，如"做 21 世纪合格的家长"、"婚姻与家庭教育"、"青少年心理健康"等。此外，还在弱智教育中心为残障儿童专设辅导班和初中职业技术教育班。这些举措，都切中社会的现实需要，得到社会的充分肯定。再比如，成都市实验小学战旗分校地处二环路以外的战旗小区内，是小区配置开发修建的一所学校。其生源主要来自战旗小区和府南新区农转非居民及外地打工人员的孩子，有 80%的家长只有初中及以下的文化水平，70%的家长下岗待业无固定工作。受家庭环境的影响，这些学生在行为习惯、卫生习惯、学习态度等方面存在一些缺陷。针对这种情况，学校在建校初便成立了家长

① 成都市青羊区：社区教育风景独好[OL]. http://www.61bay.com/edu/q68101.htm.

学校，以家长学校为纽带，通过专题讲座等形式，提高家长素质和家庭教育水平；利用学校的教育资源，不断提高社区居民和家长的素质。同成都实验小学战旗分校一样，青羊区的学校都积极参与到社区教育建设中，把教育的半径扩大到家庭、社会，走出了一条学校、家庭、社会和谐育人的宽广之路。①

2. 构建学生、教师、家长紧密配合的学校班级教育模式

青羊区在实践中，提出了"以学生为主体，教师为主导，家长相配合"的班级教育模式。班级"三结合"教育是实现社会参与教育活动的基础组织形式和最富直接教育意义的模式。其机构是班级家长委员会，主要职责是用素质教育的观念统一教师、家长、学生的认识，从班级出发，创造有利于学生发展的班级和家庭环境，形成学校、家庭教育目标一致的评价标准。主要做法有：

第一，建立教师、学生、家长之间民主、平等的关系。教师和家长共同学习现代教学理论，端正教育观念，从认识上澄清与以"学生的发展为本"相悖的旧观念，从而自觉地与学生建立平等的关系；教师、家长一道参与课题研究，选择符合现代教育思想的科研课题，提高认识；教师、家长共同参加班级的系列教育活动，使三者在活动中加深沟通，如开展"爱生卡"、"城市希望工程"、"孩子成长照片展览"等活动。学校在对教师的考核评价中，将教师对学生的态度及"减负"的做法纳入考评项目，以减轻学生过重的课业负担，为其个性特长发展提供条件。

第二，教师、家长、学生互相交流和学习。在教师、家长围绕学生进行传统式互访活动中，拓展内涵，进行了三者之间系统的交互活动。如有的学校改变过去单一的教师访家长或家长访教师的做法，由教师和学生代表一起组成家访小组，使家长、学生、教师交流的渠道拓宽了。在教学中，既有学生积极、主动地参与教学过程、教学活动、教学评价，也有教师虚心向学生学习的过程。在教育、教学评价中要求将学生自评，小组评议，班主任、各科教师、家长评议结合进行，以体现民主平等的教育观念。

---

① 成都市青羊区：社区教育风景独好[OL]. http://www.61bay.com/edu/q68101.htm.

第三，家长、教师共同为学生创设良好环境。很多学校为了让学生在良好的环境中学习、生活、成长，从班级文化建设和家庭文化建设两方面加强了环境建设。

(三) 合肥市蜀山区学校与社区互动概况①

合肥市蜀山区位于合肥市西南部，总面积168.29平方千米，人口35.46万，区内辖一个镇，6个街道办事处，40个社区居民委员会，6个村委会，是合肥市人口最多、面积最大的城区。蜀山区内共有一百余所学校和科研单位，其中包括省内唯一两所“国家211重点建设大学”，以及中科院合肥研究院、中国电子科技集团第38、43所等科研单位。另外还有安徽科技馆、合肥科技馆、合肥图书馆等一批现代化的科教文化设施。蜀山区也因此享有“科教文化区”之美誉。2003年12月初被国家教育部确定为“全国社区教育试验区”。作为现代意义上的社区教育试验区，该区的成功经验促进了全国社区教育的不断完善与发展。

1. 组织机构设置状况

蜀山区的社区教育自2003年12月，即蜀山区被国家确定为“全国社区教育试验区”之后，社区教育得到了有关领导的高度重视，在区委、区政府及上级主管部门的领导下，由区教育局负责，将社区教育工作列为工作的重要议事日程，成立了由教育局“一把手”任组长的社区教育工作领导小组，并确定了一名副局长具体负责，责成团委实施。各校也相应成立了由校长任组长的社区教育领导小组，校少先队和团支部负责具体操办此事，形成了覆盖全区的，由教育局领导、区团委和有关部门定期检查、指导的社区教育工作体系。

该区的社区教育被划分为三块体系。即以在校中小学生为对象的“三结合”教育体系；以社区退休干部、退休老师为主导的“老年教育”体系和以普通居民为对象的“文明市民教育”体系。蜀山区尤为重视全区青少年儿童的教育事业，因此，有关在校学生的社会化教育发展较早。1986年，区委、区

① 李玮：《合肥市蜀山区社区教育模式研究》，安徽大学硕士论文，2005。

政府召开首次企事业单位办学工作会议，成立了该区“儿童少年工作协调委员会”，下设事业发展、教育、卫生、校外活动、宣传五个组，1987年区、街道成立“精神文明协调委员会”。在评选“文明单位”“文明学校”“文明大院”和“五好家庭”等活动中，将青少年教育工作列为一项重要内容，开始进行学校、家庭、社会“三结合”教育试点工作。1990年春，区、街道和地区内2 000人以上单位及各中、小学相继成立了“青少年儿童学校、家庭、社会三结合教育工作协调委员会”，聘请家长和学区单位、街道、派出所有关领导参加，发正式聘书，召开成立大会。至此，蜀山区被安徽省人民政府发展研究中心列为“三结合”教育试验区。面向在校学生的“三结合”教育形成了政府牵头、学校起主渠道作用、社会广泛支持的管理模式和运作机制。蜀山区的老年教育体系初建于1997年，形成的是以区老年大学、街道和社居委的老年学校为全部内容的三级教育网络，将社区老年教育向纵深方向拓展。面向普通居民的“文明市民”教育体系发展较早，它一直被列为创建文明社区、打造社区文化的一部分，主要有区民政局主管，街道和居委会负责具体实施。每个街道、社居委都设置了教育宣传栏，成立了社区居民活动中心。

2. 学校与社区互动的内容及形式

目前，蜀山区六街一镇开展的学校与社区互动的活动内容可以分五类：青少年儿童的社会化教育、提高居民素养的休闲教育、文娱活动教育、知识教育和党员教育。从活动开展的正规性和频率进行粗略的计算，其中青少年儿童的社会化教育内容占社区教育的很大比重，说明了该区“三结合”教育开展成效显著。从学校与社区互动的形式来看，其中，青少年儿童的社会化教育主要以“三结合”教育为载体，发挥学校在青少年教育中的主渠道作用。活动着重抓住了以下几点：

(1) 社会捐资助学。每逢“六一”和教师节前夕，学校利用社会关心儿童和尊师重教的契机，邀请学区单位领导参加学校“三结合”教育协调委员会召开的汇报会和庆祝会，汇报各委员所在单位和家长配合学校支持办学、育人方面取得的成绩，以不断获得各方面的支持和帮助。在了解学校困难和情况后，学区单位和厂办学校办学单位掀起一次次集资办学和个人捐资助学的热潮，自 1987 年以来使 4/5 以上学校办学条件大大改善，2/3 以上中、小学实现了“一无六有”，大部分学校借此配上了电教室、音乐室、图书室、实验室、文体活动器材室，有的还设有了语音室和微机室。青年路小学、50 中还利用学区单位的德育资源，建立了社会实践基地。学校办学条件的改善有利于提高学校的教学质量，培养学生的各项素质。

(2) 开展系列教育活动。各校利用节假日开展各种有意义的第二课堂教育，并注意调动家长和社会关心下一代，解决开展活动的交通工具、经费和辅导人才等问题。春节提倡“不要压岁钱”，开展艰苦奋斗教育；三月份深入开展“学雷锋、学赖宁”活动；四月份踏青、扫烈士墓；五月份纪念“五四”，进行革命传统教育；六月份开展争当“小主人”活动；迎“七一”进行党史教育；暑假和“八一”进行国防教育；九月份“教师节”开展尊师爱生活动；迎国庆进行爱国主义和国情教育；十月份“老人节”开展尊老和社会道德风尚教育；十一月份秋游赏菊进行热爱大自然、爱我家乡教育等等。通过系列活动的开展，丰富了学生的课外生活，提高了学生的综合素质。

(3) 健全家教网络。在家庭教育和学校教育相结合上，蜀山区形成了自己的特色。1978 年该区成立了全省第一所家长学校，后来社区内有条件的学校纷纷效仿，建立起自己的家长学校。家长学校是由原先的家长会形式发展而来，其内容由学期结束后各班汇报学生成绩扩展为定期的教育讲座，学校聘请优秀学生家长和教育专家向家长传授不同年龄的子女教育常识和方法，并开展经验交流。铁道部第四工程机关和省电力试验所利用闭路电视开办了电视家长学校，举办录像系列讲座，收视率很高。学校还在机关大院设立《学校与家庭》专栏橱窗，宣传家庭教育的典型。

3. 学校与社区教育资源利用状况

实现社区资源共享是蜀山区社区教育对外宣传的一项经验，这里的资源包括两个方面，场地、设备资源以及人力资源。在这方面，蜀山区确实有着典型的范例，区老年大学就是其中一例。区老年大学的校址设在区教育局办公楼五楼，利用的是教育局的办公场地，教育局将微机房开放，为老年大学提供了计算机课程教育的设备，除此之外，老年大学的主要管理人员还是教育局的督学。换句话说，在场地、设备和人员方面，区老年大学和区教育局完全实现了资源共享，避免了重复建设，也节省了必要的开支。

在“三结合”教育过程中，学校充分利用了区内各有关部门和单位的场地和人力资源，优化了青少年儿童成长的社会环境。例如，1988年区教委、团委在解放军电子工程学院的支持下创办了全省第一所少年军校，在合肥50中招了第一期学员，后在省军区，省、市武警部队和炮兵学院的配合下利用暑期将活动继续开展了下去。西园小学还聘请解放军和老红军黄锦思、北京离休干部王遐方任校外辅导员，对小学高年级学生进行教育和培训活动。区司法部门在普法试点学校开设模拟法庭，区电教馆举办“科技夏令营”和“小小摄影家”辅导班等等。与此同时，社区也利用了学校的场地和教育资源，丰富了居民的生活，美化了社区环境。例如，安徽大学将社区内的体育文化设施向区内居民开放，为居民提供了健身和学习的场地。乐农小学针对学校周边商业门面的招牌经常出现错字、别字等不规范用字情况，组织中高年级的同学组成“消灭错别字”小分队，利用课余时间检查登记，并发放有关宣传材料，劝说店家更正，规范了用字，美化了社区的文化环境。

三、英、美、日等国的启示

从某种意义上说，今日美、英、日等国家社会经济的发达正是作为基础工程的社区教育长期经营和潜移默化的结果，他们的经验可以为我国学校与社区互动关系的良性发展提供有益的借鉴和启示。

（一）学校与社区的互动，应坚持“以人为本”的理念，积极促进每一个居民的终身发展

尽管各国学校与社区的互动方式存在差异性，但其根本目的都是为了提高每一个居民的素质和生活质量。学校与社区的互动教育就是要最大限度地尊重每个居民的个性，致力于每个居民的独特性、创造性和审美性的培养，这样才能把社区建设成有特色、有亲和力、有凝聚力的社区。只有以人为本的教育，才能激发学生和居民参与的欲望，实现学校教育与社区教育成本的最小化，效益最大化，才能实现学校与社区的良性互动，才能为社区乃至社会的可持续发展提供强大的人力资源和智力资源。

（二）学校与社区的互动应有一定数量的结合体为开展依托

无论是美国的社区学院、英国的开放大学，还是日本的公民馆都在其国民的社会生活中起到不可忽视的积极作用。可以看出一定数量的、特定的学校与社区结合体是成功开展社会教育必不可少的因素。在日本，公民馆、公共图书馆、博物馆、少年自然之家、儿童文化中心、青年之家、妇女教育等基础设施完善，这些设施为日本社会教育的蓬勃开展提供了坚实的基础和保障。美国的社区学院也是遍布全国，使每一个想接受教育的人都可以方便就近学习。

（三）学校与社区的互动应建立科学、合理的运行机制

科学、合理的运行机制是互动成功的关键。第一，政府要积极推动和保障学校与社区互动的运行。政府的重视对于树立社区教育的思想和地位，促进民众思想观念的转变有着极为重要的作用。政府的投入与支持，更是一种实质的推动。首先，政府对学校与社区的互动关系要提供立法保障。其次，政府应积极投入资金支持社区教育。从国外社区教育的实践来看，能够良好运转、规范作业以至迅速发展都离不开政府在财政方面的大力支持。如英国在 2004 年就向 46 所学校拨款，旨在让这些学校为学生、家庭及社区提供全面的服务。① 第二，学校与社区的互动应建立健全社区教育管理机构。根据国外经验，在对社区教育的管理中，中央政府、地方政府、社区教育委员会，居民自治监督管理机构和各种协会都发挥着重要的作用。加强管理的规范化和运作的市场化不仅可以有效地开发利用已有的教育管理人力资源和物力资源，而且也避免了机构的重复设置和资源的闲置浪费。第三，最大限度地对现有资源进行有效整合，只有对现有教育资源进行重组、改造与再分配，才能实现教育低成本扩张与发展。第四，社区教育课程内容设置上要丰富多样，适应市场需求。社区教育可办成“教育超市”，提供大量供居民自由选择的课程。

① 翟俊卿：《英国：学校服务走进社区》，《世界教育信息》2004 年第 9 期，第 57 页。

第三节　构建我国学校与社区良性互动关系的政策建议

新世纪人才的培养必须突破教育等于学校的旧观念，学生主体地位的建构也应包括学校、家庭和社区。社区的参与使学校教育与社会产生了广泛的联系，把学校教育与社会发展的需要紧密结合起来，能增强学校教育决策的科学性和实效性，从而能使学校获得更为广泛的生存和发展空间。从国内与国外的实践经验来看，无论是学校的老师，还是社区的居民，都已认识到学校与社区互动的必要性和重要性。由于教育体制和教育观念的影响，我国关于学校与社区的互动在实践中存在很多不足，在思想观念、运行机制、内容方法及功能结构上也都需要大力进行改革和创新。因此，根据这种客观要求，本章提出以下政策建议。

一、前提条件：以科学发展观指导学校与社区的互动

（一）科学发展观的核心是以人为本

1. 正确处理人、社会、自然的关系，树立以人为中心的观念。从人类社会发展史看，人类对于人、社会、自然关系的认识，经历了一个从以自然为本、以经济为本、以社会为本到以人为本的认识和实践的历史过程。其间付出了很多沉重的代价，也总结了很多沉痛的教训，人们终于取得历史性共识：必须以人为本。1986 年联合国大会通过的《发展权利宣言》指出“人是发展的中心问题”，此后又提出了可持续发展的理论和战略。1995 年联合国社会发展首脑会议提出，要“建立一种以人为中心的社会发展框架”，“可持续发展问题的中心是人”①。而教育发展则是人和社会可持续发展能力建设的

① 陈乃林，杨向群：《现代社区教育理论与实验研究》，中国人民大学出版社 2006 年版，第 168～169 页。

核心内容。这里还要强调的是，应该全面正确地理解“以人为本”中的人。这里指的人，不仅是生物的人、经济的人，而且是社会的人、文化的人，还是具有独立人格的生命个体。完整地说，人是以先天遗传的自然(生物)秉性为基础的、以必要的物质生活条件为保障的、处于一定社会历史条件与社会关系中的、具有独立人格和鲜明个性的人。我们所说的以人为本，是建立于以上对人这样一种全面完整理解基础上的。

2. 树立尊重学习者主体的观念，推动学校与社区互动中参与性发展。人是教育的中心，也是教育的目的；人是教育的出发点，也是教育的归宿；人是教育的对象，也是教育的根本和主体；教育的终极目的，就是要充分肯定和尊重主体，开发和提升人的主体性，创造和张扬人的主体价值。①

学习型社会不仅要以终身教育体系的建立为基础，而且要以全民成为终身学习者为条件。在学校与社区的互动关系中，不仅仅是互动方法问题，更是尊重和依靠人的主体性、相信和发挥人的主体性的重大问题。参与性发展的前提是相信人的能动性和创造性，在学社互动中应以终身学习的理念为指导，有意识地引导居民自觉、自主、主动、持续学习。

3. 以人的发展需求为导向，为人的终身发展完善服务。坚持以学生与社区居民的学习需求为学校与社区互动的计划、依据和导向，是坚持以人为本的重要体现，要把主动满足社区居民学习需求，促进居民终身发展作为实施社区教育的出发点和基本宗旨。人的需要是多层次的，在这样的情况下，就要把学生和居民的学习需求制度化、经常化；加强课程资源的建设，不断丰富课程资源的内容与品种、数量，使居民“有菜可点”，做到按需供应；学校与社区互动的内容要丰富多彩，使之各有所学、各有所得。随着社会经济的发展，人们对生活质量，特别是精神文化生活的需求，对发展完善自身的教育学习日渐迫切，学校与社区的教育互动要和人的幸福、自由、权益、尊严联系起来，和教育的终极目的与生命价值联系起来。

(二) 全面、协调和可持续发展是科学发展观的主要内涵

1. 在学社互动教育中开展可持续发展教育，普及可持续发展理论知识。

---

① 陈乃林:《坚持科学发展观指导社区教育》,《成人教育》2005 年第 4 期，第 10～14 页。

按照联合国教科文组织的部署，将于2005至2014年的10年间，在全球范围内实施联合国可持续发展教育，即以实施人类千年发展目标为动力，以可持续发展为导向，在以下四个领域广泛开展可持续发展教育：在基础教育领域，开展终身学习与发展所需要的知识、技能、价值观以及“可持续生活方式”的教育；在“重新定位现有教育计划”领域，将从幼儿园到大学对教育进行重新思考和修正，注重用可持续发展相关的知识技能与价值观教育学生；在社会教育领域，充实可持续发展方面的内容，通过大众传播媒体广泛开展宣传教育；在职工培训领域，要在工业、商业等所有经济部门，对劳动者进行可持续发展相关知识技能的教育，培养他们可持续的行为方式与生产方式。可持续发展教育将成为生态文明时代新教育的代名词。①

2. 学校与社区的互动本身也应致力探索和建立可持续发展的运行机制。因为机制比体制更带本质性和稳定性，较能摆脱和超越人治的不稳定的消极因素的影响，与规章制度相比，又带有动态发展的特点。因此，学校与社区的互动要做到可持续发展，就应当探讨建立一种内在的富有长效的运行机制。具体的运行机制本研究将在下一节中进行探讨。

(三) 坚持以科学发展观指导学校与社区的互动

发展是硬道理，发展是解决一切问题的根本之道。发展是科学发展观的基本要求、第一要义。学社互动，就是为了适应社会结构转型时期大批单位人变成社区人，社区居民迫切要求教育走出学校、走向社区，加强社区和学校的双向开放和互动。

1. 促进人的全面发展。人是一个社会化的完整的独立的人，是坚持终身学习、可持续发展的人。在学校与社区的互动中不仅要关注学生的全面素质的综合发展，而且要满足社区居民提高精神文化生活质量的需求；不仅要重视人的体力体能、智力智能的发展，而且要重视居民品格、个性的发展以及文化内涵和生命价值的提升。

2. 促进社会的全面发展，促进社会经济的发展和社会的和谐。科学发

① 史根东：《科学发展观指导下的可持续发展教育》，《中国教育报》2004—5—4。

展观是关于发展的规律与特点、结构与内涵、方向与目标、方式与路径的总的看法和观点、态度，对于各个方面的建设工作具有普遍意义。在学社互动中，只有把科学发展观紧密联系起来，从实际出发，才能促进学校与社区关系的良性、健康和持续发展。

二、机制保证：优化合理的互动运行机制

学校与社区是一种双向互动的关系。双向互动的内容既包括社区对学校的理解、支持和帮助，也包括学校对社区的支持、开放和服务。学校与社区的良性互动，是指学校与社区成员（包括家庭）、机构、组织，通过既定的活动方式，实现双向交流与合作，通过组织一系列有计划、连续性的活动，促进学校内部成员和社区成员、家长就学校的目的、需要、活动、成果进行交流，并在此基础上达成一定的共识，作出决策，达到教育活动的实质性改变，促使学生获得并保持最理想的学习效果，促进学生自我发展能力不断提高，并不断促进社区居民精神文化生活质量的提高。在学校—社区步入一体化的过程中，要实现学校与社区互动的良性运行，必须有一定的机制作保证。

（一）目标导向机制

列宁同志曾谈到："世界上没有脱离政治的教育，教育总是服务于一定的政治目的。"①邓小平也明确指出："学校要始终把坚定的政治方向放在首位。"教育目标是教育活动的出发点和归宿，它支配、调节、控制着整个教育过程。教育目标对育人标准的规定及其超前性使它具有指引方向的作用，这种导向作用决定了教育效果的性质。学校与社区的互动是在平等基础上的物质、信息和人力资源的交流与共享，学校在互动中的作用最为关键，它作为社区文化价值的实践主体，其社区教育功能和社区服务功能，是社会发展的现实需要，能够提升社区居民的精神生活质量，满足人民群众日益多样化的教育需求。因此，学校更应作为社区教育的拉动力量，引导社区教育健康发展。其目标的确立，很大程度上决定了互动的性质和效果。因此，学校在目标定位时，首先要确立大教育观的理念，开放办学。除了制定学校的发

① 参见：《列宁全集（第28卷）》，人民出版社1959年版。

展目标，还要拟订学校与社区互动的整体发展目标及实现目标的行动策略。因此现代学校制度所追求的目标，应坚持“以人为本”，内容上应包含学生的全面、多元和有差异的发展，以及教职工、校长的专业化发展，学校所在社区的主动、可持续发展。

（二）创新机制

创新是一个民族进步的灵魂，是一个国家兴旺发达的不竭动力。江泽民同志说得好：“一个没有创新能力的民族，难以屹立于世界先进民族之林。”2002 年 9 月 8 日，他在北京师范大学建校 100 周年的校庆讲话中，提出了教育创新的重要思想。教育创新是时代发展的需要，实施教育创新，既是基础教育阶段的紧迫任务，也是知识经济时代的呼唤。因此，学校管理者应与时俱进，坚持以“十六大”倡导的“发展要有新思路，思想要有新解放，改革要有新突破，各项工作要有新举措”为指导思想，引领和开展学校的各项工作，积极主动地抓好学校教育创新。目前，学校教育和社区教育逐步趋向整合，在两者互动关系中，学校教育依然是教育的主体，是培养人才最重要的阵地。因此，学校在社区教育网络构建中要发挥“龙头”优势，不断完善学校教育管理体制，与时俱进，不断创新。

1. 观念的创新

思路决定出路，观念决定成败。新的教育需求给学校带来新的挑战，传统的学校教育模式已经不能适应新时代的要求，改革势在必行。国内教育界率先提出了“现代学校管理制度”的理念。现代教育必须实现现代科学管理，与现代企业精神、现代企业最新管理成果及国际先进管理标准接轨，从教育实际特别是学校的实际出发，构建现代学校的管理理念。江泽民同志在第三次全教会上明确指示：教育是知识创新、传播和应用的主要基地，也是培养创新精神和创新人才的摇篮。面对新的挑战，学校要转变旧的观念，形成开放意识、合作意识和服务意识，在科学管理的基础上充分发挥在社区教育中的文明辐射和文化优势，充分发挥服务社会的功能，关心支持并为社区发展作贡献。

2. 制度的创新

现代学校管理都是围绕系统的目标运行，每一项管理工作一般是由计划开始，经过组织、领导到控制结束，各职能之间相互交叉渗透，控制的结果导致新的计划，开始新的管理循环，由此把工作不断推向前进。创新在这个管理循环之中处于轴心地位，成为推动循环的原动力。因此，在学社互动中，学校应依据最新的科学管理理论，对学校管理的各个要素进行一系列的创新整合，同时，树立"以人为本"的管理思想，创设充满活力、鼓励创新的教育环境，不断创建新的学校管理制度。比如在实施课程改革中，要从以制度为主，以规范师生的教与学为主，以唯一的考试成绩管理为主的刚性管理，转变为以制度管理与人本管理相结合，以激发激励师生的创造性教与学相结合，以多样化的评价、动态性评价为主的灵活管理。

3. 实践的创新

可以组织各种服务社区的校外教育机构与团体。学校根据自己的实际和特点建立各种以服务社区为对象的教育组织，通过各种服务来拉动社区教育，利用与开发社区教育资源。如"青年志愿者团体"、"学生服务组"、"科技服务队"等，通过这些组织活动把知识、观念和技能送入社区，以此来拉动社区教育。也可以组建各种校区联合组织。除了在学校组织各种教师与学生服务社区的组织以外，学校还应该和社区广泛合作，建立各种校际联合性组织。比如家长联合会、校友联谊会、学校社区联谊会等。各种形式的联合组织，对学校和社区发展都有积极的意义。

(三) 保障机制

学校与社区的良性互动不是静态的，而是动态发展的，是运动中的稳态。保持两者的良性互动，从学校与社区关系的外部看，必须维护各种社会力量的动态平衡以形成一个整体性的平衡机制，营造一个有利于学校社区互动的大环境，这是促进学校和社区互动的外部社会保障机制，它主要包括以下两类：

1. 互动经费的保障

新修订的《中华人民共和国义务教育法》专门用了 1 章的篇幅、9 条法律条文、1000多字，来明确义务教育保障机制问题，充分说明了义务教育经费保障机制对于确保义务教育的顺利实施和提高全民族素质是至关重要的。长期以来，经费短缺始终是制约我国教育发展的重要因素。目前我国基础教育的经费投入虽然不断增加，但是绝大多数学校也仅能满足教师的工资以及学校的正常运作，没有多余的经费参与社区互动。因此学校经费来源仅靠国家财政拨款是不够的，要保障学校和社区互动的持续发展，就需要广开校外财力资源，其中社区这方面的推动作用是不可缺少的。社区可以逐步形成自己的“造血”功能，充分调动社会各界力量，采取社会资助一点、社区教育机构教育培训创收一点、参与学习的学习者自己缴纳一点等办法，广泛吸纳资金，以使办学条件不断改善。一方面可以利用项目合作的方式吸引本社区相关的企业、商社、团体、组织等机构向学校投入资金，同时参与学校管理，推动学校的开放，以此来节省互动经费开支。另一方面是鼓励社区大众捐献。社区各界捐资办学是国外发达社区举办社区公益事业的一项重要做法，也是学校利用校外资金办学的一项重要举措。许多学校在办学硬件和软件上都有社区热心人士的捐助。我国一些较发达社区也可以鼓励社区地方热心人士、公益团体、工商企业等踊跃捐资，或赞助学校的教育活动。

2. 政策法规的保障

美国自20世纪80年代以来公布的教育改革法案和校长资格条例中，都把加强学校与社会的联系作为重要内容，用法律形式确定学校对社区有更多的义务，社区对学校拥有更多的制约力。从我国教育法规的发展历史来看，有关法规与政策也鼓励支持社区教育与学校教育的互动。1993年2月，国家和政府颁布了《中国教育改革和发展纲要》。其中的第17条第一次明确规定：“支持和鼓励中小学同附近企业、事业单位、街道或村民委员会建立社区教育组织——探索出符合中小学特点的教育与社会结合的形式。”1995年3月，《中华人民共和国教育法》第11条规定：“国家为适应市场经济发展和社会进步的需要，推进教育改革，促进各级各类教育协调发展，建立和完善终身教育体系。”2002年11月，党的十六大报告把“形成全民学习、终身学习的学习型社会，促进人的全面发展”作为全面建设小康社会的一个基本目标，这就为新世纪初社区教育的发展提出了一个鲜明的奋斗纲领和战略目标。这些法规和政策在我国当前的学校和社区互动中有一定的指导作用。但是，由于社区教育以及学校和社区的互动仍处于启动和发展阶段，还没有制定出专项法规来规范社区与学校的沟通与互动、学校与社区的权责划分等问题。而且就社区来说，目前也只是对部分法规作出法制宣传，虽然一定程度上提高了居民的法律意识，但是还是没有具体的法规来规范这种活动。因此，应制定专门的法律，明确学校教育与社区教育的管理体制与保障机制、学校教育与社区教育的资源及其共享共用问题和资金来源、学校教育与社区教育的内容互通和衔接、学校教育与社区教育的互动督导评估机制等，保障学校教育与社区教育的顺利、协调、同步发展。同时，通过法治建设，依靠法律制度形成规范，规范学校、社区享有的权利和应尽的义务，把学校与社区互动关系的良性发展目标列入社区和学校发展的规划之中，使学校与社区互动关系制度化、规范化。①

(四) 激励机制

伯顿·克拉克曾指出："长期生效的激励比短期生效的管束更加行之有效。"②这就意味着需要建立学校和社区互动的激励机制。社区对学校教育的激励不仅仅是提供各种资源并参与管理和监督，更重要的是对学校培养出的人才和创造出的新知识的理解和尊重，这才是一种长效激励。古人说得好："水不激不跃，人不激不奋。"在学社互动中，激励机制包含两方面的含义：一是对社区成员内在学习需求的激励。社区教育效果的体现最终是要通过全社区成员来落实，因此激发他们强烈的学习欲望是一个根本所在。只有当社区的每一个成员真正意识到社区教育是适应生活、谋求自身发展的基本方式和途径时，他们才能真正参与到学社互动中来。二是对社区教育工作者的激励。目前社区教育仍处于实验阶段，发展也不平衡，在有些地方，对社区教育工作者的社会认同比学校教育工作者要低一些，势必影响其积极性，所以采取必要的激励措施来提高他们对职业的认同感、自豪感是非

① 刘淑兰：《学校与社区的互动》，四川教育出版社 2003 年版，第 76～77 页。
② 伯顿·克拉克：《高等教育系统》，杭州大学出版社 1994 年版，第 293 页。

常有必要的。

(五) 督导评价机制

有激励就有约束，在对学校的督导评价方面各国都有不同的方式。如美国的中小学在处理与社区关系、充分享用社区教育资源方面有积极的思考和探索，社区的各种优质教育资源免费向学生开放。学生参加活动，社区都要开具证明，并加以评价。在英国，督导机构发动家长和社区积极参与对学校的督导评价，充分听取他们对学校的意见，并作为评价学校的重要依据，最后还将督导结果向家长和社区通报。在我国，第三次全国基础教育工作会议提出“要探索建立现代中小学管理制度，建立以政府为主，社会各界共同参与的学校发展、管理与监督机制，鼓励社区、家长参与学校管理，形成社区积极支持基础教育改革和发展、积极参与学校管理与监督的模式”。中共中央、国务院在《关于深化教育改革全面推进素质教育的决定》的文件中也明确了要加强对区政府及其职能部门履行实施素质教育的责任进行督导。

社区参与学校管理机制的构建和运作、社区教育资源的利用，以及由此带来的办学理念和制度的一系列重大变革，推进了学校全方位融入社区的进程。在这个过程中，一方面学校管理及其效能的表现内容及形式变得更为全面而复杂，需要不断改进对学校办学水平督导评估的内容和形式，全面体现“监督、检查、评估、指导”的教育督导职能。另一方面需要建立健全对互动效果的评价制度和评价体系，把评价作为促进学校与社区互动发展的工具，突出针对性、有效性与评价标准的多元化，以激发学校和社区互动的愿望和热情，促进学生和社区居民素质的提升，切实推进学校与社区良性互动的形成与发展。①

三、推动力量:双方积极参与互动

双向参与模式是近年来在我国社区教育发展过程中逐渐形成的一种学校与社区相结合的新的教育模式。双向参与模式主要指社区支持和参与学

① 李卫英:《学校与社区互动的机制分析》,《玉溪师范学院学报》2007 年第 1 期,第 44～47 页

校教育，把学校教育纳入社区发展的大系统中，为学校教育的发展创造各种有利条件；学校教育反过来也要适应社区发展的需要，为社区文化、经济建设服务。双向参与模式的基本特征是社区与学校相互支持、相互参与、共同发展。①

学校与社区的双向参与能推动我国社区教育的发展，有效地调动社区参与学校教育和学校教育为社区服务的积极性，加强学校、家庭、社区间的联系，推动学校与社区的共同发展。学校与社区的参与式发展，最根本的是在参与过程中，为每个人提供获得才能展示和潜能开发的机会。参与是实现自我价值、满足深层次需要的一种方式，是让人在参与过程中学会参与，实现人与社区互动发展，吸引和开发人力资源的“教育场”。

需要注意的是，在学校与社区的互动中，“参与”并不等于“参与式”，“参与”是用身体行动的参加，而“参与式”是用心灵积极主动地参加，能使参与者凸现其自主性，能够发挥能动性和创造力。② 学校与社区关系的建立或共享价值的形成，并不会因为学校存在于社区之中，其关系就必然会形成。学校与社区的合作关系是否能建立起来，必须视学校与社区努力的程度才能决定，而这又取决于学校与社区合作的内部动力。学校和社区全体成员能产生强烈的互动动机和愿望是促进学校与社区良性互动的动力机制。学校与社区的资源互补是学校与社区互动的必要前提条件。因为如果学校和社区彼此都不需要对方的资源来促进自身的发展，二者就没有互动的必要，当然也就没有互动的动机。

对于学校来讲，学校通过合理发挥自身的智力资源和教育资源优势，可以在创建学习型社区、完善社区终身教育体系中起到重要作用。对于社区而言，社区是校外教育的重要基地，社区通过主动地参与学校教育过程以及参与学校内部管理，并发掘一切可利用的社区资源，增强学校教育的时效性。

① 苏丹兰：《走向21世纪：构建我国城乡社区与学校教育的双向参与模式》，《山东教育科研》1999年第6期，第21～22页。

② 杨向群，项复民：《参与式：社区教育最深层的发展——用科学发展观指导社区教育的思考》，《成人教育》2004年第3期，第215页。

就目前我国的情况来看，在具体实施双向参与的过程中，从学校方面说，主要表现为：学校为社区所有、社区所治、社区所享；学校为社区的生活中心，向社区开放，学校的设施、场地为全社会居民共享；学校是培养儿童社区乡土观念的场所，培养有关社区发展的知识、能力和情感；学校协助社区居民满足其需要，改善社区的生活，共同建设和发展社区；学校影响社区的发展。从社区方面说，主要表现为：社区为学校所在地，它为学校提供发展背景，社区是学校教育的基础；社区为学校提供价值基础，社区有助于学校实施教育方针，端正教育观念；社区参与学校，支持学校、评估学校；社区提供学校的教育教学资源，社区提供学校良好的育人环境，使学生在与社会的接触中接受教育；社区问题影响学校教育的推行。①

总的来说，学校与社区的互动，在内容上主要是资源和服务的相互提供及利用，在形式上则是双向的参与。

四、现代信息技术手段

当前，我们所处的社会是一个信息化程度较高的社会，代表着信息技术成果的计算机技术、网络技术、多媒体技术、现代通信技术日益成熟，它们对教育的影响日益深入，在教育中的效果具有不可替代性。在学校教育与社区教育沟通的互动中，如何利用现代化信息技术，以寻找学校、家长与社区沟通的新途径是当前需要不断完善的一个重要方案。

在学校时间紧张、人员紧张的情况下，美国的中小学校长正在探讨利用现代媒体技术来扩大学校的开放范围，以更好地建立学校与家长之间的良好关系。在研究了使用现代媒体技术的意义、形式、空间、手段等问题的基础上，美国的中小学校长认为，使用包括电话、电子邮件、互联网等现代媒体，利用它们丰富多彩的音频、视频等手段，以及无线、无纸张、即时、省时、生动、多维空间等优势，可以最大限度地增进学校与家长之间的沟通和交往。为了使上述沟通更为妥帖、更为有效，加强对教师在应用现代媒体通信

① 厉以贤：《论社区教育的视角与体制》，《教育研究》1995年第8期，第17～19页。

技术方面的培训自然也就成了美国中小学必做的一项工作。①

我国教育界和其他部门合作，也在深入探讨这个问题。如汕头电信研发的“家校通”系统是全国第一个综合电信网“家校通”系统，架构于中国电信先进的网络平台，结合了电话网络、因特网（教育信息网）和综合信息平台等网络优势，整合语音、短信、上网和刷卡等多种手段，为学生、家长和老师提供一种全新的交流方式。

四川省教育系统也与电信合作推出“天府家校通”。使用家校通的家长需要一个专门的帐号，“天府家校通”为每一位学生家长分配独立的用户账号，家长使用任何一种通信工具（手机、小灵通、固定电话）拨打孩子所在学校的热线号码，输入自己的账号和密码便可查询到老师对学生的个性化辅导和学生在校的表现等等内容，以便于家长和老师共同来完成对孩子的教育，从而促进孩子的全面发展。家长可在任意时间拨打一个市话号码查询子女所在学校、老师发布的信息；及时了解老师在课堂上布置的家庭作业、放学时间、考试安排等信息；了解老师对自己孩子教育的个性化辅导与建议，并配合老师完成家庭教育与辅导；为家长及老师配备了24小时工作的“教学秘书”，家长可随时通过教学秘书向老师传递各种信息，既提高效率，又可以与老师轻松互动。②

社区作为地域性的社会，它是学校最直接的社会环境。社区建设的发展和市民素质的提高，都需要学校的参与。学校作为社区地域范围内的专门教育机构，与社区有着不可分割的联系。在促进社区建设、提升社区成员的精神生活水平和文化素质修养等方面都将发挥重要的作用。开放的社区需要开放的学校教育，现如今，两者之间的交流与合作也越来越多，表现为一种双向互动的关系。

在自有人类出现的历史长河中，学校成为一种专门的育人机构并实现了制度化的发展。但是，制度化教育一方面确保了正规教育的系统、稳定和

① 杨颖秀：《美国：营建学校与社区关系的几种常用方法》，《中小学管理》2005年第3期，第35～37页。

② http://www.newssc.org/gb/Newssc/meiti/zysb/yb/userobject10ai142267.html.

专业，另一方面却也带来了僵硬和封闭的弊端，使得学校生活与社会生活严重割裂与分离。然而，人的成长环境终究是开放的，重新打破学校与社会割裂的壁垒已成为20世纪以来教育发展的必然趋势。20世纪60年代以来，受终身教育思潮的影响，学校与社区进行有计划的互动，增进学校与社区的合作与交流成为世界性的潮流，学校与社区的关系亦在这样的历史进程和理论重建中得以再生。20世纪90年代以来，一些发达国家和地区提倡学校与社区紧密结合，使学校和社区走向整合。从学校角度讲，教育的改革与发展，正面临着一个非常紧要的问题，就是如何协调好学校与社区的关系，促使学校与社区的互动。可以说，学校与社区的合作，已逐渐成为一种发展趋势。从社区角度讲，在社区发展中，不论是物质建设还是精神建设，都离不开教育的支持。目前，社区教育正受到越来越多的国家及公民的热切关注，成为自身发展的需要。学校与社区的互动，正成为实践终身教育理念、构建学习型社会的积极策略。

我国自20世纪80年代以来便在寻求学校与社区的沟通，但总因理念的滞后或理解的片面，以及传统社会管理和教育行政体制的条块分割而难以有大的突破。当然一点点积累起来的经验也还是为如今学校与社区的合作奠定了可贵的实践基础。在20世纪90年代中期以后，社区教育因社会管理体制的变革而受到了重视，我国很多城市初步实现了学校与社区建立全面合作和互通有无的关系。诚然，随着这项工作的深入推进，也出现了一些问题，如由于认识、动力和制度层面的障碍而使这一改革面临了发展的瓶颈。但是，挫折并不能阻碍学校与社区的进一步合作，而只会激发更大的智慧，通过理论与实践的更深层次研究，定可谋求到解决问题的根本对策。

第六章
义务教育学校内部管理的统合与协调

第一节　义务教育学校内部管理体制改革的意义

一、义务教育学校内部管理体制改革的背景

（一）农村义务教育管理新体制的实施

为解决税费改革后义务教育经费严重短缺的局面，从2003年开始，中央和省级财政普遍加大了对县级财政的教育转移支付力度。随着财权重心的变化，农村地区的义务教育管理权限也由“分级管理”向以县为主快速过渡。为解决原有农村义务教育管理体制重心偏下而引发的问题，2001年5月，国务院颁布《关于基础教育改革与发展的决定》，提出了农村义务教育管理新体制，即“在国务院领导下，由地方政府负责，分级管理，以县为主”的体制。以县为主的义务教育管理体制相比此前以乡镇为主的管理体制有了很大的改善，强化了各级政府特别是县级政府对农村义务教育管理和投入的责任。

（二）教师绩效工资制的制定和实施

1. 实行教师绩效工资制已经成为国际趋势

从国际上看，美国公立学校正在实行绩效工资制。以激励教师与提高学生成绩为宗旨的绩效工资制已经成为美国全面教育改革的重要组成部分。在 1999 年 9 月 30 日召开的美国第三届教育首脑会议上，与会者提出了要重视教学和教师队伍质量，加强绩效责任制，促进学校多样化等问题。大家经过认真激烈的讨论，在教师工资与教学成就挂钩的问题上达成了共识。进入 21 世纪，美国联邦政府和州政府进一步积极推动绩效工资制度改革。2001 年美国众议院通过了"提高教学效果措施法"，建立了全国教师考试制度和公立学校教师绩效工资制度，提出奖励实施绩效工资计划的中小学。到目前为止，美国绝大多数州都在进行绩效工资改革。英国从 2000 年起实行按照教师表现付酬制度。2007 年 6 月中旬，澳大利亚教育部长朱莉·毕晓普宣布了一个顾问遴选计划，提出要为制订教师绩效工资制的具体实施方案聘请专职顾问。对义务教育教师实行绩效工资制度已成为世界发达国家教师工资制度改革的趋势。①

2. 我国义务教育学校正式启动并实施绩效工资制

2006 年，我国颁发《关于印发事业单位工作人员收入分配制度改革方案的通知》（国人部发[2006]56 号）和《事业单位工作人员收入分配制度改革实施办法》（国人部发[2006]59 号）等文件，涉及全国 130 万个事业单位的工作人员收入分配制度改革拉开了序幕。改革的目标是完善事业单位工资管理体制，健全宏观调控机制，理顺收入分配关系，调整分配秩序，建立符合事业单位特点、体现岗位绩效和分级分类管理的岗位绩效工资制度。

为深化教育人事制度改革，推进义务教育学校绩效工资制度顺利实施，加强教师队伍建设，促进教育事业科学发展，经国务院同意，自 2009 年 1 月 1 日起，首先在义务教育学校实施绩效工资分配政策，这是坚持教育优先发展战略的又一重大举措，是加强教师队伍建设具有里程碑意义的一件大事，

① 马文起：《构建义务教育教师绩效考核评价指标体系的思考》，《教育探索》2010 年第 2 期，第 99 页。

充分体现了党中央、国务院对教育事业的高度重视和对广大教师的亲切关怀。确保义务教育教师平均工资水平不低于当地公务员平均工资水平，在多劳多得、优绩优酬的原则下，配合以人事制度等改革所实施的绩效工资制度，是一项充分调动广大教师积极性的改革。依法保障教师收入水平，激发广大教师积极投身教书育人事业，吸引和鼓励优秀人才长期从教、终身从教具有重大意义。制度落实到位后，定将促进我国教育事业更快更好地发展。2008 年 12 月 17 日，国务院审议并通过《关于义务教育学校实施绩效工资的指导意见》，决定“从 2009 年 1 月 1 日起，在全国义务教育学校实施绩效工资”。为了配合做好义务教育学校实施绩效工资工作，教育部接连下发《关于做好义务教育学校绩效考核工作的指导意见》、《义务教育学校实施绩效工资政策宣传提纲》和《教育部关于做好义务教育学校教师绩效考核工作的指导意见》。

当前，各级教育行政部门都在积极为义务教育学校如何实行绩效工资出谋划策。按照国务院的指示，参照《教育部关于做好义务教育学校教师绩效考核工作的指导意见》，各省已纷纷出台教师绩效工资制度的实施细则，设计实施方案，稳步扎实地推进这项关系教师切身利益的重大举措。2009 年 3 月 6 日，山东省教育厅颁布了《山东省义务教育学校教师考评指导意见（试行）》，分别从指导思想、基本原则、考评范围、考评内容、考评方法和考评等次的确定、考评结果的使用和组织实施等几个方面，制定了实施细则，积极响应国家的号召，稳步推进山东省义务教育学校管理改革的步伐。

山东省义务教育学校教师考评指导意见（试行）

为加强全省中小学教师队伍建设，进一步推进素质教育深入实施，根据《中华人民共和国教师法》和《中小学教师职业道德规范》，参照《教育部关于做好义务教育学校教师绩效考核工作的指导意见》，制定本指导意见。

一、指导思想

教师考评工作要以科学发展观为指导，全面贯彻党的教育方针，遵循教育规律，坚持育人为本、德育为先，全面、综合、多元考评教师的德、能、勤、绩。通过建立符合教育教学规律和教师职业特点的教师考评制度，充分发挥考评的规范、导向和激励功能，杜绝片面依据学生考试成绩和升学率对教师进行评价和奖惩的现象，调动和激发广大教师的工作积极性和创造性，提高教师队伍的整体素质，促进素质教育全面深入实施。

二、基本原则

以人为本，尊重规律。遵循教育规律，尊重教师的主体地位，充分体现教师教书育人工作的专业性、实践性、长期性的特点。

以德为先，注重实绩。完善考评内容，把师德放在首位，注重教师履行岗位职责的实际表现和贡献。

激励先进，促进发展。鼓励教师全身心投入教书育人工作，引导教师不断提高自身素质和教育教学能力，促进教师专业发展。

客观公正，简便易行。坚持实事求是、民主公开，科学合理、程序规范，讲求实效、力戒繁琐。

三、考评范围

考评的范围是在义务教育学校教师岗位上从事教育教学工作的教师（含兼做管理工作的教师）。

四、考评内容

考评的主要内容是教师履行教育法律法规规定的教师职责、完成学校规定的岗位职责和工作任务的实绩。具体包括职业道德、职业能力、工作表现和工作成效等四个方面，每项权重不得高于40%。

（一）职业道德：主要考评教师遵守教育法律法规、学校规章制度和教学行为规范，教师对职业的认同感、敬业精神和事业心，教师的荣辱观、职业操守和以身作则情况，教师对学生的态度、方式和责任心，教师的大局意识和团结协作等方面内容。

（二）职业能力：主要考评教师实施教育教学的各项专业技能，包括教育能力、教学能力、教研能力和专业发展能力等方面内容。

1. 教育能力：主要考评教师了解学生思想状况、为学生分析和解决问题的能力，组织德育活动的能力，与社区、家长和学生的沟通能力等。

2. 教学能力：主要考评教师把握和使用教材的能力，运用教学语言、教学方法、现代教育技术手段实施课堂教学和组织其他有关教学活动的能力，开发校本课程、开设第二课堂或选修课、举办讲座等课程开发的能力等。

3. 教研能力：主要考评教师从事教育教学研究、改革和对教育教学实践进行自我反思、评价的能力等。

4. 专业发展能力：主要考评教师全面掌握和拓展本学科专业知识、提高自身综合素质的能力，了解和运用教育新理念的能力等。

（三）工作表现：主要考评教师的履职行为，包括工作量、德育工作、教学常规、班主任工作等方面内容。

1. 工作量：主要考评教师承担教育教学工作任务、承担班主任工作、出勤率以及其他管理工作的情况。

2. 德育工作：主要考评教师结合所教学科特点在课堂教学中实施德育的情况，履行全员育人职责、帮助学习困难学生或品行偏差学生的情况等。

3. 教学常规：主要考评教师的教学准备和教学实施情况，包括教师备课、课堂教学、作业设计和批改、辅导学生以及组织课外实践活动和参与教学管理等。

4. 班主任工作：主要考评班主任对学生的教育引导、班级管理、组织班集体和团队活动及关注每个学生全面发展情况。学生体质健康标准情况应作为考评依据之一。

（四）工作成效：主要考评教师完成岗位职责的效果，包括育人效果、教学效果和教研效果等方面内容。

1. 育人效果：主要考评教师指导学生学习和道德行为习惯养成、身心健康发展，以及班风学风和学习困难或品行偏差学生进步情况等。

2. 教学效果：主要以完成国家规定的教学目标和任务、学生达到基本教育质量要求和学生学业水平考试合格率为依据。

3. 教研效果：主要考评教师参与校本教研、课题研究情况，教育科研论文发表、获奖情况，以及辅导学生获奖情况等。

五、考评方法

考评应全面、客观、公正地对教师进行综合评价。具体可采用由多个评价主体参与、定性评价与定量分析相结合的方式进行。

学校考评工作以具有独立事业法人资格的学校为单位组织进行，成立由学校领导、管理干部和教师代表参加的考评委员会，其中教师代表比例不低于60%。

考评工作一般由学校按规定的程序与年度考核结合进行，也可采取形成性评价和阶段性评价相结合的办法进行。

六、考评等次的确定

考评等次分为称职和不称职。

凡有下列情况之一的均确定为不职称：职业道德考评达不到基本要求的；以非法方式表达诉求、干扰正常教育教学秩序、损害学生利益的；品行不良、侮辱学生的；从事有偿家教以及其他有碍完成教育教学任务等违规违纪行为的。

学校也可根据绩效工资实施方案的要求，对考评称职的教师，经评选进一步划分为优秀、良好、一般三个或更多等次。

七、考评结果的使用

教师考评结果作为教师专业发展、岗位聘任、职务晋升、培养培训、表彰奖励等工作的重要依据，是作为教师实施绩效工资分配的主要依据。

对考评为称职的教师，全额发放基础性绩效工资，并视不同等次情况发放奖励性绩效工资。奖励性绩效工资分配，根据评选出的优秀、良好、一般三个或多个等次，合理确定分配等次。坚持向骨干教师和做出成绩的教师倾斜，适当拉开分配差距。对有突出表现或做出突出贡献的教师，在奖励性绩效工资发放上予以重点倾斜。

对考评不称职的教师，不发放绩效工资。

八、组织实施

教师考评工作是一项复杂的系统工程，政策性强，涉及面广，关系到全省教师队伍的建设和广大教师的切身利益和专业发展。各地教育行政部门要高度重视，精心部署，认真组织实施。

各级教育行政部门要成立教师考评工作领导小组。省教育行政部门主要负责考评工作的督导检查。市、县(市、区)教育行政部门要切实加强考评实施工作的指导,具体负责本地学校教师考评组织实施工作,要根据本指导意见,进一步细化考评指标体系,制订本地具体考评标准和实施办法,同时指导学校制订教师考评具体方案。

学校考评工作委员会要结合学校实际,制订本校教师考评具体方案,根据学校隶属关系,在上级主管部门的指导下具体组织实施考评工作。教师考评实施方案要征求教师的意见并经学校教代会通过。

各级教育行政部门和学校要切实做好深入细致的教师思想工作,引导教师正确对待考评,以考评促进学校发展和教师专业发展。要严肃考评工作纪律,对工作不负责任,考评失真失实的,实行责任追究。

高中阶段教师考评参照本意见执行。

普通中小学校校长、管理人员和教辅人员的考评办法参照本指导意见制订。校长的考评办法由市、县(市、区)教育行政部门制订。管理人员和教辅人员的考评办法,由学校根据岗位目标在市、县(市、区)教育行政部门指导下制订。

(三)《国家中长期教育改革与发展规划纲要》的研制

为了在新的历史起点上加快推进教育改革和发展,建设人力资源强国、满足群众接受良好教育的需求、全面建成惠及十几亿人口的小康社会,国家历时一年零九个月,两次向社会公开征求意见,研究制定了《国家中长期教育改革与发展规划纲要》(以下简称《纲要》)。《纲要》确立了今后十年“优先发展、育人为本、改革创新、促进公平、提高质量”的教育改革发展方针,明确了把改革创新作为教育发展的强大动力,健全充满活力的教育体制。其中,第四十一条要求完善中小学学校管理制度,“完善普通中小学和中等职业学校校长负责制。完善校长任职条件和任用办法。实行校务会议等管理制度,建立健全教职工代表大会制度,不断完善科学民主决策机制”,“建立中小学家长委员会。引导社区和有关专业人士参与学校管理和监督”。第五十五条规定,“加强学校岗位管理,创新聘用方式,完善激励机制,激发教师积极性和创造性。建立健全义务教育学校教师和校长流动机制”,“加强教师管理，完善教师退出机制。制定校长任职资格标准，促进校长专业化，提高校长管理水平。推行校长职级制”。第六十四条规定，“学校要建立完善符合法律规定的学校章程和制度，依法履行教育教学和管理职责。尊重教师权利，加强教师管理。保障学生的受教育权，对学生实施的奖励与处分要符合公平、公正原则。健全符合法治原则的教育救济制度。开展普法教育。不断提高师生法律素质和公民意识。教育学生遵守公共生活秩序，知法守法。教师要自觉加强法律修养，做遵纪守法的楷模”。第六十九条规定，“中小学党组织要充分发挥在学校工作中的政治核心作用”，“加强学校领导班子和领导干部队伍建设，不断提高思想政治素质、办学治校能力。坚持德才兼备、以德为先用人标准，选拔任用学校领导干部。加大学校领导干部培养培训和交流任职的力度。着力扩大党组织的覆盖面，推进工作创新，增强生机活力。充分发挥学校基层党组织战斗堡垒作用和党员先锋模范作用”，“坚持标本兼治、综合治理、惩防并举、注重预防的方针，完善体现教育系统特点的惩治和预防腐败体系。严格执行党风廉政建设责任制，加大教育、监督、改革、制度创新力度，坚决惩治腐败。坚持从严治教、规范管理，积极推行政务公开、校务公开。坚决纠正损害群众利益的各种不正之风”。《纲要》在坚持改革创新的理念下，高度重视学校内部管理体制的改革与创新，涉及到学校内部管理体制的各个层面，反映了学校尤其是义务教育学校内部管理体制改革的必要性和紧迫性。

二、义务教育学校内部管理体制改革的意义

(一) 有利于深化经济体制和教育管理体制改革

在各项体制改革快速推进的大背景下，稳步推进义务教育学校内部管理体制改革，建立与社会主义市场经济相适应的学校内部管理体制，有利于教育事业的繁荣发展。从20世纪80年代开始的“由地方负责，分级管理”到2001年重新确立的“基础教育管理体制在国务院领导下，由地方政府负责，分级管理，以县为主”的体制，教育管理体制发生了深刻的变化，但是义务教育学校内部管理体制的改革还没有跟上教育管理体制改革的步伐。推进义务教育学校内部管理体制改革既是与市场经济体制改革相适应的需要，也

是教育管理体制改革创新的题中之意，而义务教育学校内部管理体制改革又会在很大程度上推动和深化整个教育管理体制的改革进程。

(二) 有利于实现教育公平和正义，促进社会和谐发展

教育是民族振兴的基石，教育公平是社会公平的基础。深化义务教育学校内部管理体制改革，是实现教育公平的前提和基础。党的十六届六中全会提出了构建和谐社会的目标；党的十七大报告中提出了办人民满意的教育。当前我国城乡义务教育阶段免除杂费和书本费，基本实现了真正意义的义务教育。虽然义务教育的普及力度和中央及省财政投入的力度逐渐加大，但要办人民满意的教育，还要倚重教育教学质量的提升、教育观念和教学内容的更新、招生考试制度和评价制度的变革，而这些都需要以学校内部管理体制改革为保障。义务教育学校需要以内部组织变革为突破口，依托一套有活力的竞争机制和激励手段，形成一个优胜劣汰、优劳优酬、公平竞争、和谐运转的组织体系。唯此，才能有利于进一步实现教育公平，从而促进整个社会的和谐。

(三) 有利于提升学校管理效能，促进学校的可持续发展

从某种意义上讲，学校内部管理就是对学校组织系统内部诸多因素进行优化组合，从而高效实现育人目标的一种活动。由于学校管理的“以人为本”理念的深入贯彻，管理逐渐关注人本身，学校内部管理体制改革和创新也主要是以人事制度和分配制度为基点和轴心。然而学校管理存在极端倾向，人们对学校内部管理体制产生了误读，甚至认为学校内部管理体制主要是人事制度和分配制度，改革也就是进行人事制度和分配制度改革。产生这种误读的根源是学校内部管理的以偏概全倾向，没有真正领悟学校管理效能和学校内部管理体制的互动关系。

不可否认，学校发展都希望拥有高效的管理体制，在办学过程中都追求管理体制的高效能。可是，不是所有的学校都能全面准确地把握效能理念对学校运行的重要性。当前，义务教育学校内部管理效能令人堪忧。国内有学者曾对乡村中小学的管理效能做过调研，将其效能低下的原因概括为：1. 校长普遍缺乏专业管理训练，欠缺反思意识；2. 办学指导思想不明，认识

不到位；3. 缺乏充分平等参与等意识，民主管理形式化；4. 教师管理重“用”轻“养”，工作积极性未得到开发；5. 物资管理缺乏监督，经费短缺和教育浪费并存。[①] 这些原因分析恰恰以点带面，折射出我国义务教育学校内部管理体制长期以来的硬伤。显而易见，学校管理效能低下的最直接因素是其内部管理体制的各种问题，学校管理效能的提高离不开内部管理体制的改革和创新，内部管理体制的革新正是为了提高学校管理效能，更好地促进学校的良性发展。

第二节　义务教育学校内部管理体制改革的实践探索

一、义务教育学校内部管理体制改革的历史轨迹

进入20世纪80年代后，城乡经济体制改革的进行，以及随后开展的科技体制和教育体制的改革，为学校内部管理体制改革创设了良好的社会环境，也提供了可借鉴的经验。从一定意义上说，学校内部管理体制改革是国家政治、经济体制改革在基础教育领域的客观要求和具体反映，是教育体制改革与政治、经济体制改革的结合点。

随着改革开放的不断深入，原有中小学的学校管理体制的弊端逐步暴露出来。在对学校的管理上，政府管理得过多，统得过死，使基础教育各类学校既无发展的动力，也无提高效率的压力，也缺少应有的自主权，“千校一面”，缺乏应有的生机和活力。在学校劳动人事制度方面，国家统包体制下形成的“地方所有制”、“部门所有制”和“单位所有制”，使教职工只能进、不

① 李菲，李会云：《乡村中小学管理效能问题分析及对策探讨》，《成都教育学院学报》2006年第11期，第15～16页。

能出，只能上、不能下，人才难以流动，形成实际上的“终身制”。学校内部缺乏竞争机制，工作管理制度上缺乏严格的责任制和考核制，导致在收入和待遇上，干与不干一个样，干多干少一个样，干好干坏一个样。劳动分配上的平均主义现象十分严重，职责不明，赏罚不清，严重挫伤了广大教职工的积极性。“铁饭碗”和“大锅饭”的叠加，使学校员工编制不断扩大，教育劳动效率越来越低。教师承担的教学工作量出现不断下滑的现象，反映的是学校劳动效率的显性降低，而学校中行政人员和教辅人员占教职工比例的大幅度增加，造成的是学校劳动效率的隐性流失。

为了更好地发展教育事业和提高教育质量，使学校能主动适应社会主义现代化建设和改革开放新形势的要求，在加强国家对基础教育宏观管理的同时，实行简政放权，扩大学校办学的自主权，使学校成为自我发展、自我约束、自我激励、自我完善的独立的办学主体，启动和实施学校管理体制变革，成为基础教育管理领域改革的重要方向。1985 年 5 月颁布的《中共中央关于基础教育改革的决定》指出“学校逐步实行校长负责制”，为学校领导体制的改革指明了方向。此后，中小学内部管理体制的改革开始启动，京沪等地在 20 世纪 80 年代中后期也随后陆续推开实行校长负责制，即明确学校的党政分工，让校长对学校工作全面负责，统一指挥；学校党组织发挥保证监督作用，集中精力抓好党的自身建设和思想政治工作；学校建立健全教职工代表大会，加强民主管理和民主监督。

1993 年中共中央、国务院《关于中国教育改革与发展纲要》再次明确：“中等及中等以下各类学校实行校长负责制，校长要全面贯彻国家的教育方针和政策，依靠教职工办好学校。”至 20 世纪 90 年代中期，城市地区的中小学已基本实行了校长负责制，于是与校长负责制相配套的学校内部管理体制改革的重点则是启动中小学劳动人事制度的改革，赋予学校内部分配自主权，从而起到激励教师劳动积极性、优化教师队伍、提高教育教学质量的作用。

现行义务教育学校内部管理体制包括以下几个层面：

1. 实行校长负责制的学校领导体制。校长行使的管理权主要有：决策指挥权、干部任免权、职工奖惩权、学校财经权，此外还有国家和政府主管部门授予的其他权利。在实行校长负责制的同时，党组织仍然居于学校的政治核心地位，应充分发挥其保证监督的作用，使党和国家的方针政策得到贯彻实施，具体体现在：参与学校重大问题决策；加强学校党组织的思想、组织、作风建设；建立由党组织统一领导的党政工团齐抓共管的思想政治工作体制；加强对学校干部的教育管理和监督；做好统战工作，学校党组织要关心和支持民主党派的基层组织建设和工作，发挥民主党派成员在完成学校各项任务中的积极性；对工会、共青团、少先队等群众组织实行政治思想组织领导。

2. 实行教职工聘任制的学校劳动人事制度。随着国家劳动人事制度和教育管理体制改革的深化，从 20 世纪 90 年代末起，京沪等大都市的中小学教师聘任制开始进入由岗位聘任制向聘用合同制转变的过程。教职工聘用合同制是根据《教师法》的规定和国家关于事业单位用人制度改革的精神，作为深化学校用人制度改革的需要而推行的。作为先行一步的学校人事制度改革，实行公开、公平的聘用合同制原则，按编制聘用，任人唯贤、择优录取。教职工聘用合同制的施行是同深入改革学校劳动分配制度结合在一起的。实施中小学教职工聘用合同制的意义是为了适应市场经济体制对教师资源配置的需求。

实行教职工聘任制是学校劳动人事制度的一项重大改革，改革的目标是在学校教职工中形成能上能下、能进能出，人尽其才、任人唯贤，不断优化的竞争机制。这有助于学校聘任德才兼备的人员，便于实行满负荷工作量，提高学校师生比，合理使用人力资源，挖掘学校内部资源，消除人浮于事的现象，提高教育劳动效率，逐步实现教职工最佳的群体组合，建立起稳定和优化的教师队伍。实行双向选择，教职工有了选择学校和岗位的权利，解脱了传统计划体制下教职工对学校的人身依附关系，扩大了教职工对工作单位和岗位的选择范围，有利于教育劳动力市场的形成和教师的流动。

3. 体现按劳分配的学校劳动分配制度。学校内部实行结构工资制，对教职工工资采用分级管理。实行工资总额包干改革的内容：核定包干基数。

实行校内结构工资改革，主要是针对传统计划体制下单一的工资制度进行的，变单一的固定工资为多因素、多模式、可变型的结构工资制度。一般说来，校内结构工资由基本工资、教龄津贴、课时津贴、职务津贴和职工岗位津贴、奖励工资或绩效工资等五部分组成。

二、义务教育学校内部管理体制改革的理论研究

纵观中小学内部管理体制管理的理论研究成果，可以看出许多教育理论和实践者从不同角度和侧面提出不同的观点，就目前国内对该领域的研究成果看，主要体现在以下几个方面：

（一）学校管理体制改革的内容、目标和特征

“学校管理体制改革的重点就是改革固有的师生管理模式，激发他们参与教育教学改革的热情。学校管理体制改革的基本目标是建立富有活力、合理配套的管理体制，充分调动教职工、学生的积极性，促成教育模式的全面转轨，培养并增强办学的整体活力，以不断提高教育质量，为国家培养更多的高素质人才。”①在探讨学校管理体制改革的内容和目标时，有学者从宏观层面入手，并没有具体探讨其具体内容，但至少应该肯定其理论意义。

除此之外，还有学者专门对学校内部管理体制改革的主要特征进行了概括：一是启动学校内部活力，形成高效运行机制，建立科学化、民主化、规范化、充满生机活力的有中国特色社会主义学校管理体制；二是以劳动人事和分配制度改革为切入点，使师生员工的积极性与创造性得以充分发挥，教育质量、办学效益不断提高。该特征指出了学校内部管理体制改革的特殊性和艰巨性，为目前的学校内部管理体制改革指明了方向。

（二）中小学内部管理体制的问题

纵观我国义务教育的学校内部管理体制现状，这一管理体制仍存在着诸多严重的问题。主要体现在以下几个方面：重建章立制，轻以人为本；重行政命令，轻民主管理；重操作管理，轻战略决策；重经验管理，轻教育

① 刘韧，刘茗：《对学校内部管理体制改革的探讨》，《教育实践与研究》2001 年第 11 期，第 21 页。

科研。①

中小学内部体制改革面临的困难主要体现在国家宏观政策方面：一是社会保障体系不配套，实施教师聘任制后，总有一批不适应教育教学工作的教职工落聘；二是旧的编制标准不能适应政策的需要，定编设岗是实施聘任制的前提；三是教育人才市场不健全；四是解聘教师的司法依据不足②。

（三）中小学内部管理体制的管理策略

在管理层面，有学者认为应当把以人为本，“树立‘以人为本’的管理理念；实行民主管理，强化保证监督；要由操作管理转向战略管理；走科研兴校道路”③作为学校管理的指导思想和行动指南。也有学者借鉴国外的校本管理的先进理念，主张将校本管理的方式方法引入到学校内部管理中，“加强校本管理的研究与实践；进行校本管理的传播与培训；开展教育管理体制改革试验；用法律保障校本管理的实施”④。校本管理的理念虽然是近些年来在国内外都很流行的做法，但是在如何把握校本管理的理念的度方面则仍需深入探究。所以有的学者从综合性角度提出管理的策略，力争覆盖学校的各个管理层和普通教职工，“提升学校管理者素质；端正办学思想，强化学校管理的效能理念；校长要善于授权，让教师真正享有管理民主；重视教师培养进修，激发工作积极性；加强常规管理，提高设施利用率”⑤。这些探究充分体现了以人为本的思想，面面俱到。另外也有学者就学校的机构设置层面提出学校管理的建议，“合法合理选聘校长；党支部作用的重新建构；工会民主监督作用的发挥；学校中层机构的重组”⑥。

（四）中小学内部管理体制的改革与发展趋势

通过回顾学校内部管理改革的历程，有学者借鉴国内外的改革实践，并

① 祁宏伟：《当前中小学管理中存在的问题及对策》，《河南教育》2003 年第 4 期，第 12～13 页。

② 李政：《中小学内部管理体制改革的思考》，《教育科研》2005 年第 24 期，第 15 页。

③ 祁宏伟：《当前中小学管理中存在的问题及对策》，《河南教育》2003 年第 4 期，第 12～13 页。

④ 张相学：《校本管理：中小学管理革新的理念与策略》，《教育探索》2005 年第 10 期，第 24～26 页。

⑤ 李菲，李会云：《乡村中小学管理效能问题分析及对策探讨》，《成都教育学院学报》2006 年第 11 期，第 15～16 页。

⑥ 宋建修：《中小学管理体制的反思与建构》，《现代校长》2007 年第 7～8 期，第 13 页。

分析了当前学校内部管理体制改革的发展趋势："校长负责制的完善：民主化；学校内部组织机构的改革和完善：扁平化和综合化；学校内部人事制度的改革和完善：能绩化；学校内部分配制度的改革和完善：年薪化；学校内部后勤管理的改革和完善：社会化；学校内部管理评价制度的改革和完善：过程化和社会化。"①

在中小学内部管理体制改革的内容有哪些，究竟什么是校长负责制，校长负责制与教职工民主管理的关系如何处理等都不能从理论上获得科学的界定和表述，导致其在政策和实践中造成混乱。关于义务教育学校内部管理体制改革的研究，多数是国内学者从实际出发，结合自己的教学和研究实践，对改革中存在的问题进行界定，并深入地进行成因分析，提出管理策略，并对目前的改革进行较全面的分析和研究，其中有不少宝贵的借鉴意义。但目前的研究面临着与不断涌现的新的社会情境和管理理念相脱节的矛盾，如研究多注重学校体制管理这一大的范畴，而学校内部管理体制的小范畴研究不足，"义务学校内部管理体制"的研究尤为滞后；理论层面研究有余，与教育管理实践结合不足；宏观理论研究有余，微观理论分析不足；管理策略方法有余，成因分析不足；策略方面注重管理层有余，关注教职工不足。

二、义务教育学校内部管理体制改革的探索

长期以来，校长管理体制不畅成为困扰教育事业发展的一个因素。传统的干部管理体制下，一大批中小学校长具有行政级别，校长的任命与管理归组织或人事部门。有的地方，组织人事部门为解决个别人的级别或待遇问题，把不懂教育、不懂教学的干部调整到学校当校长，教育行政部门只能提供一些参考意见，有的干脆无权过问。有些学校行政级别高，教育主管部门行政级别低，形成教育部门管学校却管不了校长的奇怪局面。另外，由于学校干部由组织或人事部门管理，校长对副校长、中层干部在管理与使用方面权力很小，某种程度上制约了学校的发展。

① 李永生：《中小学内部管理机制改革和完善的六个基本动向》，《基础教育参考》2004 年第 10 期，第 31～32 页。

（一）潍坊市中小学校长职级制度改革试点

近些年，山东省各地教育行政部门也纷纷出台各种措施，加强中小学校长的管理，如潍坊市就曾出台全市中小学推行校长职级制度的改革方案，通过取消千余名中小学校长现有行政级别，由组织人事部门任命管理改为由教育行政部门归口管理。

潍坊推行中小学校长职级制度，主要内容是取消中小学校长的行政级别，由县级及以上教育行政部门归口管理，副校长一般由校长提名；校长设置六个级别，实行动态管理，每两年评审认定一次；校长的工资根据业绩情况，随职级确定；实行任期制度，每个任期4年，连任不得超过两个任期，公认的优秀校长到退休年龄可继续聘任；实行校长交流制度，鼓励校长到薄弱学校和农村学校干事创业，3年内享受原职级待遇。

一个好校长能成就一所好学校。有专家指出，校长是一种专门的职业，结合了教育家、管理者、经营者、教师等多种角色特征，校长的成长规律与政府官员不同。因此，建立与学校发展相适应、与校长成长规律相适应的校长管理制度迫在眉睫。此次潍坊市中小学一次性取消行政级别，校长的任命、考核、调配统一由县级以上教育行政部门归口管理，实现了管事与管人的真正统一。原来体制下，校长的很大精力要花在“位子”上，坐上校长位子后，基本上就是“铁交椅”了。实行职级管理以后，校长有了危机感，将按照“业绩—职级—待遇”的思路全身心投入到工作中。

潍坊市已按照“脱钩、分类、转制、搞活”的原则，在寿光、诸城等地进行了校长职级管理试点，并于年底全面推开。组织、人事部门已开始同教育部门交接学校管理权限等工作，档案手续的移交将于近期完成。潍坊还鼓励有条件的地方探索校长年薪制，为优秀校长脱颖而出创造条件。

（二）枣庄市的“四制”改革运行机制

为进一步推进教育改革，优化配置教师资源，充分调动广大教职工的积极性和创造性，提高教育教学质量，推动教育事业持续、快速、健康发展，枣庄市自1999年以来，全面推进学校内部管理体制改革，取得了显著成效，初步建立了优胜劣汰、优劳优酬的竞争激励机制，极大地调动了广大教职工的积极性，为教育事业注入了生机和活力。枣庄市深刻地意识到，进一步深化中小学人事制度改革已成为适应教育自身发展的迫切需要，必须运用正确的政策导向、思想教育和激励手段，建立新的学校内部管理运行机制，进一步调动广大教职工的积极性，努力提高办学水平和效益。为此，枣庄市自2006年起开始实行以“四制”改革为轴心的学校内部管理体制改革探索，主要内容如下：

（一）进一步完善校长竞聘、监督、考核机制

校长一律实行竞争上岗或面向社会公开招聘，3年一聘。加大校长的交流力度，原则上同一位校长在同一所学校任职不超过两个聘期。促进校长队伍年轻化，新任校长年龄一般不超过45周岁；校级干部和中层干部任职年龄参照市直机关干部提前离岗年龄逐步过渡，个别优秀的校长经组织批准可适当放宽。进一步完善对校长履行职责情况的监督考核机制，主管部门要制定科学有效的校长考核量化细则，定期进行考核，并将考核结果与聘任、奖惩、任免等挂钩。有条件的区（市）可进行校长职级制试点。

（二）进一步完善教职工全员聘任制

1. 所有教职工都必须参加一年一度的竞聘，学校所有岗位都要实行聘任制。竞争上岗可以打破职务、身份界限，实行低职高聘、高职低聘。竞聘要本着条件公开、机会均等、竞争上岗、综合评价、双向选择、择优聘任、聘约管理的原则进行。落聘数量多少根据学校实际情况确定。实行人员聘用制的单位要按照《枣庄市事业单位实行人员聘用制度暂行办法》（枣办发［2006］6号）的规定办理。

2. 严格执行病假人员办理政策。根据国家有关政策，工作人员病假期间执行以下工资待遇：病假在两个月以内的，发给原工资，工作人员病假超过两个月的，从第三个月起按照下列标准发给病假期间工资：工作不满10年的，发给本人工资的90%；工作满10年的，工资照发。病假超过6个月的，从第七个月起按照下列标准发给病假期间工资：工作不满10年的，发给本人工资的70%；工作满10年和10年以上的发给本人工资的80%。工作人员在病假期间，可以继续享受所在单位的生活福利待遇。

（三）进一步完善岗位目标责任制

各学校要结合教育教学和管理服务工作的实际，按照《枣庄市事业单位岗位管理试行办法》（枣办发[2006]12号）要求，在批准的编制内因事设岗，根据岗位任务的要求，制定各类人员的岗位职责和工作目标，层层签订岗位目标责任书。要注重研究新课改背景下的教职工考核办法，逐步建立和完善与新课改相适应的考核评价机制，定期进行考核，并将考核结果作为竞聘和效益工资发放的重要依据。

（四）进一步完善等级工资制

各学校要结合各自实际，逐步规范工资分配办法，可采取按月发放结构工资或按学期发放效益工资等多种形式，要充分考虑教师工作量、工作难度、岗位职责特点等因素，进一步拉大工资的分配差距，充分体现按劳分配、奖优罚劣的原则，调动广大教职工的积极性。

为进一步巩固和扩大改革成果，该市还建立了相应的配套改革措施：建立新师资及时补充机制，保持教师队伍的生机和活力；对缺编的学校，人事编制部门要及时审批增人计划，人事、教育部门要及时进行考录补充，切实解决区域性、学科性、结构性等严重缺编的现状；尽快清退临时代课教师；努力提高农村教师待遇；优化教育资源配置，促进城乡教育均衡发展；进一步改革完善中小学教师职称评审办法；按照国家和省关于基础教育“以县为主”管理体制的要求，建立区（市）统一发放教师工资、统一管理调配教师的机制；切实加强组织领导，各有关部门要各司其职，积极配合、支持和参与改革，为中小学校内部管理体制改革营造良好的外部环境。

（三）滨州市的“一评三制”改革

为了全面贯彻落实《中共中央国务院关于深化教育改革全面推进素质教育的决定》，适应基础教育改革和发展的要求，滨州市以学校人事制度、分配制度改革为核心，全面实施“一评三制”改革，即：“综合考核评价”、“校长聘任负责制”、“教职工全员聘用制”和“校内岗位津贴等级制”，逐步建立起适应社会主义市场经济体制和符合基础教育发展规律的中小学内部管理体制。其改革主要内容和实施办法如下：

（一）综合考核评价

综合考核评价包括业务考试和岗位目标考核两部分。

1. 考试

考试的原则及内容：考试本着公开、公正、公平、科学和教什么考什么的原则，由县区教委统一命题、统一考试、统一阅卷。考试的内容包括教育理论、教育政策法规以及学科专业知识三部分（具体考试内容和范围由县区自定）。教学人员一律参加考试，非教学人员和内退人员可视情况不参加考试。教学人员和非教学人员的界定原则上按现岗位确定。

2. 岗位目标考核

各县区要结合本地实际，按照原地区教委《关于中小学教职工考核工作的实施意见》（滨教［1997］29号）及原地委组织部、地区人事局、地区教委《关于印发〈滨州地区关于加强教师队伍管理的几项暂行规定〉的通知》（滨教［1999］8号）要求，建立全面、科学、合理的岗位目标考核评价体系。根据学校规模和岗位要求，确立各岗位的职责和工作目标。每学年结束后，对每个岗位工作者完成目标责任情况进行全面考核。校长的责任目标完成情况，由教育主管部门组织考核；教职工的岗位目标完成情况，由学校组织评委会进行考核。其考核结果作为当年度机关事业单位工作人员的考核结果。

3. 综合考核评价结果及使用综合考核评价结果，考试成绩占30%，岗位目标考核成绩占70%。综合考核评价结果的使用，原则上小学以乡镇为单位，中学以学校为单位。综合考核评价成绩后列2%～5%的人员作为转岗、培训、交流、落聘的对象。

（二）校长聘任负责制

1. 校长的产生。校长的产生，可以实行委任制，也可公开竞争选聘。委任制副科级以上校长、副校长人选，教育主管部门可提出人选建议，按干部管理权限办理。公开竞争副科级以上校长、副校长的选聘方案，由教育主管部门提出意见，征得干部主管部门同意后实施。副科级以下校长、副校长的选聘，由教育主管部门负责。选聘人选产生后，按干部管理权限办理审批手续。

2. 校长、副校长的聘任。校长、副校长任期一般为三年。校长在任期内不能履行职责、不胜任本职工作或出现违法违纪等重大问题的，由教育主管部门提出意见，按干部管理权限办理解聘手续。任期期满时，通过民主考评，胜任者可以连任，不胜任者或有严重失职行为的解聘。校长在任期内辞职，必须先向教育主管部门写出书面报告，报经干部主管部门同意后方可离职。

（三）教职工全员聘用制

1. 教职工实行竞争上岗，全员聘用。所有中小学教职工一律实行竞争上岗、全员聘用。具体做法：一是定编。严格按照鲁政办发[1999]46号《山东省人民政府办公厅关于印发〈山东省全日制中小学职业中学机构编制管理暂行规定〉的通知》要求，由县区教委和编制部门统一组织核定各类学校人员编制。定编工作既遵循省编标准，又要兼顾中小学规模和设学的特点，核定一个比较合理的编制数。二是定岗。按每所学校的编制数，遵循国家新的《教学大纲》中各学科课程设置标准，依照教职工满负荷工作要求，确定各类工作岗位及人员职数，岗位数一般应小于编制数。三是竞争。根据学校实际，核定每个岗位的聘期和聘用要求，教职工按照岗位要求和自己所具备的条件竞争上岗。四是聘用。学校按照岗位要求和综合考核评价结果，结合教育教学工作实际，择优聘用。凡党政机关借调脱离教育系统但不能办理调动手续的教职工，必须归校参加竞聘，否则，按落聘对待；经上级教育主管部门择优录用的应届师范类毕业生可直接上岗，见习期满后，综合考核成绩合格者，再由学校办理聘用手续；非师范类毕业生未经市教委批准，不得擅自列入聘用范围（经市教委同意，已办理招考手续的除外）；中层干部按核定的职数在综合考核、民主推荐、公平竞争的基础上，由校长聘用。中层干部和教职工聘期一般为一年，并以书面形式与聘用单位法人代表或法人代表委托人签订聘用合同，颁发统一聘用证书。聘用合同一经签订，即具有法律效力。聘用期满，按照综合考核评价标准严格考核，合格者可续聘，不合格者一律终止聘用。

2. 落聘及落聘人员的处理

推行全员聘用制的学校，不论超编或缺编原则上都要有待聘、落聘人员，实行“末位调整”。要让师德表现不好、能力差、教学效果差、服务意识差、学生不满意的教职工待聘或落聘，调整数量的多少根据学校实际情况确定。在受聘期间，校长可以对综合考核评价处于末位行列、不履行岗位职责、不胜任本职工作的教职工予以解聘。解聘教职工要经校长办公会研究，并报上级教育主管部门批准。落聘人员自落聘之日起三个月后发工资总额的70%，第二年仍落聘的发工资总额的50%。对落聘人员通过以下渠道进行安置：一是由上级或同级教育主管部门调剂到缺编的中小学（重点是乡镇中小学）参加竞聘；二是自行联系单位调出；三是进修培训，结束后继续参加竞聘；四是接受校办企业的再聘或创办校内经济实体；五是鼓励落聘人员自谋职业。

为了进一步优化教师队伍，做好学校富余人员的精简和分流，科学合理地开发和利用教育人力资源，各级人事、编制部门要借鉴发达地区的做法和有关规定，积极协助教育部门建立起为教育人才服务的中介机构，解决好教育人才“能进能出”的问题。

（四）校内岗位津贴等级制

岗位津贴是指职工工资构成中30%活的部分，此外还应包括学校勤工俭学收入中可支配的部分。津贴级别的划分与岗位、任务、业绩、贡献相结合，不以技术职务、身份或资历为依据。岗位津贴工资由学校根据对教职工工作岗位和完成目标责任的考核情况按等级分配，每学期或学年兑现一次。通过实行校内岗位津贴制，实现“按劳取酬、优劳优酬”，逐步建立起激发教师工作积极性和创造力的激励机制。

(四) 他山之石：长春市中小学内部管理体制改革

自1996年始，在长春市委、市政府、吉林省教育厅的正确领导下，长春市在全市中小学实施了学校内部管理体制改革，主要内容是改革干部人事制度和分配制度，改革覆盖面已经达到100%，并取得了重要的阶段性成果。这种已经持续了长达数十年的体制改革打破了僵化的管理体制，逐步形成了既有政府、教育行政部门统一要求，又有基层学校创新的完备的管理体制。其中的有益的探索和经验值得反思和借鉴。

（一）建立以校长负责制、教职工岗位责任制为核心的学校运行机制

1. 实行校长负责制

——确立校长的法人地位。校长对学校的教育教学和行政工作负全责，负总责，校长依法享有在校内的人事聘任权、财务经费使用分配权、教育教学决策权，党组织的保证监督作用和教代会的民主监督作用进一步明确，学校形成了以校长为核心的领导机构。

——实行校长任期制。校长任期为三年，任期内与主管部门签定目标责任书，主管部门对校长进行任期考评，合格者可连任。

——按政绩确定校长待遇。教育行政部门根据校长政绩、学校办学水平统一确定校长待遇，实行等级工资制。

——引入竞争机制。教育局三次面向全社会，公开招聘长春四中、长春五中、长春六中、长春十六中、长春市实验中学、长春高级职业技术学校的校长，一批优秀干部特别是一大批年轻干部走上了校长岗位。

2. 实行教职工岗位责任制

——科学设置岗位。人事部门为教育部门核定总编制，教育行政部门为学校核定执行编制，并按编制拨工资。学校科学划分岗位，合理确定岗位责任、工作量、目标、待遇和上岗条件。

——建立科学的考评体系。在考核原则上，坚持实事求是，做到公正、公平、公开；在考核内容上，力求科学、全面，特别突出对师德的考核；在考核的方法上，加强过程考核，采取周记载、月统计、学期评议和学年总评相结合的办法，强调学生和家长直接参与对教师工作的考核；在考核结果的使用上，实行“一考五挂”，即考核与教职工的聘任、评职、评优、酬劳和提干挂钩，这种硬挂钩，使考核的激励作用得到充分发挥。

（二）建立以教职工聘任制和职务等级工资制为核心的学校动力机制

1. 实行教职工聘任制

——实行教职工竞争上岗。各校遵循“公平竞争、择优聘任”的原则，推

行竞争上岗。有的采取校长直接聘任，有的采取领导分级聘任，也有的采取领导先聘班主任，然后班主任和任课教师进行双向选择，实行优化组合。通过聘任，裁减了冗员，提高了工作效率，教师人人满工作量或超工作量。

——妥善安置落聘人员。先后有 3 921 人次实行待聘，这些人有的在本校或其他学校参加学习培训，有的进行了校际之间的调剂；有 815 名落聘教师实行了校内转岗；有 5 854 人办理了政策性退养；有 156 人办理了系统外调动手续；有 191 人办理了限期调出手续；有 1 309 人按自动离职处理；有 1 079人在系统内二次被聘。

2. 实行教师职务等级工资制

——解决"干多干少一个样"的问题。改革之初，我们把教师工资 30％活的部分拿出来，设立课时津贴、岗位目标管理津贴等，进行再分配，每位教师平均 100 元左右，我们感到分配差距太小，1999 年，我们把教师工资总额的 30％全部拿出来，每位教师平均有 300 元左右，有效拉大了分配差距。现在超工作量的教师每月多拿 200 多元，而九台市六台镇 176 名教师中，就有 38 名教师挣不回这 30％的工资。同时一些县（区）采取了二次拨款的办法，把 70％部分正常开资时发放，剩余 30％的部分依据考核结果月末发放，从根本上保证了各校把 30％工资用到位。

——解决了"干好干坏一个样"的问题。我们加大了学校奖励自主权，要求学校把部分自筹资金相应拿出一部分，依据对教职工的考核结果，设立优秀班主任奖、教学成果奖、学校管理奖，推行优质优酬，许多学校的骨干教师单项奖金高达 1 000 多元，有的学校实行名师工程，大幅度提高了名师待遇，有的县（区）每年拿出几十万元资金，用于奖励优秀教师。

（三）建立以党组织的保证监督作用和教代会民主监督作用为核心的学校制约机制

1. 发挥党组织的保证监督作用。

各级党组织认真组织传达、学习有关改革的文件，向广大教师宣传改革的必要性和迫切性，要求党员、入党积极分子关心改革，支持改革，服从改革，起表率作用；深入开展了思想政治工作，九台一所学校党支部在改革中支委成员每人承包两名可能落聘的教师，经常个别谈话，掌握思想动态，消除种种疑虑，并帮助解决实际困难，及时化解了矛盾，减轻了校长的压力。市直各单位党组织在改革中组织了本单位中层干部全员竞争上岗，使市直单位87%的中层干部年龄不超过35周岁，中层干部队伍充满生机和活力；教育局党委把党组织在学校内部管理体制改革中发挥作用的情况纳入基层党组织考核评估细则，赋以较大权重，每年“七一”前夕，进行总结表彰。总之，通过学校内部管理体制改革，各单位加强了基层党组织建设，充分发挥了基层党组织的政治核心作用和战斗堡垒作用。

2. 充分发挥教代会的民主监督作用

在改革中，各学校积极引导广大教职工参与改革，做改革的主人。各学校都成立了教职工代表大会，代表来自学校各部门，具有广泛的代表性。学校的改革方案经过广大教职工反复讨论，最后由学校教职工代表大会表决通过，校长把教职工代表大会称为学校的“人大”。北京市朝阳区一个小学的改革方案学校领导班子反复讨论修改了七次，但教职工对许多条款持反对意见，最后教代会否决了方案，在朝阳区引起了轰动，但该校校长却说：“这不是坏事，说明我们的职工成熟了，主人翁的意识增强了，把改革真正当成了自己的事。”随后，又经过领导和教师反复多次的讨论，一个体现全校员工意志的改革方案才在教代会上一致通过。总之，学校内部管理体制改革，有力地推动了学校的民主建设进程，市总工会的一位领导说：“我们的教师真正成了学校的主人，我们的学校工会真正发挥了职能作用。”

第三节　义务教育学校内部管理体制改革的目标、趋势和战略思考

一、基本目标定位

义务教育学校内部管理体制创新的目标应以实施素质教育为宗旨，以培养学生的创新精神和实际能力为基本价值取向，确立崇尚创新的学校管理思想，突破陈旧的、僵化保守的学校管理模式，构建以培养人的创新素质为基本价值取向的管理体制、管理内容、管理方法和手段，创设有利于人才成长的管理机制和育人环境。具体到每所学校，管理目标是各不相同的。但每所学校的创新目标必须具有如下两个内容：一是预期结果要有新的导向和挑战，是以前未曾实现过的；二是达到这个预期结果所采取的管理措施要有新的凝聚作用和激励作用。

二、基本趋势预测

校长负责制的完善：民主化。强化教职工民主参与管理是完善校长负责制的一种趋势，是学校内部管理制度创新的一个重要内容，对增强民主决策，完善学校管理的约束机制，实现民主决策，加强学校政治文明建设，起着十分重要的作用，也是校长负责制坚实的民主制基础。当前亟需加强教职工民主参与管理的基本组织建设，明确其法律地位，而不只是群众性组织；探索教职工民主参与管理灵活多样的形式、途径与方法；加强教职工民主参与管理制度建设，建立健全民主管理网络，拓宽民主管理渠道，完善学校领导与教职工双方的自我约束机制。

学校内部组织机构的改革和完善：扁平化和综合化。管理组织机构由科层制“金字塔式结构”向“扁平化结构”转变是追求效能的现代管理变革的

一大趋势，也是“第五代管理”倡导的核心理念之一。目前学校内部管理出现管理重心下移，组织机构正在向扁平化方向发展。改革这种职能过度分割的趋势是合并中层机构，综合其各自的基本功能。不仅如此，学校内部管理的功能还在向着专业化和学习型方向扩展。

学校内部人事制度的改革和完善：能绩化。在社会主义市场经济体制的大背景下，学校内部人事制度的改革和完善是在“效率优先，兼顾公平”的原则指导下，强调个人能力，突显工作绩效，并且将学校内部人事管理重新定位在人力资源开发上，实现学校人事管理由身份管理向岗位管理转变和由行政任用关系向平等协商的聘用关系转变。学校人事制度内部改革和完善的探索主要集中在三个层面上：一是全员合同聘用；二是中层管理人员竞聘上岗；三是教师分层聘任，竞争上岗。

学校内部分配制度的改革和完善：年薪化。变革思路是实行动态的工作责任、工作过程和工作结果三位一体的定性包干分配制度改革，即变“结构工资制”为“年薪制”。实行年薪制，教师的收入更加货币化、透明化、公开化、简约化，同时可以鼓励冒尖，打破论资排辈。

学校内部后勤管理的改革和完善：社会化。在市场经济条件下，中小学后勤管理的社会化是学校完善内部管理的重要趋势。后勤服务由无偿向有偿过渡、由单一由学校拨款向节约创收过渡、由对内服务向同时兼顾向外服务过渡。在加强成本核算、成本管理和责任承包的基础上，建立和市场经济接轨的、符合教育规律的后勤运行机制。

学校内部管理评价制度的改革和完善：过程化和社会化。素质教育改革要求学校内部管理评价要从“注重结果”向“注重过程”转变，强调以动态的、发展的、积极的眼光关注评价对象的过程性和发展性。另外，社会参与学校评价也是完善学校内部管理评价机制的一个重要动向。

三、战略性思考

坚持激励与公平，兼顾高层次需要。改革中必须坚持激励与公平相结合的原则，以提高激励成本效率和减少不必要的冲突。在改革实践中，充分关心、了解教师的需要，承认教师需要的多样性和个体间需要层次的差异性。在妥善地解决好教师物质需要的同时，注重激发教师高层次的精神需要，收到了良好的效果。

循序渐进地稳步推进管理体制改革。管理体制改革实践的过程十分复杂，受到校内外各种因素的影响，不可能按一种模式程序进行。这就要求管理者密切关注改革动向，调节改革中的矛盾，解决改革中的问题，控制改革的方向，循序渐进，使改革诸环节的每一次循环都能向上提高一级，向前推进一步。既要在内部管理体制上坚持大刀阔斧的改革，又要兼顾我国现在仍处于社会主义初级阶段，周围的大环境仍不成熟，一般公民的心理承受能力仍然有限的事实。

以管理体制改革为契机推动其他领域改革。首先，要进一步深化学校内部管理体制改革。要加大人事管理机制的改革，按照职责与权利统一的原则，完善全员聘任制，建立科学的管理督导制度，以法治校，建立起良好的教育教学工作和生活的秩序。在分配制度上要逐步完善以绩效薪酬为主的结构工资制，体现优绩优酬原则，进一步淡化直至消除身份意识，继续拉开薪酬差距，从而有利于提高工作效率与业绩水平，有利于提高员工素质和吸引人才。要加快后勤管理社会化的步伐，最终实现后勤服务社会化。

探索经验，积极推进其他领域的改革。一是抓好教育观念的改革；二是抓好教学模式的改革；三是主动适应市场，建立起“招生—培训—鉴定技能—推荐就业”一条龙配套的全程服务体系；四是抓好教学管理制度的改革；五是抓好课程和教学方法、手段的改革。

第四节　义务教育学校内部管理体制的合理构建

学校内部管理就是对学校组织系统内部诸多因素进行优化组合，从而高效实现育人目标的一种活动。学校内部管理所涵盖的范围很广泛，涉及到学校的每一项工作，包括对人、财、物、时间、信息等的全面管理。学校的内部管理体制改革主要也是围绕领导体制、管理机构、管理制度、人事制度和分配制度展开的。由于学校“以人为本”的管理理念的深入贯彻，管理逐渐关注人本身，学校内部管理体制改革和创新也主要是以人事制度和分配制度为基点和轴心。

一、义务教育学校内部管理体制改革的基本路径

义务教育学校内部管理体制出现的问题，亟需重构义务教育学校内部管理体制来破解。为了提高学校内部管理效能，义务教育学校需要以校长负责制为核心，积极转变学校内部工作运行机制、拓展内部动力机制、完善内部保障机制，实现内部管理体制的革新。

(一) 完善学校内部人事管理制度

建立优化组合的教职工聘任制。县中小学所有任职教师必须具备相应的教师资格，做到持证上岗，对不具备教师资格的人员及时调整出教师队伍。严把教师入口关，对新进人员实行“凡进必考”制度，做到考试与考核相结合。按照公开、平等、竞争、择优的原则，逐步建立起“能进能出，能上能下”的新的用人机制和“结构合理，动态平衡”的格局。所有在编教职工必须在学校内部参与岗位竞争，在岗位聘任上，实行低职高聘和高职低聘政策。

具体模式或者方案是：二级聘任，校长聘任年级组长，年级组长聘任教师；三级聘任，校长聘任副校长、教导主任，教导主任聘任教研组长，教研组长聘任学科教师；以班主任优化组合，校长聘任班主任，班主任聘任学科教师。凡制订出来的聘任方案一定要经过教职工代表大会讨论通过，体现每个教职工的意志。对于体力、精力和智力都不能适应教育教学的教师，可以让其离岗，促进学校内部教师的循环流动。

建立并完善教师考核、督查机制。首先应按照《教师法》的规定和素质教育的要求，制订科学、有效的评估考核办法和考核指标体系，把考核结果作为聘任、奖惩的重要依据。各级政府要建立和完善与聘任制度相适应的教师激励机制。在教育事业发展和农村现代化建设中做出了巨大贡献的教师，特别是长期工作在贫困地区的乡村教师，应得到全社会的尊重。其次要建立教师督导制度和社会监督机制，引导、激励教师履行职业道德规范，确立正确的教育观念。县级教育行政部门要加强对本地所有义务教育学校的教师队伍素质的检测和评估，建立督查和奖惩制度。

（二）进一步完善教师工资发放制度，激发教师工作积极性

多年以来，"大锅饭"、"铁饭碗"、平均主义的现象已大有改观，但学校里的平均主义仍极其严重。可以说，学校已成为平均主义的最后一个堡垒，实行的仍是"阳光普照，利益均沾"的分配模式，这无疑极大地损害了教职工工作的主动性和积极性。为了让学校走出平均主义的圣坛，结构工资制应运而生。它要求打破学校的平均主义，实行"多劳多得，优质优酬"。在政策和舆论导向下，一些学校对校内结构工资制进行了大胆的尝试和艰难的探索。事实表明，这一制度的实施并没有达到预期的效果，主要问题是结构工资的实行在本质上没有改革论资排辈的现象。为深化教育人事制度改革，推进义务教育学校绩效工资制度顺利实施，加强教师队伍建设，促进教育事业科学发展，经国务院同意，自 2009 年 1 月 1 日起，首先在义务教育学校实施绩效工资分配政策，这是坚持教育优先发展战略的又一重大举措，是加强教师队伍建设具有里程碑意义的一件大事，充分体现了党中央、国务院对教育事业的高度重视和对广大教师的亲切关怀。

为完善教师工资发放制度，激发教师工作积极性，首先，应加大对义务教育的投入，提高教师的工资待遇。一方面，要完善教职工工资由县集中统一管理和发放的办法，确保国家统一规定的工资和津贴按时足额发放，并做到地方性津补贴发放与县级机关工作人员一致；另一方面，要积极改善教师的工资待遇，在坚持县财政统一发放教师工资的制度上，解决好教师住房公积金问题，缩小与市区教师的工资差距，并逐步建立边远中小学教师生活补贴制度。其次，拓宽社会资金来源的渠道，实行绩效工资制和建立校长基金相结合的分配制度，使分配制度更趋科学化。实践证明，采用多位一体的工资发放制度更加有利于调动广大教职工的积极性。

(三) 以组织管理为突破口，创建充满活力的内部管理模式

革新义务教育学校内部组织结构形态。进入新世纪，学校内部组织结构从"金字塔式结构"向"扁平式结构"过渡。义务教育学校内部组织结构也应该逐渐向"扁平式组织结构"转化。具体来说，学校内部组织结构形态的更新可以从纵向和横向维度展开。首先，学校组织形态从纵向上要压缩，改变科层制式的高重心、层层落地的上下层组织关系。县级教育行政部门可以将校领导与基层相关部门的负责人一起组成学科教学领导委员会和学生工作委员会，规定每一位校领导必须深入到某学科和某年级，参与一线教师的学习、讨论、研究活动，深入到课堂听课，了解教学一线的状态。同时，学校组织形态也可以从纵向上进行转化，比如，可以变革学校传统的直线式机构组织，取消中层领导干部的机构设置，代之以咨询机构，既可以进行各种决策的商议，又可以提高工作效率，从而提高效能。① 这种纵向的变革模式，可以改变学校内部自上而下单向布置任务、自下而上层层听取汇报的工作方式，呈现出学校内部组织机构扁平化的新形态。其次，学校组织形态从横向上要重新整合，形成组织结构扁平化和各组织间关系网络化的新组织结

① 徐晓东等在《社会转型与办学体制创新》一书中介绍了洪家中学内部管理体制改革的经验，指出该校以学校组织设计的变化推动内部管理体制改革。改革过程中，学校以咨询机构取代改革前的中层领导干部，达到了提高学校效能的目的，值得借鉴。

构形态。鉴于学校内部中层组织横向上功能交叉、重复又不沟通的情况，可以将学校中层领导机构统整成若干新机构，比如课程教学组、学生工作组、信息技术组和后勤管理组等，这样可以实现学校内部组织功能的整合和清晰化。另外，学校还可以对中层职能部门进行合并，综合其各自的基本功能：将教导处、德育处和教科室合并为一处，全面负责落实学校教育、教学和科研等决策和安排，组织实施和完成学校教学、德育、教务、科研、师训、综合管理和学生特长发展等各项工作和任务。①

(四) 构建和谐的学校组织文化

组织行为学认为，组织文化不仅是组织中所存在的员工意识形态的总和，还包括与员工意识形态相联系的文化活动，这些活动直接影响组织文化的形成与发展，是通过物质形态表现出来的员工精神形态。② 组织文化具有丰富的内涵和强大的生命力，具有导向、凝聚、激励和约束的功能。建立积极的组织文化对义务教育学校具有重要的意义，这种组织文化要建立在满足教师的基本需求的基础上，更加尊重和信任教师，给予教师更多人性的关爱。

义务教育学校管理体制总体上保障了教师的工资和各项福利等基本需求。根据马斯洛的需要层次理论，人的需要是分层的，需求的存在是促使人产生某种行为的基础。每个人都有相同和不同的需求，且在不同时期会有不同强度的需求。要调动人的积极性，就必须针对不同的人，引导其满足不同层次的需求。现有义务教育学校内部管理体制存在"刚性化"管理倾向，往往是规章制度制定后，各部门和教职工严格服从和执行，管理缺乏弹性。学校的组织文化应当体现"以人为本"的理念，摒弃"刚性化"的管理，转向"柔性化"的管理。学校有必要塑造自身的组织文化，使所有教师都形成一种文化认同感和归属感，充分调动教师的积极性和主动性。目前一些学校

① 李永生：《中小学内部管理机制改革和完善的六个基本动向》，《基础教育参考》2004 年第 10 期，第 32 页。

② 叶澜：《"新基础教育"论：关于当代中国学校变革的探究与认识》，教育科学出版社 2006 年版，第 331～353 页。

在管理中采用的校务公开制度有其积极意义，但也容易流于形式。校务公开不是组织沟通的唯一途径，要想真正形成畅通有序的组织沟通，使组织的信息沟通迅速、及时、有效，就必须从根源上解决组织沟通中的障碍因素。

随着我国经济社会的发展和进步，义务教育学校的内部管理体制会不断涌现出新的问题和矛盾，内部管理体制改革之路不会一帆风顺。校长负责制、教师聘任制、岗位负责制以及分配制度等管理制度在义务教育学校的全面落实和完善需要政府、社会和学校的共同参与、共同努力。作为教育决策部门，首要的任务就是针对我国的实情和义务教育学校的实际，针对出现的问题和面临的困境提出并制订行之有效的策略和方案，给予及时、科学的引导。作为办学主体的学校应始终秉承“以人为本”的办学理念，寻求学校的发展特色，以革故鼎新的开拓创新精神，逐步改革和完善内部管理体制，促进义务教育学校内部管理体制改革的深入开展。

（五）完善学校内部工作保障机制

学校的管理活动，不仅要通过管理人员和管理机构，还要通过管理法规来进行。义务教育学校在进行管理制度革新时，应坚持“依法治教，规范管理”的原则，兼顾县级部门监督管理和学校自主管理的有机结合，逐步减少管理环节中“人治”的痕迹，促进学校管理的制度化、规范化和科学化。

加强对学校内部管理制度的监管力度。学校内部管理制度的制订要符合国家的教育方针、政策的精神，同时要符合教育原则。县级教育行政部门应成立监管小组，对学校内部规章制度制订的合理性和操作的合法性进行有效监督。县级教育行政部门成立监管小组，应做到工作公开、透明。小组内部人员应按照专业素养、工作作风等标准经过严格选拔构成，严格监督，树立权威。

从实际出发，制订合理、有效的管理制度。学校内部管理制度的制订不是无章可循的，要遵循以下几项原则：要符合国家的教育方针和政策的精神；要结合学校内外环境的变化，制订相应的规章制度，并且及时作出修改和补充；要具有相对稳定性，要完善和补充，杜绝朝令夕改，避免流于形式；严格执行规章制度，形成学校内部人员自觉遵守规章制度的氛围；自觉接受县级教育行政管理部门的监察和监督，及时发现问题并进行整改。学校的管理制度要努力追求系统清晰、简洁有效、底线明确、适度弹性，确认制度的功能在于发挥管理和引导、自律和他律、保障员工权益和提供发展空间、保证基本工作质量和激励贡献创造等。

二、义务教育学校内部管理体制改革的突破口之一：完善校长负责制——教育问责制引入义务教育学校的路径

目前教育行政机关对中小学校的管理，主要是通过审批、拨款、检查、评比、督导等手段进行的，在一定程度上效果较好，但对中小学校校长的管理却有点差强人意。因为手段比较落后，机制不够健全。主要体现在：选人、用人方面的重资历、轻能力；培训方面的重政治、轻业务；评价方面的重表现、轻实绩；考核方面的重形式、轻实效；监督方面的重官方、轻民意；激励方面的重物质、轻精神。[①] 学校内部领导体制改革的关键在于外部管理机制的创新，需要进一步深化外部教育管理机制的改革与创新。

教育问责制是教育工作者以培养高素质的学生为目的、以履行对公众的教育承诺为己任、以追求效能为要求、最终接受责任追究的一种奖惩机制。美国的教育问责运动让社会各方共同关注学校教育，从而让学校以更低的成本培养出更合格的学生，为美国社会的繁荣作出了不可磨灭的贡献。[②] 2006 年 9 月施行的新《中华人民共和国义务教育法》创造性地提出了义务教育问责制，从而在法律上开创了义务教育问责制的先河。义务教育问责制的引入必将促进教育资源均衡发展和教育公平，有利于进一步规范义务教育管理体制。

(一) 义务教育学校问责制的建构路径

为了促进学校内部管理效能的提高，义务教育学校需要以校长负责制为核心，积极转变学校内部工作运行机制，建立更加合理的教育问责制。国

---

① 陈庆：《教育法视野下基础教育管理队伍建设的思考》，《甘肃政法成人教育学院学报》2006 年第 3 期，第 52～53 页。

② 李树峰：《教育问责制：美国的经验及启示》，《外国教育研究》2006 年第 4 期，第 67～71 页。

内相关研究主要强调教育问责的主体、问责客体、问责内容或范围、问责途径或方法。笔者赞同有关研究的观点，主张建立教育问责制的重心也在于从体制上架构，主要涉及问责主客体、问责内容与问责途径三个层面。①

1. 明确和拓宽问责的主体和客体

行政问责制包括“同体问责”与“异体问责”两种形式，教育问责制也不例外。只要是学校利益相关者均可成为问责的主体，其同体问责主要是指教育行政系统内部的问责，即教育主管部门对校长和所有教育工作者的问责；其异体问责主要是学生家长、社会团体、社区、新闻媒体等教育系统外部对校长和教育工作者的问责，两者相辅相成。

要从教育实践和发展的规律出发，优化问责主体构成，明确问责主体的地位，协调好问责主体间的关系。无论是同体问责还是异体问责，首先都应该形成合力，避免出现“同体”和“异体”的扯皮现象。其次，对于问责主体地位的确定，原则上要坚持地位平等，应每个主体都能平等地参与问责。对于系统内部，应以教育行政部门为主，校长由上级主管部门考查任命，其任免划归到县级教育行政部门，那么县教育行政部门在教育问责制的实施过程中就具有不可替代的作用。同时要给予教师、学生、家长、社会团体、社区、新闻媒体更多的权利。在学校中，教师和学生最具有发言权，而家长和社会团体、社区、新闻媒体的广泛参与，是问责主体趋向多元化的必然趋势，符合强化异体问责的客观要求。

《中华人民共和国义务教育法》第九条规定：“发生违反本法的重大事件，妨碍义务教育实施，造成重大社会影响的，负有领导责任的人民政府或者人民政府教育行政部门负责人应当引咎辞职。”很显然，负有领导责任的人民政府或教育行政部门负责人无疑应是主要的问责客体。除此之外，其他的相关责任人也难辞其咎。以县为主的教育管理体制下，义务教育学校因校长的权责变动产生的不利于义务教育发展的问题，与校长本人不无关

① 引自李树峰：《从我国中小学领导体制的变迁看建立校长问责制的必要性》，《当代教育科学》2005年第17期，第38～42页。

系。因此，在义务教育学校中实施合理的教育问责制，理应将校长作为问责的客体之一。

2. 完善问责的主要内容和范围

相对于问责的客体，应该有相应的问责内容和范围。对于不同的问责客体，应区别对待，界定不同的问责内容。对于人民政府或教育行政部门的负责人而言，除了重大情节的失职行为外，还应该将政府和官员的隐形失职、决策失误、用人失察、平庸无为、违反职业道德和社会公德等列入问责的范围。将问责定位为对失职行为中责任人重大过错的一种事后惩戒，而疏于追究官员在隐性失职、决策失误、用人失察、自身品行不当等方面的过错，则显然是偏离了义务教育问责制度构建的本意，极易滋生官员的“无为”思想，导致官员们“大错不犯、小错不断”或者庸碌无为、四平八稳当太平官，最终也不可能达成实施义务教育问责制的预设目标。

一般而言，校长应至少在学校经济收支和专业水平及学生的全面监护和学业水平等层面接受问责。一是学校经济收支和专业水平方面的问责。义务教育经费保障机制实施后，编制中小学预算成为校长的一项重要职责。中小学的民主决策机制尚未完善，那么在学校经济收支层面出现的问题，作为主要责任人的校长难辞其咎。学校的专业水平是学校内在环境的基本构成，包括“硬件”和“软件”。二是学生的全面监护和学业水平方面的问责。学校要始终贯彻党的路线、方针和政策，要让广大教师和学生感受到党的关怀和温暖，教育学生爱党爱国，服务社会；要让学生在校园里接受法律意识的熏陶，做到懂法、用法和守法；要发挥育人的功能，要让学生在学习知识与技能的同时，养成良好的习惯和形成高尚的品德。学生的学业水平是学校的核心工作，这是考核校长是否胜任工作的重要依据。校长应采取一切措施以确保学生学业水平的提高，因为其高低直接影响到学校的前途。学校要建设健康校园以使学生远离危险、威胁、暴力以及色情等不健康因素；要制定详尽的规章制度以规范学生的行为；要善于引导学生清除不利于自身学习与发展的思想以培养其积极向上的心态。

除了以上所述的“学校经济收支和专业水平及学生的全面监护和学业

水平”等层面的责任外，校长俨然已经成为多重责任的承担者。新体制下，中心校校长的责任承担便有了更加广泛的外延。相应地，校长问责制的问责内容也应作出调整，应更倾向多元化、立体化。既然中心校校长被赋予了如此重要的角色定位，就理应担负起相应的责任，这也是新形势下义务教育发展对校长们提出的基本要求。

3. 确立问责的主要途径与方式

教育问责制是一个实体规范，也是一个程序规范。程序是任何一项健全的法律制度所必备的要素，所以必须用问责程序的规范性、可操作性来保证校长问责制沿着法治的轨道进行。问责的程序主要包括：责任的认定程序、问责的启动程序、问责的回应程序等。① 具体来说，可以细化为以下几个环节，即控告、传唤或通知，责任人报告说明，初步调查核实、评估、处理，责任人申请复核等。首先由控告人（即利益受损者，可以是个人，也可以是集体）向主管监察部门提出控诉或检举，问责委员会接到控诉后传唤责任人，责任人做出说明，监察部门进行细密调查和取证，评估事件影响并做出处理或制裁，主要包括公开道歉、责令其做出书面检查、通报批评、记过、引咎辞职、撤职、免职、责令辞职以及给予行政处分等。责任人对此处理或制裁不服，可提出抗议或申请复核等。

需要特别指出的是，教育问责制不同于行政监督、司法监督、党纪监督等监督体制，因而问责的方式方法也与之有别。行政监督、司法监督以及党纪监督等，注重的是事后监督，追问的是具体问题的具体过错，即当当事人已经违反相关规定，过错行为已经出现时才对校长进行处罚。就效度而言，诸如行政监督、司法监督和党纪监督等监督体制并无防微杜渐之效，而教育问责制注重的是全面提醒和全程监督，关注当事人行为的每一个细节，及时提醒、警告，督促其回到正确的轨道上来，能真正起到防微杜渐的作用。

目前，问责体制并不完善。近年来，每年都有地方甚至中央的问责官员

---

① 周亚越：《论我国行政问责制的法律缺失及重构》，《行政法学研究》2005 年第 2 期，第 85～91 页。

"下课"，常见的处理方式是免去责任人的职务或者责任人引咎辞职。但是，这一系列的措施无不是一种事后的处罚，建立在行政问责制度基础上的教育问责制也会遇到同样的问题。对于义务教育而言，作为问责的主体，必须用问责程序的规范性、可操作性来保证教育问责制沿着法治的轨道进行。从控告、传唤或通知到责任人报告说明，到初步调查核实、评估、处理，再到责任人申请复核等，中间的每一个环节都力争做到公正透明，使人信服，真正做到问责的有效及时，而非事后的处罚。否则，教育问责制就失去了设立的必要性。

基于以上这种基本的问责途径，教育问责的关键在于如何有效地落实问责，即落实教育问责的方式。为此，应当强化异体问责，建立以民意和舆论监督为基础，以权力机关为主导，大众媒体、社会公众等多方有序参与、相互配合、共同促进的义务教育异体问责体系。由问责的主体各级人大来启动质询程序，即依法向负责实施义务教育的相关政府提出质询案，在认为必要时启动特别问题调查程序，组织关于义务教育实施特别问题的调查委员会，展开独立调查并做出相关决议。在责任的认定过程中，为了客观公正地认定责任的归属及其严重程度，要充分发挥新闻媒体独有的舆论监督作用，媒体既是民意表达的主要渠道之一，也是政府与社会公众沟通的重要桥梁；要充分调动社会公众监督政府实施义务教育的积极性；各级人大要依法监督各级政府在义务教育实施中职责履行的状况。在做出义务教育问责处理决定前后，被问责当事人享有陈述、申辩、申诉、听证等救济性权利。各级人大依据宪法的规定代行对有关政府官员的人事任免权。

(二) 义务教育学校落实问责制的保障机制

要落实教育问责制，义务教育学校应当从建立长期有效的校长培训、激励机制，优化选拔、退出机制；建立结果公示机制，发展动态评价机制；重构责任追究机制，建立强有力的法律保障机制三个层面展开。

1. 建立校长培训和激励机制，优化选拔和退出机制

县级教育行政部门要定期对县域内的中小学校长进行学校管理知识培训。对此，可以组建综合性的校长培训师资队伍，储备人力资源库，做到专

家学者讲座和经验丰富的校长现身说法的有机结合。在向校长传播先进的管理知识和理论的基础上，逐步提高校长的学校管理水平，形成赶超先进、勇于创新的校长培养氛围。同时，校长要对自己的世界观、人生观和价值观进行反思，结合校情，从实际出发，避免盲目套用教育领域或企业中的先进理论，不断提升自身的理论素养，积极主动地学习先进的管理与教学理论。

从问责的绩效奖惩机制来看，存在过分强调惩罚机制而忽视激励机制的问题。如果只强调“责任”承担，忽视激励，会导致校长消极行使权力。行政法中的平衡论主张除了制约校长的权力外，还应该激励校长积极行政，为公众谋求更多的公益。激励机制中最大的激励因素是利益，一切活动都是围绕着利益内化构建的。当然，不仅要用精神利益，也要用物质利益来激励校长，促进其更好地为学校服务。推进校长问责制的实施不仅要靠教育行政部门及校长自身的努力，更要靠社会、公众等多方的支持和协调，只有这样才能打造出现代新型校长的形象。

从教育管理体制的整个系统链条来分析，学校的校长扮演着“中介”的角色，对内要负责学校的正常管理，对外则要直接向县级政府部门负责。县级教育行政部门对校长的任免，要做到公平、公正、公开。在任命校长人选时，县教育行政部门须综合考察校长人选的各项素质，在决定校长的任免和人事调动时，应充分考虑年龄、知识、专业、技能和素质结构，力求学校领导团队的结构合理，发挥领导层的最佳作用。为此，作为校长的直接任命者，县级教育行政部门应积极建立合理有效的校长退出机制，避免校长唯上不唯下，干好干坏一个样的现象出现，真正做到知人善用。

2. 建立结果公示机制，发展动态评价机制

建立结果公示机制，就是让公众拥有知情权。要让学校的经济收支透明公开，以免有挪用之嫌疑；要及时告知家长其子女在校的安全健康状况，以及时与家长默契配合；要把学校的软件、硬件设备告知社会公众，以便公众对学校有基本的了解；要把学生在校的学习情况及发展潜力告知家长，吸纳家长参与培养孩子的计划中；要把投入（资金与资源的利用）与产出（优秀学生与合格公民的培养）的比例公开，并设法满足公众最小投资获得最大效

益与效果的期望。

发展动态评价机制，就是评价学校时不仅要看学校在校学生的成绩，还要看学生的可持续发展能力。评价机构（由上级教育行政部门与专家评审委员会组成）要为学校确定预期目标与预期范围；应把学生在校期间的成绩与走上社会后的表现及工作实绩相结合，学校成绩不再作为成功与否的唯一依据，学生校外的表现和毕业后的表现也是一个重要依据；要为每个学生建立档案袋，以便于记录学生校内与校外、毕业前与毕业后的表现。

3. 重构责任追究机制，建立强有力的法律保障机制

重构责任追究机制，就是对以往的责任追究机制进行改造。具体措施为：确定问责主体，让上级领导部门的相关人员、家长、社区代表、教师代表、社会上有代表性的人物组成的问责主体对包括校长、教师等在内的教育工作者进行问责；明晰问责内容，即教育工作者在经济收支、学生监护、学校专业水平、学生可持续发展以及资源利用效率等方面接受问责；满足问责条件，即制定相关政策法律法规细化校长、教师、上级主管部门等各方责任并依法保障责任追究机制的落实，依照政策法律法规做依据，责任追究方能制度化。

要制定更加具体的有针对性的法律，作为落实问责的坚强后盾。目前尚未有现成的法律和法规对接受问责的程度和后果进行规约，需要制定《校长法》或《学校法》之类的法规体系来对问责标准进行规范，目前只能依据如《国家公务员暂行条例》、《中国共产党党内监督条例（试行）》、《中国共产党纪律处分条例》、《党政领导干部辞职暂行规定》等。问责主体对学校的知情权是实施问责制的重要保证，为此，问责主体有权了解学校的经营和运作情况，具体表现在问责主体对校长和教育工作者的行为有质疑权和调查权，从而获得全面而真实的信息，这有助于问责主体对校长的监督与弹劾。法律程序是任何一项健全的法律制度所必备的要素，必须用问责程序的规范性、可操作性来保证教育问责制沿着法治的轨道进行。所以我们当务之急是在建立健全《中华人民共和国行政监督法》的前提下，制定《行政问责法》，对教育行政问责制进行法律规定，使教育问责制法律化、制度化。

三、义务教育学校内部管理体制改革的突破口之二：完善教师竞争机制和激励机制——基于绩效管理模式的教师管理

（一）学校实施绩效管理的原则

1. 评估的方向应该是多向的。自评是系统内进行的多向评估，如上对下、平级、学生对教师、学生对学校等；外部评估，可以来自上级、公众、社会相关部门、用人单位等。

2. 评估的时效应该是长短结合，既有年度评估，也有任期评估；既有短期发展计划的制订与执行，又有对长远可持续发展规划的制订和实施。

3. 评估的内容应该坚持经济效益和社会效益兼备。学校是非营利性机构，不以追求经济效益为第一目标，但这并非说学校可以不考虑国有资产的合理使用和有效利用。

4. 绩效评价指标体系设计原则。(1) 定量指标为主、定性指标为辅的原则。使用量化的绩效评价指标有利于确定清晰的标度，从而提高评价的客观准确性。但是，针对不同岗位的工作性质，全部实行评价指标量化并不可行，要注意尽可能地将能够量化的指标进行量化。同时，对于定性的指标可以运用一些数字进行恰当处理，从而使定性指标得以量化，使评价的结果更精确。(2) 少而精的原则。结构简单的评价指标体系能够有效地缩短评价信息的处理过程乃至整个评价过程，提高绩效评价的工作效率。同时，评价者能够比较容易地了解绩效评价体系，掌握相应的评价方法和技术。这样的评价系统才能比较容易地被评价者接受，评价工作参与人员的沟通交流问题也容易解决。

（二）教师绩效考核的内容

从考核的性质来看，学校绩效考核可以分为定性考核和定量考核，即把有形的工作进行量化考核，把不易量化的工作进行定性考核；从考核的内容来看，可以分为教学、德育和科研三大块；从考核的层面看，可以分成学生、教师和学校行政考核三级；从考核的主体来看，应该有学生评价，教师的自我评价、教师的同伴评价、基层干部评价和学校行政干部评价。只有这样才

能体现全方位立体式的考核。

学校可以根据实际情况，对教学、科研和德育考核内容设置不同的权重（所占比例）。其实权重的不同也反映出学校所关注的内容不同，只要调整权重，就会影响到教师的工作重心，这就是学校对教师工作的导向。根据“均衡发展”的最高原则来设置权重是比较合理的。在绩效管理中，只要在考核中提高德育和科研的权重，势必能在政策上引导教师重视这两个方面，起到调节作用。分层考核是一种分权管理原则。过去只是行政干部考核教师，难免有些偏差。绩效考核应该赋予学生评价教师的权利，因为学生才是教师教育教学质量最有说服力的评价人，这符合当今“以学生为本”的学校办学理念。教师自评和教师之间的互评体现了学校管理的民主性，教师自己的评价意见应该得到足够的重视，而同伴的评价是基于对业务、态度、成绩的一种复评，也应得到重视。行政评价是比较容易操作的，但以往是干部根据自己的主观印象进行评价，缺乏可靠的依据。绩效评估要求学校给教师建立比较完善的教学档案、德育工作档案和教育科研档案，使得每位教师的工作有案可查。把定量的工作进行量化记录（如课时工作等），定性的工作给予定性评价（如家访等）。在考核过程中，评价要包括基本分和效果分。基本分是教师只要达到学校规定要求的分值，效果分是针对工作质量超过规定标准的加分。考核评定既可以是等级评定也可以是分数评定。量化的分数评定可以转化为等级评定，定性的等级评定也可以转化为分数评定，但分数评定转化为等级评定更容易一些，也符合现代学校的评价方向。

值得注意的有三点：一是考核必须有一定的标准，教师要了解自己的工作职责，否则就无法很好地完成自己的工作职责，这就要求学校要有完善的管理制度。二是考核的结果要及时反馈给教师，以便教师参考，改进自己的工作业绩。三是考核应该透明，教师知道自己的考核结果并可以查询。学校应该设立考核投诉机构，维护教师的权益。[①]

① 于家太：《学校绩效管理探究》，《江苏教育》2005 年第 2 期，第 28～30 页。

（三）教师绩效管理的方法

企业界广泛使用的绩效管理方法有：关键业绩指标法、平衡记分卡、目标管理法等，前两者是基于组织战略的管理方法，使整个组织在这个系统的引导和管理下，成功地实现组织的战略设想。目标管理是一种较客观公正而有效的绩效管理方法。它先由一个组织中的上级管理人员与下级管理人员一起制订组织目标，并由此形成组织内每一个成员的责任和分目标，明确规定每个人的职责范围，最后用这些目标来进行管理评价和决定对每一个部门和成员的奖惩。学校在战略既定的前提下，遵循目标管理原则来构建教师绩效管理系统，更适合教师特点，更容易动员教师全员参与，在绩效管理系统的导入过程中，管理者与教师都比较容易理解和接受，管理效率将会明显提高。计划、指导、考核和反馈是学校教师绩效管理系统彼此紧密联系的四个阶段，可以分别与目标管理的计划、执行、检查和激励四个阶段相结合，不断地激励教师在实现学校目标的方向上努力，同时促进个人能力的成长，并使过程中的管理更多地成为促进目标实现的手段，而不仅仅是控制手段。因此，目标管理法更适合于构建学校绩效管理体系。

1. 确定岗位职责目标，制订绩效计划

从静态的角度看，绩效计划就是一个关于工作目标和标准的契约；从动态的角度看，就是管理者和教师进行沟通，对工作目标和标准达成共识、形成契约的过程。绩效计划是绩效管理系统的第一个环节，而制订绩效目标又是绩效计划的第一步。确定岗位职责目标即是确定教师工作绩效目标，它是进行教师考核工作的基本依据。目标管理法要求目标的分解应在保证组织目标实现的前提下层层分解，并在分解过程中上下充分沟通，达成共识。所以应在保证学校总目标实现的前提下，通过与教师的广泛协商和讨论，搞好“三定”（即定编、定岗、定职责）工作，以此明确职务不同、类型不同的教师所应履行的不同职责，设定切实可行的目标，形成较为合理的目标体系框架。目标的设置要遵循具体、可衡量、可实现、相关和有时限的原则。目标设定后，在对各个岗位进行相应的职位分析、工作分析、教师资格条件分析后，管理者就该和教师一起根据本岗位的工作目标和工作职责来制订绩效计划,搞清楚在绩效计划周期内教师应完成什么工作,做到什么地步,应何时完成等等。

2. 持续不断的绩效指导与绩效沟通

制订了绩效计划之后,教师便开始按照计划开展工作。在工作过程中,教研室和学校职能部门要对教师的工作情况进行指导和监督,协助解决教师在实施计划过程中遇到的问题,纠正出现的失误及偏差,并随时根据实际情况对绩效计划进行调整。绩效计划并不是在制订了之后就一成不变,而应随着工作的展开不断调整。特别应注意对关键环节加强控制和指导,这是保证目标实现的关键。关键环节的控制和指导可以通过每周的例会定期进行,也可以根据对特殊事件的重点跟踪进行掌控。在整个绩效管理期间,都需要管理者不断地对教师进行指导和反馈,即进行持续不断的绩效沟通。这种沟通是一个双方追踪进展情况的过程,它能保证管理者与教师共同努力,及时清除影响绩效的障碍,修订工作职责,上下级在平等的交往中相互获取信息,增进了解,联络感情,从而保证绩效实施的过程顺利进行。

3. 客观公正的绩效考核与考核方法的多样化

在规定的目标实现期限内,对教师的目标实现情况进行评价,包括工作结果考核与工作行为评估两个方面。其中,工作结果考核是对教师工作目标实现程度的测量和评价;工作行为考核则是针对教师在绩效周期内表现出来的具体行为和态度进行评估。考核指标应尽可能地量化,对不能量化的指标,在考核时应尽量吸纳相关部门的意见,采用全方位考核的方式,力求考评的客观公正性。

学校还可以应用现代技术及数理统计的分析方法,根据本校的定位和发展特点,设计有关教师考核分析子系统。目前被企业界广泛使用的层次分析法和模糊综合评判法,值得借鉴。层次分析法是一种定性与定量相结合的系统化、层次化的决策分析方法。它把人的主观判断用数量形式表达和处理出来,尤其适用于对决策结果难以直接准确计量的场合。模糊综合评判法是一种利用集合论和模糊数学理论将模糊信息数值化进行定量评价的方法,它的原理是应用模糊变换和最大隶属度原则,考虑与被评价事物相关的各个因素，对其进行综合评价。层次分析法和模糊综合评判法的应用能使教师绩效考核更加科学合理。

4. 及时的绩效反馈

绩效管理的过程并不只是绩效考核，更不是打一个分数就了事，管理者要通过对绩效考核结果的计算分析，全面准确地了解每位教师的工作绩效，然后与教师进行一次甚至多次的面谈。通过绩效反馈面谈，使教师了解学校对自己的期望，了解自己的绩效，认识自己有待改进的方面，同时教师也可以提出自己完成绩效目标中遇到的困难，请求上级的指导和帮助。

绩效的改进与导入，是绩效管理过程中必不可少的环节，它是对教师进行绩效反馈的目的。传统的教师评价的目的只是通过对教师的工作业绩进行评估，将评估结果作为确定薪酬、奖惩、晋升或降级的标准。而教师绩效管理系统的目的则不限于此，教师素质与能力的提高和绩效持续改进与发展才是其根本目的。所以，绩效改进与导入工作的成功与否，是绩效管理系统是否发挥功用的关键。①

（四）教师绩效考核指标体系

在对学校工作进行绩效管理之前，需要确定绩效考核指标。评价绩效可以有很多指标，对学校来说分别有员工绩效指标和组织绩效指标，员工绩效指标包括教职员工的满意度、优才流失率、员工工作效率等；组织绩效指标包括科研成果及转化指标、教学质量指标、财务指标、学生评价指标、社会声誉指标等。在确定学校工作绩效考核指标时，应坚持以下原则：第一，绩效指标要有效。绩效指标应涵盖员工全部的工作内容，有效性包括两方面：一是绩效指标不能溢出，员工工作说明书以外的内容不应该包含在绩效指标中；二是指绩效指标不能缺失，员工的工作说明书规定的全部工作内容都应包含在绩效指标中。② 第三，绩效指标要具体明确。指标要明确指出到底

① 刘兵，陈晓洁，林舜旺：《绩效管理理论在高校教师管理中的应用研究》，《黑龙江高教研究》2006年第3期，第92～94页。

② 雷蒙德·A.诺伊等：《人力资源管理》，中国人民大学出版社2001年版，第349页。

要考核什么内容，否则管理者无法进行切实可行的考核，员工也无从按照指标体系的要求进行工作。在进行考核指标描述时，要用明确清晰的语言进行界定，不能含混，不能有歧义。第四，绩效指标要有差异性。在进行考核时，要充分了解岗位的客观差异。第五，绩效指标应该是权变的。员工的工作任务是随着组织需求而不断变化的，即使大体工作范畴不变，工作重点也会发生或大或小的改变。所以绩效指标应该是权变的、适应工作变化的。

《教师法》第二十二条规定："学校或者其他教育机构应当对教师的政治思想、业务水平、工作态度和工作成绩进行考核。"2008 年末，教育部颁发《关于做好义务教育学校教师绩效考核工作的指导意见》(以下简称《意见》)中也指出，"教师绩效考核的内容主要是教师履行《义务教育法》、《教师法》、《教育法》等法律法规规定的教师法定职责以及完成学校规定的岗位职责和工作任务的实绩"，包括师德、教育教学和从事班主任工作等方面的实绩。考核标准应该依据考核指标的权重来确定。《意见》指出，"绩效工资分为基础性绩效工资和奖励性绩效工资两部分。基础性绩效工资占绩效工资总量的 70%，奖励性绩效工资占绩效工资的 30%。奖励性绩效工资主要体现工作量和实际贡献等因素。根据实际情况，在绩效工资中设超课时津贴、教育教学成果奖励等项目"。国内理论界已经尝试制定教师绩效考核指标体系。

根据我国义务教育学校的实际，我们可以参照《意见》的要求，并结合有关理论研究的探索，将教师的考核指标分为一级指标和二级指标。一级指标包括基础性绩效工资和奖励性绩效工资。二级指标包括课时、教案、作业批改、观摩课、教研活动、例会、集体办公考勤、期末考评等级及教师基础性绩效工资和教科研成果奖评价(包括集体荣誉奖、个人荣誉奖、论文发表和著作出版奖、论文和著作成果奖、辅导成果奖等指标)。

(五) 改进与完善教师绩效评估的有效措施

符合我国义务教育实际的教师绩效考核评价指标体系，可为义务教育教师绩效工资分配提供重要依据。学校要根据自己的实际情况灵活运用以确保义务教育持续、快速、健康、平稳地发展。在评价方法上，学校要运用定量与定性、主观与客观相结合的评价方法；在设置绩效奖励时，可以采取精神奖励与物质奖励、长期奖励与短期奖励、团体奖励和个人奖励相结合的方式。同时，学校要向教师公开所分配的绩效工资数额，各级教育行政部门要加强监督检查，防止农村边远学校出现执行绩效工资流于形式的问题；要正确处理好执行绩效工资过程中出现的学校管理者、绩效考核小组成员、学生家长和学生同教师之间以及教师与教师之间不和谐的问题；要注意执行绩效工资后，对教师继续从事第二职业或脱岗问题以及教师上课不认真等问题的处理方式。①

1. 树立正确的评价理念

评价是用于诊断教师在工作中存在的问题，总结经验，以利于进一步改进的方法。评价教师在工作中的行为不仅仅是对教师工作状况的鉴定，更重要的是为了促进教师的成长和教学水平的提高，以达到提高学生教育质量和促进学生全面发展的目的。评价应体现"以人为本"，"以发展为核心"的思想。应给教师充分的自主权，使教师发挥主体积极性，主动参与评价过程，更多地把评价活动和过程当作为教师提供展示自我的平台和机会，使评价成为促进教师最好的发展与自我实现的工具。

2. 坚持全面的评价原则

进行教师评价应该从教师的特点和教师担负的任务出发，进行全面分析。既要看其所具有的基本素质，也要看工作过程的质量，还要看教育教学的效果。评价教师基本素质时，既要看其掌握知识的情况，也要看教学、教育工作能力的高低，还要看思想品德、职业道德的好坏。评价其教育教学效果时，既要看学生掌握知识的情况，也要看学生智力、能力发展的程度，还要看学生思想品德的形成及身体素质的提高状况；既要看优秀学生的发展状况，也要看中等生的提高状况，还要看少数后进生的转化情况。

3. 形成科学合理的评价标准

教师评价是一件严肃而科学的工作，评价标准尤为关键，一定程度上

---

① 马文起：《构建义务教育教师绩效考核评价指标体系的思考》，《教育探索》2010 年第 2 期，第 102 页。

讲，标准是评价科学与否、合理与否及有效与否的核心。标准的制定既要遵循教育教学的规律、学校管理的要求、教师工作的特点，还要确保过程实施的可操作性和结果统计的科学化。在具体的量的标准制定上还要遵循统计学的规律，要兼顾学校、教师、学生、家长，兼顾主观与客观，兼顾量化评价与质性评价，真正做到评价标准的客观性、全面性和科学性。同时，标准还应具有发展性、灵活性，为评估的公正、公平、科学、有效做好充分保证。

4. 建立专门的教师评价队伍，实施全方位反馈

教师评价是一门复杂的工作，由于教师工作的复杂性，在对他们进行评价时要考虑很多因素。反馈要由被评价者的上级、同事、下级以及被评价者本人等多个主体担任评价者，从多个角度对被评价者进行全方位的评价，通过反馈评价结果，达到改变被评价者行为，提高被评价者工作绩效，促进被评价者职业发展的目的。把反馈用于教师的绩效评价，构建一种全新的评价体系，对学校而言可以形成正确的评价导向，对教师而言可以促进他们的专业成长。多样化的评价主要克服了评价的主观性，使获得的信息更加全面，从而使教师的绩效评估更加客观、准确。

5. 合理应用评价结果

教师评价不仅仅是对教师工作进行管理的方式与途径，更是让教师从评价反馈中获悉自己的不足，不断提高自身素质，促进教师专业发展和教学质量提高。评价结果的获得并不是评价工作的结束，要想充分发挥评价的反馈、调节功能，更重要的是评价结果的应用。首先，要认真分析和避免各种偏差。评价结果的科学性直接关系到整个评价工作的水平，关系到对教师的正确认识和相应的措施对策。要认识到影响评价的因素是复杂的，如学生的兴趣、动机、认识能力、价值观和同行之间的人际关系等都是影响教师评价的可能因素。其次，要从促进教师发展的角度出发应用结果。评价的结果不是关注教师过去的成绩，而是为了教师未来的发展，为提高教学水平服务。应指出教师在群体坐标体系中所处的位置，使教师明白自己在小团体中的自我；也应指出教师的最近发展区，使教师以自己潜能发展作为标准来评价时间发展序列当中动态的自我；还应指出教师今后发展的步骤、条

件和方法。再次，选择合适的反馈方式。评价的结果是为了查找问题，着眼未来，不是为了惩罚。要根据不同的评价内容，评价结论和评价对象的不同个性特点，选择合适的方式进行反馈。①

第五节　义务教育学校内部管理体制改革的保障机制

一、正确解读国家有关法律、法规、文件规定，为改革提供有力的支撑

各级教育管理人员，特别是中小学校长作为中小学内部管理体制改革的实践者、推动者、领导者，要能正确解读国家的有关法律、法规、文件规定，这是十分重要的，也是十分必要的。这是指引改革朝着正确的方向不断前进的保障。法律、法规、文件的规定为改革提供了理论依据和法理支持，也为校长分析解决改革中出现的新问题提供判断的依据和解决的方法。基层中小学校长要用国家的法律法规来武装自己的头脑，深化学校的内部管理体制改革。

二、建立高效运转的内部管理体制改革的配套系统

一是建立健全教育人才交流中心，储备一定数量的师资，数量可以按现有编制的比例设置。这部分师资和下岗落聘教职工一起作为调剂人员，以补充进修、休假、退休、转岗人员。二是按编制补充师资或实行工资包干，让校长负责制真正实现，使校长有人可调，有钱可聘人。三是教职工工资统一

① 朱梅：《教师绩效评估中的问题分析与对策研究》，《山东教育学院学报》2007 年第 4 期，第 37～40 页。

标准，统一发放。四是给边远农村教职工发放补助。五是建立城乡师资定期交流机制。六是实行校长职级制，实行职级工资，把校长职业化。七是建立科学合理的校长考评机制和奖惩机制。

三、加大义务教育经费的投入

义务教育阶段的学校运转基本能得到保障，但进一步深化内部管理体制改革，需要从生活上关心教职工，工作上支持教职工，经济待遇上实惠教职工。要做到这些，需要校长想办法筹措资金，争取财政倾斜，需要校长会提项目，会凝聚人心。

四、构建科学有效的义务教育评价指标体系

一个学校构成了一个系统，又可分许多子系统。要想正确评价一所学校，只从某一个方面或用某一个指标来衡量，都是片面的、不真实的。评价一个校长的工作、一个教师的工作也是如此。义务教育评价指标体系应包含以下四个方面：一是学校的发展方向；二是校长的办学思想；三是教师的专业成长；四是学生的个性张扬。具体来说就是学校坚持科学发展观，在一个良性轨道上快速发展着；校长具有较高的素质和内涵，能站在较高的平台上思考教育教学，有独立的人格和办学思想，能结合本校实际不断规划学校；教师群体积极向上，乐于读书学习，善于思考，热爱学生，对教师职业有难以割舍的情愫；学生能得到全面发展，受到平等的教育，身心健康，对学校生活充满喜爱，个性得到充分张扬。

五、完善社会保障、医疗、住房等制度，为改革创造良好的外部环境

学校内部管理体制的改革是一项复杂的系统工程。当前，国家和政府高度重视教育，社会各界也非常关注教育。国家把教育摆在重要的战略地位，教育投入逐年增加，学校内部体制改革的外部环境有了一定程度的改善。但是，学校内部管理体制的改革暴露了种种问题，其原因是多方面的。除了内部管理体制的弊端之外，还有外部原因，主要是政府宏观的改革配套措施不足，政府各相关职能部门协调不够，无法满足改革发展的要求，教育

经费总投入不足，人才渠道不畅通等制约了改革的深入发展。因此，应当在保证教育经费投入不断增加的基础上，逐步建立和完善社会保障、医疗、住房等制度，为内部体制改革创造良好的外部环境。

表 6-1　教师绩效考核体系及评价标准

一级指标	二级指标		考核评价标准
基础性绩效工资（占70%）	课时	基础课时	主科 3 分/节，小科 2 分/节，跨科或跨年级 2.5 分/节，旷课扣除 30 分/节，迟到扣除 15 分/节
		超出课时	任超过课时工作量规定的节数，每超 1 节，按 1 分/节予以加分；辅导课每超 1 节，按 0.5 分/节予以加分
	教案		按学校要求完成，1 分/节（不规范者适当扣分）；缺少扣 2 分/节
	作业批改		按学校要求批改，1 分/次；错批或漏批扣 0.5 分/次
	观摩课	听课	在规定的节数内，听课 1 分/节，超标准 1 分/节；缺少扣 1 分/节
		讲课	主讲校级课，5 分/节；被邀主讲级别递增一级增记 5 分/节
	教研活动		在规定的次数内，参加 1 分/次，缺席扣 1 分/次
	例会		按时参加例会 2 分/次，迟到和缺席分别扣 1 分/次和 4 分/次
	集体办公考勤		每周参加集体办公不得少于 6 次（0.5 分/次）；缺席扣 1 分/次，满勤另加 2 分
奖励性绩效工资（占30%）	期末考评	每学期开学前的教师业务知识考试等级	教师业务知识考试主要包括教育学和心理学知识（共占 20%）和所教学科知识（占 80%）；教师获得优秀（90～100 分）记 10 分，良好（80～89）记 8 分，中等（70～79）记 6 分，及格（60～69）记 4 分，不及格者另作处理
		期中和期末学生素质测评等级	期中和期末学生素质测评一般可用班级考试平均分、及格率、优秀率作为评价标准；期中和期末学生素质测评每达到学校规定的一项指标，给任课教师记 10 分

（续表）

一级指标	二级指标		考核评价标准
奖励性绩效工资（占30%）	期末考评	民主测评和评教等级	期末领导民主测评、学科组长或教研室主任民主测评、教师民主测评、学生评教以及学生家长评教（期中、期末各一次），教师获得其中一项优秀记10分，良好记8分，一般记4分，不称职者一项扣除5分
		每学期教师基础性绩效工资总分	该项依据教师基础性绩效工资评价标准算出每位教师各月所得绩效工资积分总和
	教科研成果	集体荣誉奖	凡是学校、科组、备课组、班级获得先进集体称号，学校给予奖励；校级10分，乡（镇）级20分，县（区）级30分，市级40分，省级60分，国家级100分（其中奖励的一半奖给该项荣誉负责人，另一半按实际贡献奖给有关人员）
		个人荣誉奖	校级10分，乡（镇）级20分，县（区）级30分，市级40分，省级80分，国家级150分
		论文发表、著作出版奖	发表论文一篇30分（市、省、国家级相同），出版著作一部100分（不论出版社级别）

资料来源：马文起. 构建义务教育教师绩效考核评价指标体系的思考[J]. 教育探索，2010(2)：100。

第七章 义务教育质量和评价监控保障体系的建构

第一节 构建义务教育质量监控与保障体系

教育是立国之本，质量是立教之本。世界各国都在试图建立一种完备和成熟的教育质量评价制度。我国义务教育发展由于受狭隘、片面的功利主义教育质量观的影响，义务教育质量保障体系很不健全。建立我国义务教育质量监控与保障体系，已是刻不容缓的现实任务。所谓"教育质量监控与保障体系"是以适应素质教育理念的教育质量观为基础，以实现国家教育目标为导向，在教育行政部门直接领导和宏观指导下，以评估、认证、监督、监测等先进技术为手段来全面保障学校教育质量持续发展的组织与系统。其监控与保障的内容主要是整个义务教育系统、机构和教师为学生全面发展而提供的教育活动过程、服务是否能够满足社会发展和学生个体发展的需要。监督"过程和服务"是否达到国家标准，是否体现国家意志，"产品"是否符合国家教育目标，是否适应信息社会不断发展的需要。

一、我国义务教育质量监控与保障体系的基本框架

从义务教育的特殊性和复杂性来考虑，义务教育质量监控与保障体系

应该是一个多目标、多层次、多类型、多过程、多途径、多手段的质量管理系统，结构系统是一种多维度的立体结构，应体现全面性、系统性、多元性、过程性和开放性等特征。

由于我国义务教育体系庞大，基数较大；地域广阔，交通不便；地区间经济发展差异较大；并且受传统文化影响严重，目前尚未形成全国范围内的义务教育质量监控与保障体系和制度。有一些部门或个人间断性探索了有关教育质量监控与保障工作，但没有在全国范围内形成积极的大面积影响，只是在局部范围或个别学校产生了影响。国内有专家提倡采用输入、过程、输出系统保障模式，但这种模式过多地强调了投入性指标，引导教育部门和学校的关注点放在教育经费投入、教师投入、基础建设等硬件建设上，忽视了软件建设，忽视了教育质量的生成过程、服务质量和教育产品的设计、管理、发展等方面，这种靠投入性指标进行的教育质量评价可能是一种误导。我们认为，应该遵循教育质量生成特性，注重过程性和结果性评价、监督、认证和控制，要尊重我国国情和教育实际，选择最合适、最恰当的方法，创建最有效的模式，才能有利于促进我国义务教育质量的全面提高。

我们认为构建我国义务教育质量监控与保障体系应当由“评估、认证、监督、监测”等四个要素组成，只有对我国义务教育质量施以评估、认证、监督、监测保障措施，并且使四要素有机结合、相互作用，才能真正保障义务教育质量的不断提高和持续发展。

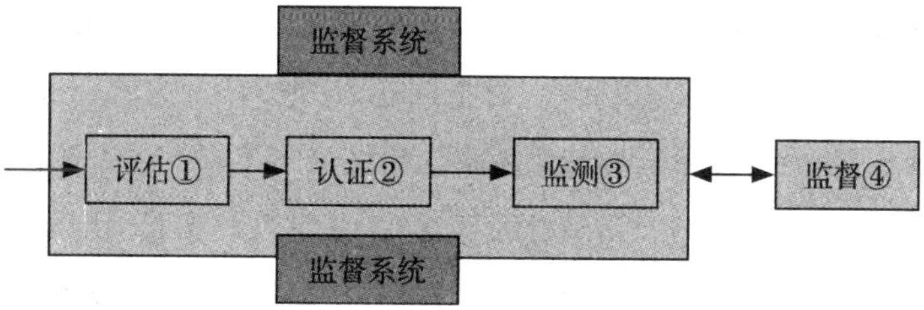

图 7-1　我国义务教育质量监控与保障体系的基本框架

评估：学校教育质量评估是监控与保障体系的基础工程，是对学校教育质量进行全面指导、改进和促进发展的关键阶段，并且是贯穿整个监控与保障系统的有效工具。在原国家教委《普通中小学学校督导评估工作指导纲要》基础上，需要结合义务教育改革与发展的新理念、新要求进一步修改，其中对义务教育质量评估指标体系、评估程序、评估周期、“评估师”培训制度等做具体的规定，并要求在三年之内对全国中小学的教育质量进行一轮全面的教育质量评估，使学校教育质量评估步入科学化、规范化、制度化轨道。开展为期三年一轮的学校教育质量评估制度，为我国建构义务教育质量监督与保障体系奠定基础性的奠基工程。

认证：学校教育质量认证是学校教育质量达到国家标准的创建工程，是我国义务教育质量监控与保障体系的核心环节。这一过程是学校教育质量全面提升和整体发展的阶段，表明我国中小学校教育质量进入一个新的历史发展阶段。在我国，国家义务教育质量认证制度是一个历史空白，过去，对民办中小学有少数高校科研单位和民办认证机构有过认证，主要依据ISO9000质量标准体系实施认证。对公办中小学及教育质量认证尚未有成功先例。首先要研制国家义务教育标准体系，制定国家义务教育质量认证方案，具体制定评估审核员培训、认证程序、后续指导等制度和实施办法。中小学校教育质量认证工作是一个创建过程，办学条件、基础设施、校园环境等都要达到国家建设标准，教学管理、教师工作质量和学生质量等都要符合国家标准与教育目标。认证制度的建立与实施要有序有效进行，必须遵循“数量”服从“质量”的原则，做到保质保量。因此，学校教育质量认证是建立我国义务教育质量监控与保障体系的核心工程，也可称“枢纽工程”。

监测：学校教育质量监测是义务教育质量监督与保障体系的“预警”工程，通过长期监测，不断发现问题、分析问题、反馈问题，为教育决策不断提供科学依据，使教育质量监控与保障系统始终处于不断完善和改进状态，有利于提高监控与保障体系的有效性、权威性、科学性。在我国现有义务教育监测工作的经验基础上，进一步制定和完善义务教育质量监测方案，确定与学校教育质量评估、认证内容相联系的义务教育质量监测内容，加强全国性义务教育质量监测网建设，建立真实有效的报告与反馈制度，健全全国各级教育行政部门的同级义务教育质量监测组织与系统，为各级教育决策服务，为全面提高义务教育质量做好“预警”服务。所以，学校教育质量监测是建立我国义务教育质量监督与保障体系的一项十分重要的、不可或缺的、长期的监控工程。

监督：即多元监督，教育行政部门、教育督导部门和教科研部门对学校教育质量实施制度化、科学化、规范化的监督和指导，是及时有效地不断促进学校教育质量在保持原有基础上得以持续发展的长效工程，是保障学校教育质量稳步提高、发展的综合性机制。义务教育质量监督机制的建设应重点明确职责和任务，由过去经验性的外在性监督转移到科学性的内在性监督；由终结性的验收性监督转移到过程性的发展性监督；由传统性的专制性监督转移到民主性的人本性监督；由主观性的质性监督转移到客观性的量化监督。要实现“蹲下身子来监督”，充分调动学校和教师的自我监督积极性，提高自我监督能力。监督与管理同步，与其他“评估”、“认证”、“监测”等要素有所不同，在“评估系统”、“认证系统”、“监测系统”等正常运行时，监督系统始终也在发挥着积极作用。因此，学校教育质量监测是建立我国义务教育质量监督与保障体系的长效工程。

二、健全我国义务教育质量监控与保障体系的运行机制

义务教育质量监控与保障体系分为外部义务教育质量监控与保障体系和内部义务教育质量监控与保障体系，如果要实现义务教育质量监控与保障体系的有效运行，就必须两者密切结合、相互作用，形成良性循环，才能保证义务教育质量监控与保障体系整个系统的有效性。内部教育质量监控与保障体系是指学校内部的监控与保障系统，主要是指学校自我评价、自我监督、自我控制和自我发展的运行系统，在这里不做详细赘述。外部义务教育质量监控与保障体系主要是指学校系统以外的监控与保障系统，保证外部义务教育质量监控与保障体系的运行机制，由组织、职责、制度、标准、经费、队伍、技术等要素来驱动。

（一）组织要健全

完善学校教育质量评估组织，创建学校教育质量认证组织，建立和完善义务教育质量监测组织，规范义务教育质量监督组织行为。完善和健全组织系统是保证义务教育质量监控与保障体系有效运行的客观条件和物质

基础。

(二) 职责要明确

需要进一步明确学校教育质量评估职责和任务，研究和制定学校教育质量认证职责，修改和完善各级教育行政部门对学校教育质量监督与指导的具体职责和任务，完善和落实义务教育质量监测职责。明确和落实各系统的职责是保证义务教育质量监控与保障体系能够有效运行的执行纲要和工作目标。

(三) 制度要完善

制度建设是保证义务教育质量监控与保障体系有效运行的一个十分重要的环节。在现有制度的基础上，完善学校教育质量评估制度、学校教育质量监督制度和义务教育质量监测制度；创建和制定学校教育质量认证制度。制度建设是保证义务教育质量监控与保障体系有效运行的保障机制。

(四) 标准要科学

关于学校教育质量评估指标和义务教育质量监测，目前都有初步的指标体系和监测内容。需要创建和完善的是学校教育质量认证标准，依据国家各种法律、法规以及教育行政部门规定的各类标准和要求，结合我国义务教育实际，具体制定国家标准。学校教育质量监督目标要实现方向性的转移，充分体现素质教育理念，适应新课程的改革与实施。标准要科学是保证义务教育质量监控与保障体系有效运行的重要依据。

(五) 经费要支持

国家义务教育质量监控与保障体系的有效运行是一个十分复杂的社会化工程。开展学校教育质量评估、实施和建立全国范围学校教育质量监测系统、创建国家学校教育质量认证体系等，必然需要大量的专项经费的支持。在经费支持方面，不必搞“一次性”，可以采用“滚雪球”办法，坚持“一边创建、一边投入”，“一边完善、一边加大”的原则，走稳步发展的路子。道理很简单，只有强有力的经费支持，才能充分发挥监控与保障体系的有效作用。所以，经费支持是保证义务教育质量监控与保障体系有效运行的物质保障和决定性因素。

（六）技术要先进

监控与保障系统是一个以定性、定量技术为手段的科学处理过程，使用技术的科学性、合理性决定着监控与保障系统的效益、速度和质量，所以技术因素是国家义务教育质量监控与保障体系有效运行的重要支撑点。学校教育质量评估技术、学校教育质量认证技术、学校教育质量监测技术和学校教育质量监督技术等必须体现现代性、科学性和有效性。

（七）队伍要专业

从现实来看，的确需要进一步加强学校教育质量评估队伍建设，培训和提高监督队伍素质，创建和培养学校教育质量认证队伍和监测队伍。从理念、思想、业务、能力等素质方面提高各类队伍的整体水平，实现评估队伍专业化、认证队伍专业化、监督队伍专业化和监测队伍专业化。只有实现队伍专业化，才能保证义务教育质量监控与保障体系有效运行。所以，队伍建设是保证义务教育质量监控与保障体系有效运行的关键因素。

（八）健全学校自我发展机制

学校自我发展机制，既是外部义务教育质量监控与保障体系的重要因素，又是内部义务教育质量监控与保障体系的核心因素，也可以说是根本性的保障因素。这是事物发展的内在因素，起着决定事物本质的作用。只有调动事物内在的自主性，通过内外结合，才能有效促进事物发展。在外部监控与保障的指导与监督下，加强内功，要不断提高学校教育质量自我评价、自我控制、自我发展的能力。从学校内部的组织、职责、制度、标准、队伍、自我发展机制等方面加强和完善，以适应外部监控与保障系统的要求。通过与外部义务教育质量监控与保障体系的有机配合、相互作用，实现全面提高学校教育质量的最终目标。

第二节　健全义务教育督导体系

1991年颁布的《教育督导暂行规定》第二条，规定了教育督导的任务："对下级人民政府的教育工作、下级教育行政部门和学校的工作进行监督、检查、评估、指导，保证国家有关教育的方针、政策、法规的贯彻执行和教育目标的实现。"第三条指出："教育督导的范围，现阶段主要是中小学教育、幼儿教育及其有关工作。行使教育督导职权的机构可根据本级人民政府或同级教育行政部门的委托，对前款规定以外的教育工作进行督导。"1995年3月颁布的《中华人民共和国教育法》规定："国家实行教育督导制度和学校及其他教育机构评估制度。"同年5月，国家教委政策法规司编著的《教育法释义》中对教育督导制度的释义是："教育督导是指县以上各级人民政府为保证国家有关教育的法律法规、方针政策的贯彻执行和教育目标的实现，对所辖地区的教育工作进行监督、检查、评估、指导的制度。""教育督导是政府的行政监督行为，其对象是下级人民政府、教育行政部门和其他有关职能部门、办学单位和教育机构。"可见，教育督导是实现教育质量监控的重要手段和途径。具体的教育督导任务由督政、督学两部分组成。

办好教育的主要责任在地方政府，督促各级政府认真落实教育优先发展的战略地位，建立并完善"以县为主"的农村义务教育管理体制，为区域教育发展创造良好环境，是教育督导工作的重点，也就是督政的部分。在这方面山东省泰安市提供了很好的做法：一是实行教育工作年度目标管理体制，完善对下级政府的督导运行机制。目标管理就是将政府一个阶段教育工作的规划、目的、任务转化为每个年度的具体奋斗目标，使乡镇政府教育工作的责任明确化、具体化。实行教育工作年度目标管理，已成为全面推动乡镇政府抓好教育工作的一种有效机制。二是实行教育执法目标责任制，强化对同级政府有关部门的督导检查，这就是我们所说的“同级督政”，制定《教育工作执法目标责任制及考核意见》，规定了有关职能部门的教育执法目标责任，纳入各职能部门及其主要负责人年度考核内容。较好地解决了教育执法主体不全面、职责不清、落实难的问题。二是实行对党政主要领导抓教育工作的考核制度，强化领导干部的责任。邓小平同志说过，教育工作“要抓头头，抓方针、政策和措施”。落实教育优先发展的战略地位，必须从党政主要领导抓起。现在大部分省市建立了对乡镇党政主要领导干部考核制度。各县成立了由党委、政府主要负责人为组长的教育工作领导小组，作为当地教育工作的决策机构，并实行了义务教育报告制度，由政府定期向人大汇报义务教育的有关情况。对县域内教育督导的内容主要表现在以下几个方面：

一、坚持贯彻国家的教育方针，实施素质教育，提高教育质量

新《义务教育法》规定义务教育应当贯彻国家的教育方针，实施素质教育，提高教育质量，使适龄儿童、少年在德、智、体等方面全面发展，为培养有理想、有道德、有文化、有纪律的社会主义建设者和接班人奠定基础；规定义务教育是国家统一实施的所有适龄儿童、少年必须接受的教育，是国家必须予以保障的公益性事业。

二、切实推进我国义务教育均衡发展

新《义务教育法》充分体现了推进义务教育均衡发展、促进教育公平的重要理念。法律规定国务院和县级以上地方政府应当合理配置教育资源，促进义务教育均衡发展，改善薄弱学校的办学条件；规定各级人民政府及有关部门应当促进学校均衡发展，缩小学校之间办学条件的差距；保障农村地区、民族地区实施义务教育，保障家庭经济困难的和残疾的适龄儿童、少年接受义务教育。

三、依法落实义务教育公共财政经费保障体制

经费保障是发展义务教育的基础，理顺义务教育财政经费保障机制，明确各级政府的投入职责，满足适应全面建设小康社会的义务教育发展的基

本需求，是解决当前义务教育发展中诸多问题的关键。新《义务教育法》总结了农村义务教育保障机制改革的基本经验，结合我国财政体制改革的基本要求，规定我国义务教育经费投入实行国务院和地方各级人民政府根据职责共同负担，省、自治区、直辖市人民政府负责统筹落实的体制。其要点一是明确各级人民政府的分担机制，将义务教育全面纳入财政保障范围；二是由省级人民政府负责统筹落实，明确了责任主体。

××县人民政府关于建立教育执法目标责任制的意见

为认真贯彻落实中共中央、国务院《关于深化教育改革全面推进素质教育的决定》以及省、市义务教育工作会议精神，大力实施“科教兴博”战略，加强教育执法，进一步明确各镇党委、政府及县直有关部门的教育执法职责，强化目标管理，切实形成全社会关心支持教育的良好局面，促进我县教育事业健康快速发展，经研究决定，在全县建立教育执法目标责任制。现就有关问题提出如下意见：

一、县直有关部门教育执法责任

（一）教育执法基本要求

1. 领导重视。切实落实“教育优先发展的战略地位”，将教育执法工作纳入单位工作计划，成立教育执法工作领导小组，主要负责人任组长，并有一名班子成员分管教育执法工作。认真组织学习《教育法》、《教师法》、《义务教育法》、《职业教育法》、《未成年人保护法》、《预防未成年人犯罪法》等教育法律法规，做到有计划、有记录、有总结。每年至少召开两次有关教育执法的工作会议。

2. 尊师重教。结合单位实际，为教育办实事，成效显著。

3. 目标管理。制定年度教育执法工作计划和季度教育执法工作要点；将目标职责分解落实到有关科室及所属部门，做到目标明确，责任到人。

4. 制度健全。建立定期总结汇报工作制度，每年年中、年底两次向县教育工作领导小组汇报教育执法责任制的执行情况，并有书面工作总结。建立与教育部门或中小学校联系制度，关心、支持、协调、指导联系点的工作。建立阶段工作考核和奖惩制度。教育执法工作档案资料规范，有专人负责。

5. 严格考核。将教育执法工作纳入本部门年度工作目标责任制，与其他工作一并严格考核。每年年底对执法责任人的工作进行考核，考核结果作为评优树先的重要条件之一。

（二）部门教育执法职责

1. 县委办公室：(1) 筹备县委专题研究教育工作的会议和县教育工作领导小组会议，协调督促有关部门抓好教育执法工作，协调落实教育执法目标责任制的实施和考核工作；协调组织对镇党委、政府及县直有关部门教育执法的督导评估。(2) 参照国家、省、市的有关督导评估标准，从 2003 年起教育执法目标责任制分为《县直部门教育执法目标责任制》、《镇党委政府教育执法目标责任制》和《教育系统工作目标责任制》三个系列，督促各有关部门贯彻本意见，并将工作开展情况向县委汇报，向县直有关部门通报。

2. 县政府办公室：(1) 按照教育法律法规，协调制定教育改革和发展的规范性文件。协调建立健全政府及有关职能部门教育目标责任制。协调落实人大代表、政协委员对教育的意见、建议和方案等，督促落实县人大常委会有关审议县政府教育工作的意见，协助抓好对镇政府和县政府有关部门教育执法的督导评估。(2) 做好县政府召开的有关教育工作会议的组织工作。督促县政府有关部门贯彻本意见，并将工作开展情况及时向县政府汇报，向有关部门通报。

3. 县纪委、监察局：(1) 查处党员干部违反教育法律法规的案件，做到立案快、查案实、处理严。(2) 协助抓好对镇和县直有关部门履行教育执法职责的监督检查。

4. 县委组织部：(1) 把教育工作纳入党政主要领导干部政绩考核的重要内容，并作为表彰奖励、提拔任用的依据。把教育法律法规列入党政干部培训内容。(2) 重视教育部门干部队伍建设，抓好县委组织部管理的教育干部的考察、任用、奖惩工作。(3) 重视教育系统一线优秀教师队伍和优秀学生中入党积极分子的培养。

5. 县委宣传部：(1) 引导新闻媒体把握正确的舆论导向，大力宣传推进素质教育的典型。(2) 把教育法律法规列入县委理论学习的内容。(3) 抓好教育系统的文明单位创建活动。

6. 县人大办公室：(1) 提请县人大常委会审议政府的教育工作或教育法律法规的实施情况。(2) 协调有关部门组织人大代表视察教育活动。(3) 督促政府部门解决教育工作中的实际困难和问题。

7. 县政协文教卫生委员会：(1) 每年组织县政协委员视察教育活动，提出教育改革和发展的意见和建议。(2) 督促解决教育工作中的实际困难和问题。

8. 县委政法委：部署、协调、做好学校社会治安综合治理工作，确保教育教学秩序的稳定，保护教师、学生、学校的合法权益。

9. 县教育局：(1) 认真贯彻执行国家教育方针、政策、法律、法规；制定教育改革和发展的长远规划和近期计划，指导学校全面贯彻教育方针，按教育规律办学；严格要求学校按教学大纲、课程方案实施教学，注重教育科研，努力提高教育质量；不断改进和加强学校德育工作，确保素质教育全面实施。(2) 加强对义务教育、职业教育、成人教育的统筹协调；积极构建为当地经济和社会发展服务的教育体系；学校设置和教育水平均达到《督导评估标准》的要求。(3) 加强对普通中小学的统筹管理，搞好社会力量办学的审批和管理。(4) 根据有关规定，合理安排和使用教育经费，做到专款专用，提高使用效益；多渠道筹措教育经费，大力发展校办企业，搞好勤工俭学。(5) 继续深化学校内部管理体制改革，严格按编制标准配备各类学校教师和管理人员；健全教师队伍管理制度，依法履行对中小学教师的资格认定、招聘录用、职务评聘、培养培训、调配交流和考核等管理职能；对中小学校长归口管理，逐步实行公开选拔、竞争上岗；维护教师的合法权益，改善教师的工作和生活条件。(6) 抓好各级各类学校内部设施和实验、实习基地的配套建设，使其符合国家和省规定标准；加快教育设施现代化建设，更新教学手段和教学模式，健全学校、家庭、社会有机结合的社区教育网络；改善校园内外环境。

10. 县政府教育督导室：(1) 认真贯彻国家《教育督导暂行规定》和省政府颁发的《督导评估标准》及《山东省教育督导条例》，做好阶段性督导的自查、自评工作和督导调研工作，为县政府、教育部门及各有关部门提供自查报告、调研报告。(2) 建立并完善教育督导制度和教育执法检查制度。负责抓好对镇和县直有关部门教育执法和学校教育工作的督导评估。在继续进行"两基"督导检查的同时，重点抓好实施素质教育的督导评估工作。(3) 加强督导工作队伍建设，有计划地组织县政府督学，特邀教育督导员开展"督政"、"督学"活动。(4) 定期组织督导检查镇、县直有关部门落实教育执法目标责任制的情况，并向县政府报告工作。

11. 县建设局：(1) 把学校（幼儿园）建设纳入城乡建设整体规划，协助有关部门按规划统筹安排好学校建设用地。(2) 做好城乡改造和新区开发过程中配套建设学校和幼儿园工作。(3) 配合教育部门搞好校舍改造和建设，并按照国家有关规定实行优先、优惠政策，负责监管学校（幼儿园）等建设项目。(4) 搞好学校校舍危房的检测认定工作，加大对校舍危房的检查力度，配合有关部门及时清除安全隐患。

12. 县科技局：(1) 积极组织科技培训，协同有关部门在镇成教学校开设长短期科技讲座。(2) 对教育教学科研项目给予必要的经费支持，对教育教学科技成果进行鉴定和奖励。

13. 县发展计划局：(1) 将教育改革和发展规划（计划）纳入全县国民经济和社会发展总体规划。(2) 协调有关部门、镇做好学校布局调整工作。(3) 协助做好改善教育设施、学校建设及教工住宅建设等基本建设项目的立项、许可证发放、资金筹措等工作。

14. 县人事局：(1) 做好人才交流、引进教师职称评定、考核等工作。(2) 配合教育部门抓好教师队伍的继续教育、奖惩和分流工作，支持并帮助教育部门逐步建立起一支素质优良、数量适当、学科配套、结构合理的教师队伍。(3) 加强对各学校教职工的编制管理，定期会同县教育部门对各学校教职工的编制进行核定、检查。(4) 配合县教育部门搞好学校内部管理体制改革，协助分流安置富余人员。

15. 县财政局：(1) 完善以财政拨款为主，多渠道筹措教育经费的体制，保证教育经费有稳定来源并不断增长。农村税费改革后，要调整财政支出结构，增强教育经费预算，合理安排使用上级转移支付资金，确保按时足额发放教职工工资。教师医疗与当地国家公务员享受同等待遇。(2) 在财政预算安排上，优先保证教育发展，财政对教育的拨款实现《教育法》规定的“三个增长”力争有所提高。(3) 农村中小学公用经费除按规定收取的杂费外，不足部分由县、镇两级财政预算安排。对因取消农村教育附加费和经批准的教育集资而形成的教育经费缺口，要在改革财政预算和上级转移支付资金中予以安排，保证农村义务教育经费的正常需要。(4) 认真落实中央、省、市已出台的筹措教育经费的各项法律法规和政策，做好教育经费的拨付和使用监管工作。

16. 县审计局：(1) 加强对城市教育费附加征收和拨付使用情况的审计，禁止挤占、挪用。(2) 定期审计各项教育经费按时足额拨付以及管理使用情况。

17. 县公安局：(1) 维护师生的合法权益，保护师生的人身安全，严厉打击侵犯、侮辱教师人格，摧残学生身心健康的违法犯罪行为。(2) 搞好中小学生的法制教育、交通安全教育选派优秀公安干警担任校外辅导员。(3) 会同县工商、文化等部门加强对学校周边环境的综合治理，取缔在学校周围开设的营业性歌舞厅、游戏厅、网吧等。(4) 依法惩处扰乱学校、幼儿园正常秩序，损害校舍、校貌的人员，保障本辖区学校治安安全。

18. 县民政局：(1) 关心孤儿和残疾儿童少年的学习和生活，帮助协调解决实际困难和问题。(2) 配合教育部门抓好特殊教育工作，协调有关部门和单位安置受完义务教育的残疾青少年就业。

19. 县卫生局：(1) 认真贯彻执行《学校卫生工作条例》，配合教育部门检查指导学校卫生工作，切实抓好“六病防治”工作。(2) 对学校、幼儿园食堂卫生和有关传染病防治工作进行监督、指导、服务。(3) 会同教育部门对教师进行定期健康检查，保证教师优先就医、住院。

20. 县工商局：(1) 做好工商业的用工督查工作，杜绝雇佣未受完义务教育的学生做工。(2) 加强对学校周边环境的管理，禁止在学校周边设置集贸市场、营业性歌舞厅、游戏厅、网吧等，清除校门口的各种摊点，维护学校教育教学秩序。(3) 为校办企业发展创造良好环境，落实好国家、省、市对校办企业的优惠政策。

21. 县地税局：依法足额征收城市教育费附加，并保证足额入库。

22. 县劳动和社会保障局：(1) 依法规范企业用工行为，杜绝未受完义务教育的学生进入企业做工。(2) 坚持“先培训，后就业”制度，把好市场就业标准。(3) 严格管理职责范围内的职业教育培训机构，优先推荐职业、成人学校合格毕业生进入企业工作。

23. 县国土资源局：按照城乡建设总体规划和土地利用总体规划，及时审批教育用地，并提供优惠政策。

24. 县文体局：(1) 依法管好学校周边文化市场，会同公安、工商等部门查禁、查封有害于学生身心健康的各类出版物、文化娱乐项目和活动场所，优化社会文化环境。(2) 配合教育部门开展有益于学生身心健康的文化娱乐活动，丰富中小学生课余和假期的文化生活。(3) 贯彻执行国家教育部、体育总局制定的《学校体育工作条例》，指导学校体育工作。(4) 与教育部门联合组织学生参加各种体育竞技活动，提高学生的身体素质和体育竞技水平，办好县体育运动学校。

25. 县广电局：(1) 大力宣传党和国家教育方针、政策及全面推进素质教育的先进典型。(2) 实施舆论监督，配合教育部门确保教育法律法规的贯彻落实。(3) 严把影视质量关，禁止播放影响青少年身心健康的影视剧(片)。

26. 县司法局：(1) 建立健全教育法律法规学习宣传制度，并纳入我县普法教育规划，广泛开展普法活动，使政府、社会、学校(幼儿园)、家长及受教育者明确各自的权利和义务。(2) 掌握教育法律、法规及有关的实施意见、细则的贯彻落实情况，提出建议，促进教育法律的实施。(3) 配合教育部门积极开展法制宣传教育工作，增强儿童、少年的法制观念。

27. 县环保局：协助教育部门对中小学生进行环境保护教育，采取多种形式，增强儿童、少年的环保意识。

28. 团县委：(1) 协助教育部门积极开展有益于少年儿童身心健康和提

高综合素质的各项文体、教育活动。(2) 指导好学校团队活动，协助教育部门建立校外活动基地。(3) 发动社会各界和团员青年，关心支持教育工作，积极帮扶特困学生，激励优秀学生。

29. 县妇联：(1) 采取有效措施，保障妇女及少年儿童的合法权益和身心健康，发动社会各界和妇女积极帮扶特困学生。(2) 积极组织农村妇女参加扫盲和各类实用技术培训。

30. 县科协：重视少年儿童科学普及工作，积极开展形式多样、丰富多彩的科普教育活动和少儿科技教育研究，培养学生的创新精神。每年与有关部门联合举行各级各类科技竞赛及小发明创造活动。

(三) 按照相对集中相结合原则，将学校建设纳入城镇发展总体规划，抓好中小学、幼儿园的布局调整和校舍设施的建设、管理、维护工作。积极筹措教育经费，改善农村中小学办学条件，镇中心幼儿园达到市级示范园以上标准，镇初中、中心小学达到市级规范化学校以上标准。按有关规定划拨新建、扩建校舍所必需的土地。校舍及内部设施配备符合国家和省定标准，满足义务教育新增在校生规模需要。加快现代化教学设施的配备，实现"校校通"。

(四) 逐年提高学前教育、义务教育实施水平。农村学前三年幼儿教育入园率达95%以上。小学正常适龄人口入学率达100%，初中正常适龄人口入学率达100%，残疾儿童少年接受义务教育的达80%以上。15周岁人口初等教育完成率达98%以上，17周岁人口初级中等教育完成率达95%以上。

(五) 坚持义务教育、职业教育、成人教育"三教统筹"，大力发展成人教育，保证镇成人教育中心校规模适当、独立门院、教学秩序正常，镇成人教育经费达到规定标准。办好长、短期实用技术培训班，积极开展初中后、高中后短期职业培训。坚持农、科、教紧密结合，做到面向社会，面向市场，培训有目标，示范有基地，推广有项目，社会效益和经济效益明显，在办好成人教育的同时，建设好小学劳动实践基地。

二、镇党委、政府教育执法责任

(一) 坚持教育优先发展，把教育工作列入党委、政府的重要议事日程。

主要负责人带头尊师重教，解决教育工作中的实际问题。将教育工作纳入镇、村两级干部岗位责任制和目标管理。

健全负责人联系学校制度，经常深入学校指导工作，为学校排忧解难。自觉维护教师的合法权益，表彰、奖励优秀教职工。强化政府行为，严格控制义务教育阶段学生辍学，确保学生接受九年义务教育。维护学校的治安、安全和正常教学秩序，治理校园周边环境。

（二）进一步完善以财政拨款为主，多渠道筹措教育经费的体制，保证教育经费有稳定来源并不断增长。要积极筹措经费，改善农村中小学办学条件，支持农村义务教育发展。要确保教育投入不低于税费改革前的水平并力争有所提高。对因取消农村教育费附加和经批准的教育集资而形成的教育经费缺口，要从财政预算和上级转移支付资金中予以安排，保证农村义务教育经费的正常需要。农村中小学公用经费除按规定收取的杂费外，不足部分由县、镇两级政府预算安排。不断提高教师社会、政治地位，教师医疗与当地国家公务员享受同等待遇，教师住房得到改善，教师待遇逐年提高。

（三）统筹规划，抓好中小学、幼儿园的布局调整。按照就近与相对集中相结合原则，将学校建设纳入城镇发展总体规划，抓好中小学、幼儿园的布局调整和校舍设施的建设、管理、维护工作。积极筹措教育经费，改善农村中小学办学条件，镇中心幼儿园达到市级示范园以上标准，镇初中、中心小学达到市级规范化学校以上标准。按有关规定划拨新建、扩建校舍所必需的土地。校舍及内部设施配备符合国家和省定标准，满足义务教育新增在校生规模需要。加快现代化教学设施的配备，实现“校校通”。

（四）逐步提高学前教育、义务教育实施水平。农村学前三年幼儿教育入园率达95%以上。小学正常适龄人口入学率达100%，初中正常适龄人口入学率达100%，残疾儿童少年接受义务教育的达80%以上。15周岁人口初等教育完成率达98%以上，17周岁人口初级中等教育完成率达95%以上。

（五）坚持义务教育、职业教育、成人教育“三教统筹”。大力发展成人教育，保证镇成人教育中心校规模适当、独立门院、教学秩序正常，镇成人教育经费达到规定标准。办好长、短期实用技术培训班，积极开展初中后、高中后短期职业培训。坚持农、科、教紧密结合，做到面向社会，面向市场，培训有目标，示范有基地，推广有项目，社会效益和经济效益明显，在办好成人教育的同时，建设好小学劳动实践基地。

……

县域内的督学工作，内容之一是指对下级教育行政部门的监督与指导。对于县级督导机构来说，下级教育行政部门就是教育办公室（个别县区还存在）及县级教育行政部门各职能科室。构建、完善教育目标考评制度，制定目标考评总体方案，对乡镇（办事处）教育办公室，县级教育行政部门各有关科室进行全面考评。具体方法是：由县级教育督导机构按各处室职责分解考评任务，各处室结合日常工作分阶段进行考评，考评注重过程、注重整改、注重效果，年终根据考评结果提出表彰奖励方案，目标奖是教育系统的综合奖、最高奖。这一措施大大提高了各乡镇（办事处）教育办公室及教育行政部门各职能科室的工作积极性，极大地促进了教育教学工作。

督学的另一方面就是对学校的监督和指导。督政为重，督学为本，督政和督学相结合，这是我国督导工作的一个显著特色。督学为基层学校发展提供有力指导。他们以推动现代学校制度建立为突破口，建立并完善对中小学（幼儿园）办学（园）水平的督导评估机制，制定了一套“全面贯彻教育方针、全面推进素质教育、促进学生全面发展”的科学评价体系，实行基础性水平评估和发展性等级评估两种评价制度，促进学校的均衡、自主、协调发展。

第三节　构建科学公正的义务教育评价系统

义务教育的评价主要包括对学生的评价、对教师的评价和对学校办学水平的评价三种类型。

一、对学生的评价

在教育评价领域，有关学生的评价可以说是最为丰富的。目前，学生评价在理论和方法技术上是比较成熟、完善的，主要有智力测验、学习潜能测验、学科学习成就测验、中小学体育锻炼达标测验、学习适应性测验（如AAT测验）、个性测验（如卡特尔16种个性因素测验）、心理健康评价等。这些评价在我国都有不同程度的发展。在当前我国教育必须由“应试教育”向“素质教育”转轨的形势下，学生综合素质评价越来越受到重视。很多有识之士把学生综合素质评价看成是推动素质教育的重要手段，并积极展开了有关研究。但是，从目前的研究文献和实践来看，学生综合素质评价的理论和方法技术还很不成熟。下面主要以学生的学业评价为主，介绍一下学生评价研究的一些成果及应注意的一些问题。

（　）学业评价的界定

学业评价是通过单项或综合评估手段，评估学生某方面个性或整体特性。在我国，一般是根据布鲁姆等人提出的教育目标认知领域的目标分类理论，从知识、领会、应用、分析、综合和评价等认知目标层次，来测量和评价学生的认知发展变化。因而学业评价是指以国家的教育教学目标为依据，运用恰当的、有效的工具和途径，系统地收集学生在各门学科教学和自学的影响下认知行为上的变化信息和证据，并对学生的知识和能力水平进行价值判断的过程。

学业评价既可以在教学过程中进行，用诊断性评价和形成性评价，来诊断和发现学生学习和教师教学中的问题，为教和学的改进和完善提供有用的反馈信息，也可以设计为总结性评价，对学生的阶段性学习成就区分优劣、鉴定等级。

(二) 学业评价的主要类型

根据评价依据的标准与评价结果的解释方式的区别，评价可以分为相对评价、绝对评价和个体内差异评价。

1. 相对评价

相对评价是通过个体的成绩与同一团体的平均成绩或常模相互比较，从而确定其成绩的适当等级的表示方法。也称为常模参照评价。这种评价重视区分个体在团体中的相对位置和名次。相对评价主要满足教育管理者对学生进行鉴定等级和选拔的需要。但它对个人的努力状况及进步程度重视不够，尤其是对后进者的努力缺乏适当的评价。相对评价的结果经常用偏差值法表示。

2. 绝对评价

绝对评价是通过个体成绩与一个预先确定目标的比较，确定其成绩适当等级的表示方法。绝对评价的参照标准是根据学校教学目标的要求，并在测量之前就确定了的。它的主要任务是对被评者是否达到了目标要求和达标的程度作出判断，因而也称为标准参照评价。绝对评价一般用通过或不通过(合格或不合格)来表示，但也有用三级或五级标准来表示的。在测验难度符合教学目标要求的情形下，评定等级所依据的分数可以是原始分。一般地，三级评定采取的标准是：答对率在85%以上为掌握较好；70%～85%为掌握一般；69%以下为掌握较差。五级评定的标准是：95%～100%为优；85%～94%为良；75%～84%为中；65%～74%为及格；65%以下为差。

3. 个体内差异评价

个体内差异评价是对同一个体的不同方面或某方面的前后变化进行比较的评估。它是指对学生个体的同一学科内的不同方面，或不同学科间的成绩与能力差异进行的横向比较和评价，以及对个体两个或多个时刻内的成绩表现进行的前后纵向评价。通过横向评价,可以了解一个学生各科学业成就、学习潜能、学习兴趣、态度或有关性格特征等方面的总体水平和发展平衡情况,以及表现较为突出的方面和比较薄弱的、需要加强学习和改善的方面。而通过纵向比较,可以评价学生在不同时期的学习是进步还是退步,进步或退步的程度如何。因而,个体差异评价可为学校和教师的个别指导提供较好的服务。

二、对教师的评价

教师评价就是根据学校教育目标和教师的工作任务,运用恰当的评价理论和方法手段对教师个体的工作进行价值判断。科学的教师管理制度和方法是调动教师积极性、促进自身发展、改进教育教学、提高教育质量的重要机制。而科学地评价教师的工作则是这种机制的重要基础。

(一)教师评价的基本内容

1. 教师工作综合评价的基本内容

教师工作综合评价是对教师工作各个方面的质量、水平和价值进行的综合评定。从目前的研究和实践来看,教师工作综合评价的项目主要是根据国家、社会以及教育活动本身的规律对教师职业提出的各项要求来确定的。概括地讲,主要包括以下几个方面:① 政治思想和师德素养;② 专业知识;③ 教育教学能力;④ 专业品质;⑤ 教育教学效果;⑥ 教育科研能力和水平;⑦ 教师工作量。

2. 教师教学评价的主要内容

教学评价是教师工作评价的一个重要方面。国外有很多研究对学生评价教师教学进行了因素分析。这些研究发现的公共评价项目主要包括:① 教学的组织、结构或清晰度;② 教师和学生间的交流和关系;③ 教学技巧、表达或讲课能力。其他的评价项目还有课程的负担或难度、评分和考试、对学生的影响和总体效果等。

此外,从现代教育和教学思想看,指导学生掌握学习方法,提高学习能力,使学生学会学习也应作为一项重要的教学能力,也是教学评价的重要项目。

(二) 教师评价的主要方法

教师的评价方法很多，在我国，目前主要是通过学生评价、同行评价、领导评价、自我评价和学生成绩等五种方法和途径，来收集评价信息的。

1. 教师自我评价

为教师列出各方面的标准，让他们进行自我评价，不仅是教师工作总评的重要依据，也可以实现帮助教师改进工作的评价目的。虽然自我评价常会有夸大自己的价值、评定等级较高的嫌疑，但这不妨碍教师会在内心里客观地评价和分析自己的工作和业绩，作出如何改进和完善的决策。因此，学校应十分重视这一方面的评价。

2. 学生评价

学生是教育的对象，是教师产生的各种教育影响的直接体验者。他们的体验和感受最能有效地反映出教师在某些方面的水平，如师德修养、教学态度、教学能力、教学过程和效果等。让学生评价教师，是教师评价的一个重要的、较为可靠的信息渠道。在美国的许多学校，系统的学生教学评价结果在教师的总体评价中占相当大的分量，而且也对学生评价有关问题的方法进行了许多研究。通过学生来系统地评价教师的教育教学，关键是要研究和设计出适当的方法和工具。选择和设计方法、工具时，必须考虑和研究有关问题，如确定哪些方面或项目最适合于学生评价，哪些方法更有效、更为可行；每个项目以什么样的问题方式评定最有效；设计多少个评价项目和问题既能获得可靠的总评结果，又能诊断出一些问题，为教师提供更为具体、更有价值的反馈信息；让学生评价时，如何调整和控制他们的心理状态等。在我国目前的教师评价中，虽然学生的评价也得到重视，但明显有欠缺。存在的主要问题是评价工具和方法设计较为简单，评价项目少，得到的多是概括性评定信息，反映具体问题的信息不够。

3. 同行评价

同行包括本校的教师、校外的教师或专家等。他们对教师的专业知识和能力水平、教师教育教学指导思想的合理性、教学方法与教育教学目标的适合性、教育科研水平等方面，常能作出恰当的评价。但评价者必须是对被评教师的有关情况有所了解的教师同行。否则，所做的评价就不可靠。目前，我国教师同行评价出现的主要问题，就是未能控制那些对教育教学工作不了解的同行的评价。

4. 领导评价

教师所在的学校、教研组(室)等领导有责任对教师作出公正的评价。特别是有丰富教学经验的领导，更有能力对教师工作作出恰当评价。但这要求他们必须多去接触教师，多去听课，多去了解学生、教师同行对教师的反映，多去了解有关教师工作及成就的分析和记录，掌握丰富的信息。否则，他很难作出全面的、恰当的评价，即便作出了评价，也常会遭到教师的非议。

5. 学生成绩分析

根据学生的成绩分析来评价教师，也是一种重要的方法。学生学完规定的教学内容之后，其知识和能力的提高是评价教学是否实现规定的教学目标的重要标准。如果某教师所教的学生成绩经常低于或高于全年级同类学生的统考平均成绩时，就有理由作出某些关于教学能力高低的评价。另外，根据学生成绩的分布状态，可对教师的教学重点及其价值作出判断。

×县教育局关于教师课堂教学发展性评价的实施意见

一、教师课堂教学发展性评价指导思想和基本原则

1. 教学评价对新课程的实施起着重要的导向和质量监控作用，更重要的是它能有效地促进被评价者的成长与发展。教师发展性教学评价体系强调教师对自己的教学行为的分析与反思，通过多元评价，使教师从多种渠道获取信息，不断提高师德和教学水平。教师教学评价以自评为主，让教师主动参与评价，并和其他教师一起分析自己工作中的成就、不足，提出改进计划，促进教师的成长和发展。

2. 教师课堂教学发展性评价，就是根据课堂教学的发展性目标，运用发展的评价技术和方法，对课堂教学过程中教师的教学行为进行价值判断，使教师在评价活动中，不断认识自我、发展自我、完善自我。它是新课程教学评价的主要内容之一，也是教师发展性评价体系的核心内容。教师课堂教

学发展性评价，主要包括两个方面：(1) 就教师某一堂课的课堂教学行为进行评价；(2) 就教师某一个阶段的课堂教学行为进行评价。

3. 教师课堂教学发展性评价的具体实施要有利于加强教师职业道德建设，促进教师业务水平的提高，建立有利于实施素质教育、发挥教师创造性的多元的、新型的中小学教师评价体系。

二、教师课堂教学发展性评价的内容和标准

1. 教师不仅是知识的传授者，更是学生学习的促进者；教师不仅是传统的教育者，还是新型教学关系中的学习者和研究者；教师不仅是课堂教学的组织者，也是课程的开发者和创造者。从新课程对教师自身素质和专业水平发展，尤其是创新能力发展的要求衡量，课堂教学评价的内容主要是：教师职业道德；了解和尊重学生；教学设计与实施；交流与反思。集中体现为对教师课堂教学行为及其所体现的基本素质的评价。

2. 课堂教学行为评价的内容与标准。

3. 对教师教学行为所体现的基本素质的评价内容和评价标准。

三、教师课堂教学发展性评价的基本原则和方式

1. 教师发展性评价必须遵循以下几项原则：

(1) "以学生的发展为本"的原则。课堂教学评价中必须坚持"以学生的发展为本"的评价指导思想，即把学生的发展作为评价教学效果好坏的价值标准，看学生在知识技能、过程活动、情感态度三个维度方面有没有得到发展，而不是"以教材为本"、"以教师为本"的评价标准。

(2) 全体性原则。课堂教学要面向全体学生。课堂教学评价时，一要看全体学生的发展水平，不能只注意少数"尖子"学生；二要看学生全面发展状况，不能只注意知识技能的发展。

(3) 尊重性原则。在课堂教学评价中要关注教师尊重学生的情况，评价者在评价过程中要充分尊重教师的人格、尊严和权利，正确对待教师的失败和成功。强调评价双方要始终处于相互信任和相互尊重的气氛中，严禁在评价中出现"贬损性"语言和文字。

(4) 激励性原则。评价的目的是激励，在课堂教学评价过程中始终注意

评价的激励性，既要以发现教师教学“亮点”为主，以激励为主，又要让教师能够认识到自己的不足和发展方向，因而，要避免廉价的无视事实的肯定性评价。

(5) 多元化原则。评价的主体应是多元化，即学生评、教师自评、教师互评、区及学校管理者和指导者评和专家评相结合。评价的途径应是多元的，即课堂教学即时评价和期末终结性评价相结合。结果是多元的，即定性评价和定量评价相结合。评价的工具是多元的，即评估记录评价、交谈式评价、纸笔问卷调查、成长记录袋评价和研讨式评价等相结合。

2. 教师课堂教学发展性评价的基本方法：

(1) 教师课堂教学的自我评价和教师周期性的自我评价。教师经常对自己的教学情况进行反思，可以有课后小结、课后随笔、自我评估等多种形式。

(2) 学生和家长对教师课堂教学水平的评价，这一般采用纸笔问卷调查的方式，一个学期或一个学年进行一次。

(3) 课堂教学的即时评估。《发展性课堂教学评估表》和传统评估表主要不同点，在于把发现教师的“亮点”作为主要着眼点，把帮助教师的发展作为根本目的，而不是把甄别和选拔教师作为重点。

(4) 教学指导和管理者对教师的课后评价，一般采用“面对面交谈式评价”，双方以互相探讨的形式进行评价，重点是引导教师进行自我反思，帮助教师的发展，要鼓励教师为自己坚持的观点进行争辩。

(5) 教师之间的课后即时评价，一般采用研讨式评价，主要由上课教师说课和其他教师点评及教师之间的争辩构成，其中争辩是非常重要的环节。

(6) 期末终结性课堂教学评估，学校可以组织教师教学水平考核小组，在教师的自评、学生评价、家长评价、教师之间互评的基础上作出评估，评估的结果要和教师交换意见。

三、学校办学水平评价

学校办学水平评价是一种综合性的教育评价。它是指教育行政部门或专门的评价机构根据国家和社会赋予学校的教育目标和任务，运用科学的评价理论和技术，对学校的办学方向、办学条件、管理工作、办学效益等方面进行的总体的或单项的价值判断。随着义务教育均衡发展的需要，我国目前越来越重视对学校办学水平的综合评价。

（一）学校办学水平评价的基本内容

根据《普通中小学校督导评估工作指导纲要》的要求，对学校办学水平评价的主要内容主要包括以下三个方面：

1. 办学方向

学校应全面贯彻“教育必须为社会主义现代化服务，为人民服务，与生产劳动和社会实践相结合，培养德智体美全面发展的建设者和接班人”的教育方针，实现教育目标。学校要面向全体学生，统一要求，因材施教。

2. 学校管理

(1) 组织领导：校长的岗位培训情况；政治思想素质与业务素质情况；贯彻执行有关教育的方针、政策、法律、法规的情况；党组织发挥政治核心与保证监督作用的情况；民主管理与教育工会、教职工代表大会的建设；机构设置、职责划分、团结协作、工作效率；规划与计划的实施；信息统计与档案管理工作。

(2) 队伍建设：教职工的思想政治工作、政治学习制度；岗位责任制、教职工的主人翁意识与工作实绩、考评与奖惩；教职工队伍的培训与提高、骨干教师的培养；关心教职工生活；有关教师政策的执行情况与教职工队伍的稳定情况。

(3) 德育工作：德育的位置；德育工作管理体制与队伍建设；德育工作的计划与实施；各项工作渗透德育，教书育人、管理育人、服务育人，学校、社会、家庭的配合；校容校风校纪；德育研究与改革。

(4) 教学工作：教学计划与教学大纲的执行情况，教学质量的高低，教学的组织、实施与检查，教研与教改；教材和复习资料的管理；学生课业负担及其控制；执行招生计划情况，班额控制，学籍管理，流失率，留级率；劳动技术教育与社会实践；体育卫生制度，课余体育训练与竞赛，健康教育与卫生监督，公共卫生；课外活动；教学设施、仪器设备、文体器材、图书资料的利用与管理。

(5) 总务工作：财务管理与监督；收费项目与收费标准的执行情况；学校资产管理，后勤服务；勤工俭学与校办产业；校园规划、建设与管理；安全教育与安全措施。

3. 办学条件

(1) 领导班子：素质、配备、结构。

(2) 师资队伍：教师编制额和实有数量；教师学历达标率、专业证书考核合格率；教师的学历、职称、专业、年龄结构；公办、民办、代课教师的比例。

(3) 物质条件：校舍，场地，设施；教学仪器设备，图书资料，文体器材，卫生设施。

(4) 经费：生均公用经费，生均业务费；公办、民办教师经济待遇和政策落实情况。

我国目前义务教育对中小学校办学水平的评价内容和上述内容基本一致。但是应当指出，这些评价内容，对学校办学特色，以及以学校背景(原有水平、生源、师资等方面情况)为基础的学校办学效率和效益等方面的评价缺乏重视。而学校的办学特色应当作为学校办学水平评价的一项重要内容；同时，在评价学校时，不能仅注意学校各方面的绝对水平评价，也要重视投入与产出的效益方面的评价。

(二) 学校办学水平评价的指标体系制定的原则和过程

在我国的学校办学水平评价中，最为重要的工作是建立科学的评价指标体系。因为它具有指挥棒的作用，直接影响着办学的方向。实践中许多地方评价学校办学水平的主要指标是升学率，对中小学片面追求升学率无疑起到了推波助澜的作用。从实践的经验、教训来看，确立科学的学校办学水平指标体系对学校办学水平的评价是十分重要的。

1. 学校办学水平评价的指标体系制定的原则

建立科学的学校办学水平评价的指标体系，是一项非常复杂的工作。它需要遵循一些基本原则的要求，通过一系列重要环节，综合运用多种可靠的方法和技术。目前，人们一般认为，设计指标体系应遵循下列原则：① 各项指标应与目标保持一致性；② 指标具有可测量性；③ 系统内指标应有相互独立性；④ 指标系统应有整体完备性；⑤ 指标具有可比性；⑥ 指标具有可接受性。

2. 学校办学水平评价的指标体系设计的过程

科学的指标体系的设计过程，通常要经过以下几个阶段：① 明确评价指标，即明确国家赋予学校的办学目标；② 层层分解评价指标，使之转化为全面的、适量的、可测的（定性或定量）指标；③ 对分解出的指标进行归类合并，筛选出能涵盖全面、又具有代表性的项目，形成初步的科学合理而又比较精简的指标体系；④ 进行预试，进一步修订指标体系。

另外，在评价理论和实践中还有许多问题需要研究和探索。例如，如何通过评价促进改革、提倡特色，如何解决统一性要求与多样性实际的矛盾，如何适应不同社会历史背景、地区和学校发展水平的差异问题，如何表达评价结果以及如何利用评价结果问题等。

参考文献

[1] 北京师范大学教育改革与发展研究中心. 2000年中国教育发展报告——教育体制的变革与创新[M]. 北京：北京师范大学出版社，2000.

[2] 顾明远. 民族文化传统与教育现代化[M]. 北京：北京师范大学出版社，1998.

[3] 顾明远，薛理银. 比较教育导论——教育与国家发展[M]. 北京：人民教育出版社，1999.

[4] 瞿葆奎. 教育学文集·教育与社会发展[M]. 北京：人民教育出版社，1989.

[5] 瞿葆奎. 教育学文集——美国教育改革[M]. 北京：人民教育出版社，1990.

[6] 鲁洁，吴康宁. 教育社会学[M]. 北京：人民教育出版社，2007.

[7] 陆有铨. 躁动的百年——20世纪的教育历程[M]. 济南：山东教育出版社，1997.

[8] 丁钢. 中国教育：研究与评论(第1—9辑)[M]. 北京：教育科学出版社，2002—2005.

[9] 叶澜. "新基础教育"论：关于当代中国学校变革的探究与认识[M]. 北京：教育科学出版社，2006.

[10] 袁振国. 教育政策学[M]. 南京：江苏教育出版社，2001.

[11] 萧宗六. 学校管理学[M]. 北京：人民教育出版社，2001.

[12] 张茂聪，张丰奎．县域基础教育政策保障体系的建构[M]．北京：世界图书出版公司，2008.

[13] 陈乃林，杨向群．现代社区教育理论与实验研究[M]．北京：中国人民大学出版社，2006.

[14] 崔允漷．校本课程开发理论与实践[M]．北京：教育科学出版社，2000.

[15] 邓小平文选(1975—1982)[M]．北京：人民出版社，1983.

[16] 费孝通．乡土中国[M]．北京：生活・读书・新知三联书店，1985.

[17] 盖浙生．教育经济学[M]．台北：三民书局，1985.

[18] 陈丽珠．美国教育财政改革[M]．台北：台湾五南图书出版公司，2001.

[19] 黄显华．强迫普及学校教育：制度与课程[M]．香港：香港中文大学出版社，1997.

[20] 江琴平，江旭红．教育人事管理[M]．杭州：浙江大学出版社，2006.

[21] 李雁冰．课程评价论[M]．上海：上海教育出版社，2002.

[22] 列宁全集(第28卷)[M]．北京：人民出版社，1959.

[23] 刘淑兰．学校与社区的互动[M]．成都：四川教育出版社，2003.

[24] 吕达．独木桥？阳关道？——未来中小学课程面面观[M]．北京：中信出版社，1992.

[25] 马学理，张秀兰．中国社区建设发展之路[M]．北京：红旗出版社，2001.

[26] 山东省教育科学研究所．2008年山东教育绿皮书[M]．济南：黄河出版社，2009.

[27] 山东省教育科学研究所．2007年山东教育绿皮书[M]．济南：黄河出版社，2008.

[28] 汪霞．国外中小学课程演进[M]．济南：山东教育出版社，1998.

[29] 吴开松，刘国旗，杨照东，等．城市社区管理[M]．北京：科学出版社，2006.

[30] 许象国．基础教育课程管理概论[M]．上海：上海教育出版社，2002.

[31] 薛焕玉.谁执牛耳?——未来世界的教育[M].北京:中信出版社,1991.

[32] 杨慧敏.美国基础教育[M].广州:广东教育出版社,2004.

[33] 吴志宏.教育行政学[M].北京:人民教育出版社,2000.

[34] 徐永祥.社区发展论[M].上海:华东理工大学出版社,2000.

[35] 章人英.普通社会学[M].上海:上海教育出版社,1990.

[36] 钟启泉,金正扬,吴国平.解读中国教育[M].北京:教育科学出版社,2000.

[37] 中央教育科学研究所.陶行知教育文选[M].北京:教育科学出版社,1981.

[38] 朱慕菊.走进新课程——与课程实施者对话[M].北京:北京师范大学出版社,2002.

[39] [美] 唐·倍根、唐纳德·R.格莱叶.学校与社区关系[M].周海涛,主译.重庆:重庆大学出版社,2003.

[40] [美] 埃弗里特·M.罗吉斯、拉伯尔·J.伯德格.乡村社会变迁[M].王晓毅等,译.杭州:浙江人民出版社,1988.

[41] [美] 理查德·D.范斯科德等.美国教育基础:社会展望[M].北京师范大学外国教育研究所,译.北京:教育科学出版社,1984.

[42] [美] 乔治·希拉利.社区的定义:一致的地方[J].乡村社会学,1955,(6).

[43] [美] 伯顿·R.克拉克.高等教育系统:学术组织的跨国研究[M].王承绪等,译.杭州:杭州大学出版社,1994.

[44] [美] 卢瑟·S.利德基.美国特性探索[M].龙治芳等,译.北京:中国社会科学出版社,1991.

[45] 高建民.美国基础教育财政发展史研究[D].河北大学,2004.

[46] 胡涛.初探我国教师的职业定性[D].华东师范大学,2003.

[47] 刘泽.基础教育的公共品属性及政府行为选择[D].山东大学,2006.

[48] 李竹宇.我国农村义务教育财政体制现状与改革对策[D].南京师范大学,2007.

图书在版编目(CIP)数据

公平与均衡:义务教育管理体制改革及制度保障 / 张茂聪等著. —济南:山东教育出版社,2013
ISBN 978-7-5328-7910-6

Ⅰ.①公… Ⅱ.①张… Ⅲ.①义务教育—教育体制改革—研究—中国 Ⅳ.①G522.3

中国版本图书馆 CIP 数据核字(2013)第 132156 号

现代教育管理论丛

公平与均衡:义务教育管理体制改革及制度保障

张茂聪　张雷　等著

主　管: 山东出版传媒股份有限公司
出版者: 山东教育出版社
（济南市纬一路 321 号　邮编:250001）
电　话: (0531)82092664　**传　真:** (0531)82092625
网　址: http://www.sjs.com.cn
发　行: 山东教育出版社
印　刷: 山东德州新华印务有限责任公司
版　次: 2013 年 7 月第 1 版第 1 次印刷
规　格: 787mm×1092mm　16 开本
印　张: 18.75 印张
字　数: 351 千字
书　号: ISBN 978-7-5328-7910-6
定　价: 38.00 元
